AtV

Stephan Hebel, geb. 1956; seit 1986 Redakteur der *Frankfurter Rundschau* für politische Themen, seit 2002 stellvertretender Chefredakteur; fünf Jahre Korrespondent in Berlin.

Veröffentlichungen: Zukunft sozial – Wege zu mehr Gerechtigkeit. Hg. von St. Hebel und W. Kessler. Frankfurt/M., Oberursel 2004.

»Diese Ereignisse verfolgen mich bis heute.« – Der Satz fand sich oft in den Zuschriften, die die *Frankfurter Rundschau* erhielt, nachdem sie ihre Leser aufgefordert hatte, sich an die Zeit des Kriegsendes vor 60 Jahren zu erinnern.

Die Berichte sollten einem bestimmten Tag, einem besonderen Ereignis gewidmet sein, einem historischen wie der Befreiung einer bestimmten Stadt durch die Alliierten oder auch einem persönlichen wie Geburtstag oder Hochzeit. Nicht immer gelang es, die Geschichte auf einen Tag genau zu datieren, manchmal war es auch ein Zeitraum, der im Gedächtnis blieb. Entstanden ist ein kollektives Tagebuch, in dem sich die letzten Kriegswochen – vom 27. Januar 1945, dem Tag der Befreiung der letzten Häftlinge von Auschwitz, bis zur Kapitulation am 8. Mai – in vielen persönlichen Erlebnissen und Schicksalen spiegeln.

Eine kurze, zeitgeschichtliche Chronik, die den Aufzeichnungen vorangestellt ist, macht das In- und Nebeneinander von politischer und individueller Geschichte kenntlich.

Stephan Hebel (Hg.)

Alltag in Trümmern

Zeitzeugen berichten
über das Kriegsende 1945

Aufbau Taschenbuch Verlag

ISBN 3-7466-8139-1

1. Auflage 2005

Einbandgestaltung Henkel/Lemme
unter Verwendung eines Fotos von Walter Schulze,
Sammlung Galerie Bodo Niemann
Druck und Binden Clausen & Bosse, Leck
Printed in Germany

www.aufbau-taschenbuch.de

INHALT

MÄRZ 1945

MAI 1945

VORWORT

»Als ich Ihren Aufruf las, kam mir die folgende Geschichte wieder in Erinnerung» – diesem und ähnlichen Sätzen begegneten wir vielfach, nachdem wir die Leserinnen und Leser der *Frankfurter Rundschau* aufgefordert hatten, ihre Erinnerungen an die Zeit des Kriegsendes vor 60 Jahren zu Papier zu bringen. Oft hieß es auch: »Diese Ereignisse verfolgen mich bis heute.« Viel ist in den vergangenen Jahren und Jahrzehnten über das Vergessen in Deutschland, den kollektiven Gedächtnisverlust geschrieben und geredet worden: das Vergessen deutscher Schuld im Besonderen und historischer Bürden im Allgemeinen. Aber, das zeigt die große Resonanz der Zeitungsleser: Zumindest die individuelle Erinnerung lässt sich nicht verdrängen, selbst wenn man es wollte.

Die Leser der *Frankfurter Rundschau* waren aufgefordert, ihre Erinnerungen an einem bestimmten Tag, einem besonderen Ereignis festzumachen, einem historischen wie der Befreiung einer bestimmten Stadt durch die Alliierten oder auch einem persönlichen wie Geburtstag oder Hochzeit. Nicht immer gelang es, die Geschichte auf einen Tag genau zu datieren, manchmal ist es auch ein Zeitraum, der im Gedächtnis blieb. Und doch ist so etwas wie ein fast vollständiges kollektives Tagebuch entstanden, in dem sich die Geschichte vom 27. Januar – dem Tag der Befreiung der letzten Häftlinge von Auschwitz – bis zum Kriegsende in vielen persönlichen Erlebnissen spiegelt – meist mit eigener Feder geschildert, in wenigen Fällen von Journalisten der *Frankfurter Rundschau* oder Verwandten und Bekannten der Zeitzeugen aufgezeichnet. Natürlich waren viele im Jahr 1945 noch Kinder. Umso anschaulicher sind oft ihre Beschreibungen des »Alltags in Trümmern«.

Den Berichten ist jeweils eine kurze, ereignisgeschichtliche Chronologie vorangestellt. So lässt sich die große historische Perspektive mit den »kleinen« persönlichen Schicksalen verbinden. Manchmal reiben sie sich auch aneinander: Es gibt in diesem Buch Berichte von KZ-Überlebenden oder von Menschen, die den Charakter der Hitlerschen Herrschaft und die Berechtigung des Widerstandes schon früh durchschaut haben. Wir haben aber bewusst auch solche Texte aufgenommen, die zeigen, dass manchen Deutschen die Grauenhaftigkeit des Nazi-Regimes und des von ihm angezettelten Krieges erst klar wurde, als der Schrecken, von dem sie hätten wissen können, ihr eigenes Leben erreichte, und sei es in Form alliierter Bombenangriffe.

Dennoch: Dieses Buch reiht sich nicht in jene modisch gewordenen Veröffentlichungen ein, die unter dem Deckmantel des Erinnerns das Vergessen oder die Geschichtsfälschung fördern. Gerne beruft sich die NPD auf den Historiker Jörg Friedrich, wenn sie im Zusammenhang mit der britischen Bombardierung Dresdens am 13. und 14. Februar 1945 von »Bomben-Holocaust« spricht. Friedrich ist beileibe kein Rechtsextremist. Aber wenn er die Keller, in denen Tausende qualvoll starben, mit »Krematorien« vergleicht und die Opfer »Ausgerottete« nennt, dann nimmt er billigend in Kauf, dass der Krieg, der Deutschland vom Nationalsozialismus befreite, mit der millionenfachen industriellen Ausrottung von Menschen in den Krematorien von Auschwitz und anderen Konzentrationslagern gleichgesetzt wird.

Es geht nicht darum, das Leiden, das auch viele »ganz normale« Deutsche traf, zu verschweigen – in diesem Buch kommt es vielfach vor. Wer aber daraus einen deutschen Opfermythos macht und damit die Einzigartigkeit der Nazi-Verbrechen relativiert, macht sich schuldig an der Zukunft einer Demokratie, die auf dem Bewusstsein ihrer ganzen Geschichte gründen muss, will sie sich nicht von geschichtspolitischem Populismus untergraben lassen. Der Vorwurf aus dem rechtskonservativen Lager, dem Autoren wie Friedrich einigen Vorschub leisten, greift nicht: Es geht nicht darum, die Deutschen »so lange danach« zum gebeugten Gang unter einer Last zu zwingen, die vor ihrer Geburt entstand. Es geht um die Kraft eines Volkes, aus seiner Geschichte immer neu Lehren zu ziehen und den Opfern der eigenen Vorfahren mit Anstand zu begegnen. Nicht wer dies tut, übt den gebeugten Gang, sondern derjenige, der zu verdrängen versucht, was nicht zu verdrängen ist. Die Freiheit, das eigene Leiden – auch als Deutscher – zu würdigen, entsteht gerade aus der Fähigkeit, die Ursachen zu begreifen, die Täter zu benennen, das Leiden der anderen zu erkennen.

Dieses Buch will beides: den Zeitzeugen, vielleicht bei letzter Gelegenheit, ein Forum für ihr individuelles Erinnern bieten – und zeigen, welche Folgen es hat, wenn ein terroristisches Regime nicht nur die politische Macht, sondern auch die Gedanken und Gefühle vieler Menschen erobert. Manch einem, auch das zeigen viele der hier versammelten Texte, gingen erst die Augen auf, als er sah, dass die Amerikaner oder Russen trotz mancher Übergriffe nicht jene Bestien waren, als die eine leichtfertig geglaubte Propaganda sie dargestellt hatte. So weit, auch das haben viele Leser der *Frankfurter Rundschau* geschrieben, darf es nie wieder kommen. In diesem Sinne will dieses Buch einen kleinen Beitrag leisten, indem es die furchtbaren Verhältnisse in einem vom selbst verschuldeten Krieg verwüsteten Land lebendig werden lässt.

Der Dank des Herausgebers gilt zuallererst den zahlreichen Einsenderinnen und Einsendern, die – teilweise unter spürbarer Anstrengung – jene hochdramatischen Tage des Jahres 1945 in ihrer Erinnerung wachgerufen und aufgeschrieben haben. Dank gilt Dr. Matthias Arning, Politik-Redakteur der *Frankfurter Rundschau*, der die Ereignis-Chronik besorgte, sowie den Kolleginnen Brigitte Spitz und Nicole Oestreicher, die das Projekt mit großem Engagement inhaltlich und organisatorisch vorangetrieben haben. Und Dank gilt, last but not least, Dr. Christina Salmen, der ideenreichen und einfühlsamen Lektorin des Aufbau-Verlags.

Stephan Hebel Frankfurt am Main, im Februar 2005

JANUAR 1945

Samstag, 27. Januar – Als Kind in Auschwitz

An der Westfront erreichen US-amerikanische Soldaten Oberhausen. Ansonsten geht der Vorstoß der Alliierten momentan eher zögerlich voran, während die Offensive im Osten eilig ist. • Sowjetische Truppen befreien die rund 7600 im nationalsozialistischen Vernichtungslager Auschwitz verbliebenen Häftlinge. • Die ungarische Hauptstadt Budapest ist von deutschen Panzern eingeschlossen. Weitere Vorstöße scheitern aber erneut. • In Zürich beginnt die erste Konferenz der Schweizerischen Gruppe der Bewegung Freies Deutschland.

Yehuda Bacon wurde 1929 im tschechischen Ostrava (Mähren) geboren. Im Herbst 1942 wird er mit seiner Familie nach Theresienstadt verschleppt und beginnt dort zu zeichnen. Ein Jahr später folgt die Deportation ins Vernichtungslager Auschwitz. Sein Vater wird im Juli 1944 vergast. Seine Mutter und Schwester verhungern im Lager Stutthoff kurz vor Kriegsende. Der Junge kommt nach einer Odyssee durch weitere Lager im März 1946 nach Palästina und verwirklicht seinen Traum, Kunst zu studieren. Er wird Kunstlehrer und ist nach Studienaufenthalten in London, Paris und New York als Dozent an der Kunsthochschule in Jerusalem tätig. In den 60er Jahren tritt er als Zeuge im Eichmann-Prozess und im Auschwitz-Prozess auf. Seine detailgenauen Aussagen und Zeichnungen werden zu wichtigem Beweismaterial in den Verfahren gegen führende Nazis. Heute lebt Bacon als Ruheständler und freischaffender Künstler in Jerusalem. Seine Erinnerung wurde von Gemma Pörzgen aufgezeichnet.

Ich kam mit 14 Jahren aus Theresienstadt nach Auschwitz, zunächst ins Familienlager. Allen war klar, dass es nur für sechs Monate sein würde und dann die Gaskammer folgte. Nach Ablauf dieser Zeit wurde ich aber mit 89 Kindern ausgesucht, die ins Männerlager verlegt wurden. Statt der Pferde wurden wir Kinder vor einen Rollwagen gespannt, mit dem im Winter die Asche der vergasten und verbrannten Häftlinge aus den Krematorien geholt wurde und anderes zu befördern war. Das hat mir ermöglicht, alles zu sehen, was dort passierte. Wir kamen überall hinein, auch in das Krematorium und in die Gaskammern. Für andere war das unmöglich. Weil ich neugierig war, habe ich mir alles sehr genau angeschaut und nach dem Krieg aufgezeichnet. Ich hatte den Drang, alles zu wissen, und habe die Leute vom Sonderkommando gebeten, es mir genau zu erklären. Sie haben mir alles gezeigt, als wären wir in einem Museum. Als es im Winter sehr kalt war, durften wir auch in die Gaskammern hinein, um uns aufzuwärmen. Ich habe es mir genau angesehen. Die Kiste mit den goldenen Zähnen und wie der Lift funktioniert. Wie ein neugieriges Kind eben.

Ein Kind erlebt es ganz anders. Es war schließlich unsere einzige Realität. Die Erwachsenen hatten noch viele Erinnerungen. In Theresienstadt hatte ich noch einmal von zu Hause geträumt und von meiner Briefmarkensammlung, die ich zur Bar Mitzwah bekommen hatte. In Auschwitz war das alles viel zu weit weg. In Auschwitz gab es eine völlig andere Realität.

Unsere Instinkte waren die eines gejagten Tieres, denn jede falsche Bewegung bedeutete den Tod. Deshalb mussten wir immer ganz wach sein und sehr geschickt. Wir mussten eine Philosophie entwickeln, um das Tagtägliche zu überleben. Ich wusste immer, es kann mir noch schlimmer ergehen. Was das bedeutete, tagtäglich die Transporte zu sehen. In ganz kurzer Zeit kamen aus Ungarn etwa 400000 Menschen, die fast alle liquidiert wurden. Oder als der Transport aus Theresienstadt kam und man seine Freunde ins Gas gehen sah.

Die meisten anderen Häftlinge hatten gar nicht die Möglichkeit, sich umzuschauen wie wir. Sie gingen zur Arbeit und waren froh, wenn sie zurückkamen. Wir haben aber auch Witze gemacht über den Rauch aus dem Krematorium. Das ist jetzt weißer Rauch, also sind das die mageren Menschen. Oder wenn ein älterer Mann uns ermahnte, haben wir frech entgegnet: »Du alter Mann, was regst du dich auf. Du bist ja sowieso schon mit einem Bein im Krematorium.« Das war unsere harmlose alltägliche Sprache, so wie Kinder eben reden. Wir haben auch versucht, anderen Kindern zu helfen oder Ratschläge zu geben. Als der Transport aus Litzmannstadt kam, haben wir Suppe abgezweigt und sie anderen Kindern über den Elektrozaun gereicht. Das war lebensgefährlich.

Es gab einen berüchtigten SS-Mann, der aber zu den Kindern freundlich war. Er spielte mit uns Ball im Strafkommando, wo die Galgen hingen. Vielleicht haben wir für einen Augenblick etwas Menschlichkeit in den SS-Männern geweckt.

Ich verließ Auschwitz am 18. Januar und war auf dem Todesmarsch nach Mauthausen, als das Lager am 27. Januar von der Roten Armee befreit wurde. Von Mauthausen ging es im April weiter ins Lager Gunskirchen. Am letzten Tage des Krieges haben die Amerikaner uns befreit. Aber es war sehr schlimm. Wir bekamen fast nichts zu essen, die Leute starben an Typhus und ich habe Kannibalismus gesehen. Wir wussten, das ist auch das Ende von uns. Wir fühlten uns körperlich und seelisch zerstört.

Aber ich hatte Glück und kam mit meinem Freund in ein Krankenhaus. Dort haben wir uns als Kinder schnell wieder erholt und kamen über Wien schließlich nach Prag. Wir bekamen erstmals liebevolle Behandlung, vor allem von dem tschechischen Sozialpädagogen Premysl Pitter, der sich um uns kümmerte. Er richtete gleich nach dem Krieg in den Schlössern der Umgebung von Prag Erholungsheime für jüdische Kinder ein.

Was das bedeutete, nach so vielen Jahren. Das war eine ganz neue Erfahrung für uns. Erst waren wir etwas scheu. Wir glaubten ja keinem Menschen. Warum sollte jemand gut zu uns sein? Die Realität des KZ blieb lange bestimmend. Zunächst wollten wir beispielsweise nicht arbeiten. Denn wir wussten, wer arbeitet, verliert Kräfte, und das bedeutet den Tod. Wir mussten uns an viel Neues gewöhnen. Erst langsam fassten wir wieder Vertrauen in die Menschen. Das war sehr heilsam für Körper und Seele. Ich habe eine Zeichnung gemacht, die ich Herrn Pitter widmete. Darauf steht geschrieben: »Für den Mann, der mir den Glauben in die Menschen zurückgegeben hat.« Da sieht man ein kleines Kind und jemand schleppt es vom KZ, vom finsteren Krematorium, ins Licht. Diese guten Erzieher nach dem Krieg und die Kunst haben mich gerettet.

Sonntag, 28. Januar – Geburt auf der Flucht

Alliierte Bomber greifen den gesamten Tag über die Städte Köln und Dortmund an. Dabei beschädigen sie auch den Kölner Dom. • In Berlin trifft Hitler in der Neuen Reichskanzlei mit dem norwegischen Ministerpräsidenten Quisling zu einer Unterredung zusammen, an der Reichsaußenminister von Ribbentrop, Reichsminister Lammers, Reichsleiter Bormann und Reichskommissar Terboven teilnehmen. • Sowjetische Truppen erobern die oberschlesische Industriestadt Kattowitz. • Zum Einsatz des Volkssturms befiehlt Hitler, dieser solle wegen geringer Kampfkraft nur in Kampfgruppen mit Einheiten des Feldheeres aktiv werden.

Erika Lonkowski (Jahrgang 1938) hat ihren Bericht aus eigener Erinnerung und den Aufzeichnungen ihrer Mutter zusammengestellt. Ihre Mutter ist 1999 im Alter von 92 Jahren gestorben. Danach entdeckte die Familie die Notizen.

Wir waren 1943 in Hagen/Westfalen ausgebombt worden, und Mutti ging mit mir (5 Jahre) und meiner Schwester (3 Jahre) nach Kuttlau bei Glogau in Schlesien zu ihrer Schwägerin, unserer Tante. Sie lebte in einem großen Pfarrhaus mit drei kleinen Töchtern, dazu kam eine Einquartierung aus Berlin, auch eine Mutter mit drei Töchtern. Alle Väter waren im Krieg. Wir lebten zusammengerückt relativ friedlich alle unter einem Dach.

Am 21. Januar 1945 fuhr ein Kleinbus mit Lautsprecher durch die Straßen von Kuttlau und verkündete laut: Morgen früh werden alle Einwohner evakuiert, Lastwagen stehen bereit! Mutti, Tante Hanna und Frau Kernke packten – ja was? Ungewiss, wohin es gehen sollte, für wie lange? Würden wir je zurückkommen? Eine Nachbarin lieh Mutti einen großen Kinderwagen, denn Mutti war hochschwanger. Der Platz zur Entbindung war angemeldet, aber nun hinfällig geworden. Wir packten einen zinnernen Bettwärmer der Urgroßmutter ein, hoffend, auch heißes Wasser zu bekommen, damit das Baby nicht erfrieren möge.

Früh um 7 Uhr des nächsten Tages kamen Lastwagen, um alle Leute aufzuladen. Mutti durfte im Führerhaus sitzen, alle anderen kamen auf die Ladefläche. Zunächst ging es in die Kreisstadt Glogau. Hier trennte sich Tante Hanna von uns. Wir zogen mit dem Treck weiter.

Der nächste Ort war Oberquell, er war heillos verstopft mit Pferdefuhrwerken, Flüchtlingstrupps, Handkarren, Rädern, Säcken. Die Lebensmittel wurden knapp. Auch dieser Ort wurde nach vier Tagen geräumt. Jeder versuchte auf eigene Faust weiterzukommen. Mutti hielt Fuhrwerke an. Es war nicht leicht, mitgenommen zu werden mit zwei kleinen Kindern und einem bepackten Kinderwagen. Es ging nur sehr langsam voran. Im Straßengraben häuften sich tote Pferde, hier und da wölbte sich ein hastig aufgeworfener Erdhügel über einem kleinen Kind oder einem alten Menschen, erfroren oder zu Tode erschöpft. Es war bitterkalt.

Am 27. Januar kam der Treck in Wiesau (Vogtland) an. Die Meldestelle wies uns einer jungen Frau zu, die mit ihrem kleinen Jungen neben einem eiskalten Schlafzimmer nur eine Wohnküche hatte. Wir gingen zurück und Mutti bat um neue Quartierzuweisung. Ein Sägewerksbesitzer musste uns aufnehmen. Zwei Betten standen in dem großen Zimmer und ein Waschtisch. Wir legten uns schlafen.

Muttis Aufzeichnungen sagen: »Um 23 Uhr wachte ich auf und merkte, daß das Fruchtwasser abging. Ich bat die Quartiergeber, ein Auto, das Rote Kreuz oder eine Hebamme zu rufen. Es gab ein großes Gezeter, aber es geschah nichts! So zog ich mich an, nahm das Köfferchen mit der Babywäsche und verließ das Haus. Bei Mondschein und eisiger Kälte ging ich über verschneite Wiesen auf dem kürzesten Weg zu der jungen Frau vom Nachmittag. Diese verständigte ihre Hauswirtin, während sie selbst mitten in der Nacht zum nächsten Ort lief, die dortige Hebamme zu holen. Telefonverbindungen waren zerstört. In Wiesau selbst waren weder Arzt, Apotheker noch Hebamme anzutreffen. Auf dem kleinen geschwungenen Sofa in der warmen Wohnküche kam dann am 28. Januar 1945 um 1.00 Uhr morgens unser Wunschkind – ein gesunder Junge –, ein Sonntagskind zur Welt!«

Mutti wurde versorgt und nach einigen Stunden Schlaf galten ihre Gedanken den beiden Töchtern, die sie schlafend im Sägewerksquartier zurückgelassen hatte. In Tränen aufgelöst waren wir uns selbst überlassen, niemand hatte uns getröstet. Wir, meine Schwester und ich, wurden abgeholt. Es gab ein glückliches Wiedersehen und meine erste Frage war: »Gehört das Baby jetzt uns?« Am 13. Februar 1945 wurde auch Wiesau geräumt – die Odyssee ging weiter, bis wir im Dezember 1945 in Westfalen ankamen.

Dankbar werden wir heute mit unseren Familien den 60. Geburtstag meines Bruders feiern.

Dienstag, 30. Januar – Der falsche Goebbels

In der Nacht zum 29. Januar greifen britische Bomber Stuttgart und Berlin an. In der Nacht zum 30. Januar attackieren sie erneut Berlin. • In seiner letzten Rundfunkansprache äußert Hitler die Erwartung an jeden Deutschen, »dass er seine Pflicht bis zum Äußersten erfüllt, dass er jedes Opfer, das von ihm gefordert wird und werden muss, auf sich nimmt«. Es werde »auch in diesem Kampfe nicht Innerasien siegen, sondern Europa«. • In Köln berichtet der Generalstaatsanwalt vom Entstehen einiger Partisanengruppen, denen sich Deserteure, Edelweißpiraten und Zwangsarbeiter anschließen. • In der Ostsee torpediert ein sowjetisches U-Boot den deutschen Passagierdampfer »Wilhelm Gustloff«. 5000 Menschen kommen ums Leben. • In der französischen Atlantikfestung La Rochelle, die von deutschen Truppen gehalten wird, wird der von Veit Harlan inszenierte Propagandafilm »Kolberg« uraufgeführt.

Wolfgang Rittmann war 18 Jahre alt und Fahnenjunker-Unteroffizier an der Luftkriegsschule in Berlin-Gatow, als er Hitlers Rede zum 12. Jahrestag der »Machtergreifung« im Großdeutschen Rundfunk hörte.

Aus allen Inspektionen der Luftkriegsschule Berlin-Gatow wurden Abordnungen zu einer Veranstaltung aus Anlass des 12. Jahrestags der so genannten Machtergreifung in den Kinosaal abkommandiert, darunter auch ich. Als Redner wurde eine Parteigröße erwartet.

Als sich die Saaltüre öffnete, erschien der Kommandeur des Fliegerhorsts Gatow, ein Oberst von Wurmb, und vor ihm – ich traute meinen Augen nicht – in goldbraunem Uniformrock mit der roten Hakenkreuzarmbinde, gleichfarbiger Schirmmütze und schwarzen Hosen hinkte einer nach vorn. So hinkte nur einer, der Reichspropagandaminister und Gauleiter von Berlin, Doktor Joseph Goebbels. Den einen Fuß nach innen gedreht, den emporgerissenen rechten Arm zum Hitlergruß rückwärts geworfen, Handteller nach oben. Ich sah ihn zunächst nur von hinten.

Er war es dann doch nicht. Am Rednerpult stand ein NS-Kreisleiter aus dem Gau Groß-Berlin. Das Doppelgängerphänomen war allerdings verblüffend. Kriegsauszeichnungen und das silberne Verwundetenabzeichen waren zu sehen. Eine Kriegsverletzung also und kein Klumpfuß wie beim »Original«.

Die Rede unterschied sich in nichts von dem, was andere Nazi-Bonzen in diesen Wochen auch von sich gaben. An den fanatischen Willen wurde appelliert, der Glaube an den Endsieg heraufbeschworen. Des Führers Wunderwaffen als große Vision. Auch die Luftwaffe habe ihre Trumpfkarten im Ärmel, wenn den anglo-amerikanischen Terrorangriffen in Kürze ein Ende bereitet werde. »Gerade Sie, meine jungen Kameraden, werden diejenigen sein …« Wir schauten uns an.

Gut zwei Wochen zuvor hatten wir uns in Anwesenheit eines Generals vom Planungsstab der Luftwaffe »freiwillig« durch Handaufheben zu Ausbildung und Einsatz als Rammjäger verpflichtet. Kamikaze, das japanische Wort, war uns sehr wohl ein Begriff. In Tonfall und Gestik ahmte der Redner seinen Herrn und Meister gekonnt nach. Nur der rheinische Tonfall fehlte.

Zum Schluss verhieß er uns eine besondere Gunst des Herrn Reichsministers und Gauleiters. Der am selben Tag in der Stadt im Tauentzien-Filmpalast uraufgeführte Film »Kolberg« werde in den nächsten Tagen hier in der Luftkriegsschule bevorzugt gezeigt. Eine solche Gunst werde auch der eingeschlossenen Atlantikfestung La Rochelle zuteil.

Der Redner schloss mit einem inbrünstigen Glaubensbekenntnis an den Sieg. Dann die Nationalhymnen. Das dreifache Sieg Heil kam nicht zustande. Wahrscheinlich hatte der

Hoheitsträger und Gast sich dieserhalb auf den Hausherrn verlassen, und dem Obersten von Wurmb war das entweder kein Bedürfnis oder er hatte es einfach übersehen.

An diesem Tag sprach Hitler zum letzten Mal über den Großdeutschen Rundfunk: »Volksgenossen und Volksgenossinnen! Als ich am 30. Januar 1933 die Macht übernahm …«

Fast immer begannen seine Reden zu diesem Anlass so. Schon als Grundschüler habe ich 1934 die Machtübernahme-Führerrede beim Gemeinschaftsempfang anhören müssen. In besonderer Erinnerung geblieben sind mir Sätze aus seiner Rede am 30. Januar 1939, die ich, wiederum im Gemeinschaftsempfang – diesmal in der 3. Klasse des Gymnasiums (damals Oberschule) –, so vernommen hatte: »Wenn es dem internationalen Finanzjudentum in und außerhalb Europas gelingen sollte, die Welt noch einmal in einen Krieg zu stürzen, so steht am Ende nicht der Sieg des Bolschewismus, sondern die Vernichtung der jüdischen Rasse in Europa …« Das war nichts anderes als die Ankündigung des Holocaust.

Mittwoch, 31. Januar – Verschüttet

Nach dem Scheitern ihrer Ardennen-Offensive fallen deutsche Truppen an der Westfront auf die Ausgangsstellung vom Dezember 1944 zurück. • Die Regierungen der UdSSR und Finnlands unterzeichnen in Moskau ein Handelsabkommen. • Die US-Regierung fordert die Bevölkerung auf, mindestens 25 Millionen Tonnen Kohle pro Jahr einzusparen, da die nationalen Vorräte unter »der Sicherheitsgrenze« lägen. • Die Verwaltung des KZ Buchenwald berichtet, seit August 1944 für weibliche Hilfsarbeitskräfte von der Industrie rund 11,5 Millionen Reichsmark erhalten zu haben.

Elisabeth Rohde-Esch berichtet darüber, wie sie als Kind nach einem Bombenangriff verschüttet wurde. Um ihre Erinnerung verarbeiten zu können, gestaltete sie mit Eisenteilen und zerfledderten Wellpappen den Albtraum von der heranzischenden Bombe nach.

Es war Voralarm, und ich rannte mittags nach Hause: Ende Januar 1945 war es kalt um 13 Uhr, und die Sonne stand klar am blauen Himmel über Krefeld. Da – Vollalarm. Die Geschwister waren zum Glück auch zurück. Wir rannten in den Keller, unseren Luftschutzraum mit verstärkter Türe. Mutter nahm die Pellkartoffeln mit hinunter und wir saßen um den Tisch. Sie pellte weiter für unser Mittagessen. »Bitte, Mutti, leg das scharfe Küchenmesser weg!« Nun hielten wir uns rundum an den Händen. Mutter saß auf ihrem Bambussessel. Wir hatten Mäntel und Mützen an und ein kleines Kissen auf dem Schoß.

Ein furchtbares Sausen und Donnern von Bomben begann. Auf den Lippen hatten wir gemeinsam die Liedstrophe aus dem evangelischen Gesangbuch EG 374: »... und wenn zerfällt die ganze Welt ...!« An dieser Stelle: Entsetzliches Jaulen beendete unsere Worte mit krachendem Getöse und Steinwucht. Links war die Hand meiner Mutter nicht mehr zu spüren, rechts die meiner Schwester nicht. Ich jammerte; mit meinen Fingern konnte ich nur noch eine Lücke vor dem Mund hohl halten, um zu atmen. Ein furchtbarer Druck auf Kopf und Rücken ließ mich ahnen: Das ist der Rest Atemluft – das ist Sterben! Wo ist mein bergender Gott aus dem Lied?

Von links hörte ich schmerzerfülltes Stöhnen! Mutti? Das ließ nicht nach, doch von rechts bewegten sich Steine und Geröll: Meine Schwester räumte meinen Kopf und meine Arme frei, und ich sah aus dem aufgerissenen Luftschutzkeller den verstaubten Himmel hinter mir! Das Stöhnen meiner Mutter schmerzte mich beängstigend. Sie war vom Druck der Grundmauer in unserm Rücken am Tisch eingeklemmt und voll verschüttet. Direkt in unserem Vorgarten war die Bombe eingeschlagen, hatte uns verschoben und das Haus schräg weggerissen. Ein großer Bruder war bei uns (als Verwundeter auf Heimaturlaub). Er ließ sich eine Handsäge durch den Türspalt reichen für die Tischplatte. Dann schaufelten alte Männer vom »Volkssturm« unsere Mutter frei. Sie schleppten die Verletzte in den Garten auf eine Liege. Schmerzverzerrt lag sie dort und verabschiedete sich von mir für immer – wie sie meinte. Die Männer hoben sie an, ich weinte sehr und stieg über die Geröllhalde hinter ihnen her. Sie schoben meine Mutter in das Transportauto. Ich kletterte mit in das Auto und hielt mich an der Liege und sie an der Hand fest. Die Metalltüre knallte zu, und es war stockdunkel. Die Türe wurde nach rumpelnder Fahrt noch fünfmal geöffnet und zugeknallt. Der Wagen war voll mit Verletzten und Sterbenden. Beim letzten Halt rief einer: »Das Kind muss raus!« Sie zerrten mich weg und ließen mich sehen, wie die graue Metalltüre mit dem roten Kreuz sich entfernte. Ich stand mutterseelenallein in einem weiten, unendlichen grauweißen Trümmerfeld und gleißendem Sonnenlicht. Es gab für mich keinerlei Orientierung durch bekannte Häuserfronten – alles platt und weißgrau. Irgendwie fand ich mein gewesenes Zuhause wieder – weinend und stolpernd …

Unsere Mutter war seit neun Jahren Witwe mit sieben Kindern. Dennoch hatte sie alles Erdenkliche riskiert für Menschen, die unter Hitler verfolgt wurden – eine Widerstandsfrau! Das Verschüttetsein hinterließ sie schwer verletzt. Nach bangen Tagen fanden wir sie in den überfüllten Kellern des Städtischen Krankenhauses – sie kam durch. Für die beiden eventuell suchenden Brüder an der Ostfront steckten wir ein kleines Schild auf einen Stab und drückten diesen in den Trümmerberg unseres gewesenen Zuhauses. Sie kamen nie zurück: Der Älteste verhungerte auf dem Weg in russischer Gefangenschaft. Der andere wurde an einer Brücke in Königsberg/Kaliningrad von Tieffliegern tödlich getroffen.

FEBRUAR 1945

Donnerstag, 1. Februar – Chaos in Schlesien

Die Führung der deutschen Luftwaffe verlegt große Teile der noch verbliebenen Flieger- und Flugabwehrverbände an die Ostfront, um sie gegen die rasch vordringenden sowjetischen Truppen einsetzen zu können. • Von indischen Flugplätzen aus greifen Bomberverbände der US-Luftstreitkräfte die von japanischen Truppen besetzte britische Kronkolonie Singapur an. • Aus Washington gibt es Berichte, dass für die Zeit unmittelbar nach dem Ende des Krieges ein Internationaler Militärgerichtshof gegen nationalsozialistische Verbrecher vorbereitet werde. • Amerikanische Bomber richten am Tage einen schweren Angriff gegen die Städte Mannheim und Ludwigshafen, britische Flugzeuge werfen Bomben auf Düsseldorf und Köln-Deutz.

Jutta Köpke beschreibt die Flucht ihrer Familie von Breslau ins zerstörte Dresden.

Der Krieg hatte uns herausgetrieben aus der zur Festung erklärten Stadt Breslau Ende Januar '45. Auf wirren Wegen mit Militärlastwagen, in total überfüllten Zügen und streckenweise zu Fuß zogen wir im eisigen Winter durch das chaotische Niederschlesien. Tagelang. Wir, das waren unsere Mutter und drei Kinder, das kleinste keine drei Jahre alt. In Görlitz gelang es uns nach endlosem Warten auf dem Bahnhof, einen Zug zu erklimmen. Wie grauenhaft die Erstürmung eines solchen Zuges war, möchte ich lieber nicht schildern. Es wurden auch Kinder totgetreten.

Das furchtbare Bombardement Dresdens erlebten wir auf

freier Strecke haltend aus sicherer Entfernung. Die Fahrt endete in Joachimsthal/Sudetenland, wo wir bis zum Kriegsende in einem Gasthof Unterkunft fanden. In den letzten Kriegstagen (wir ahnten nichts davon) strömten Wehrmachtsangehörige in wilder Flucht durch das Städtchen. Ihre Waffen warfen sie links und rechts in die Straßengräben. Und wir Kinder waren den ganzen Tag damit beschäftigt, alles, vom Gewehr bis zur Handgranate, aufzusammeln und in einem alten Silberstollen zu verstecken. Man konnte doch nicht einfach alles auf der Straße liegen lassen! Wir betrachteten das Geschehen fassungslos. Und ich glaube, wir dachten, dass wir diese Waffen eines Tages nutzen könnten, um uns zu verteidigen. Dazu kam es allerdings nicht. Nachdem das Ende des Krieges offiziell erklärt worden war, gab es auf einmal viele Tschechen, die wir vorher offenbar nicht wahrgenommen hatten. Sie prügelten alle so genannten Reichsdeutschen zum Teil nackt über die Grenzen, und Mitte Juni waren wir wieder im total zerstörten Dresden. Der Geruch verbrannten Fleisches lag noch immer über der ganzen Stadt, und an der Elbe blühten die Rosen in wunderbarer Pracht.

Freitag, 2. Februar – Verpfiffen

Aus dem nationalsozialistischen Konzentrationslager Mauthausen gelingt 500 sowjetischen Kriegsgefangenen die Flucht; bei der Verfolgung durch Wachmannschaften kommen 483 Flüchtlinge ums Leben. • In der Nacht zum 2. Februar greifen britische Bomber Mainz, Mannheim und Ludwigshafen an. Auch Berlin wird erneut Ziel alliierter Luftangriffe. • Wegen der Gefahr feindlicher Luftlandungen »auch im Heimatkriegsgebiet« führt der Reichsluftfahrtminister das Warnsignal »Luftlande-Alarm« ein. Es ist ein fünf Minuten langes Sirenengeheul, behelfsmäßig auch ein fünf

Minuten langes Sturmläuten der Kirchenglocken. • In Berlin richtet man den früheren Oberbürgermeister von Leipzig, Carl Friedrich Goerdeler, hin. Bereits fünf Monate zuvor hatte ihn der Volksgerichtshof als Mitglied der Opposition gegen Adolf Hitler zum Tode verurteilt. • Der südamerikanische Staat Ecuador erklärt Japan und dem Deutschen Reich den Krieg. • Der Dirigent und Komponist Wilhelm Furtwängler flieht in die Schweiz. Nach seiner Rückkehr 1947 dirigiert er überaus erfolgreich die Berliner Philharmoniker.

Karl-Heinz Bornhütter kam in Frankfurt am Main in Arrest, weil er als verwundeter Soldat aus dem Lazarett getürmt war, um eine Freundin zu treffen. Im Gefängnis begegnete er Häftlingen, die noch kurz vor dem Einmarsch der Amerikaner hingerichtet werden sollten. Seine Erinnerung zeichnete Petra Mies auf.

Heute werde ich 80. Meinen 20. Geburtstag erinnere ich so gut wie keinen anderen meines Lebens. Jedes Jahr bekomme ich seither Depressionen in dieser Zeit, denn der 2. Februar 1945 sollte für mich mit einem wochenlangen Drama enden.

Ich lag, am rechten Arm verletzt, in Frankfurt im Lazarett, im heutigen Bürgerhospital. Für verwundete Soldaten herrschten strenge Vorschriften. Ich hatte absolute Bettruhe und durfte das Lazarett nicht verlassen. Mit den drei anderen Patienten im Zimmer habe ich furchtbaren Wein getrunken, sonst gab es nichts. Die Kumpel wussten, dass ich mit einer Freundin in der Nähe verabredet war. Das war zwar aufgrund der Schwere meiner Verletzung verboten. Meine Zimmergenossen sagten abends: »Karl-Heinz, mach es doch.« Sie stellten Mülltonnen auf der anderen Seite des Lazarettzauns auf und halfen mir hinüber.

Zu meinem Unglück sah uns die Nachtschwester und leuchtete mir mit der Taschenlampe ins Gesicht. Wäre mir damals klar gewesen, welche Konsequenzen das haben würde, wäre ich geblieben. Aber ich ging zu meiner Bekannten und verbrachte die Nacht bei ihr. Als ich morgens zurückkehrte, hatte die Nachtschwester mich längst beim Leiter des Lazaretts verpfiffen. Das galt als Zersetzung der Wehrkraft; verletzte Soldaten sollten so bald als möglich wieder einsatzbereit sein. Ich war ein Fall für das Kriegsgericht. Das Urteil: sechs Wochen verschärfter Arrest. Ich hätte auch zum Tode verurteilt werden können und muss dem Richter dankbar sein, dass es »nur« verschärfter Arrest war. Den sollte ich antreten, wenn ich haftfähig sein würde.

In der zweiten Februarhälfte war es so weit. Orden und Ehrenzeichen wurden mir abgerissen, ein Soldat mit Bajonett brachte mich zu Fuß zur Gutleutkaserne. Quer durch meine Heimatstadt. Das war erniedrigend. In der Kaserne, einem alten Backsteinbau, bekam ich eine Einzelzelle. Drei mal vier Meter, feuchte Wände, Ungeziefer. Es gab nur eine Holzpritsche mit Strohsack, die Notdurft verrichtete ich in einen Eimer, den ich selbst alle drei Tage leeren musste. Wasser gab es ebenso wenig wie eine Decke. Im ersten Stock saßen die zu mehrjährigen Zuchthausstrafen verurteilten Soldaten. Zu den Gefangenen im zweiten Stock durften wir keinen Kontakt aufnehmen. Es waren die zum Tode Verurteilten. Sie verließen ihre Zellen nie, während wir täglich eine halbe Stunde Hofgang hatten. Wer mit einem anderen Häftling redete, kriegte die Peitsche. Auch nach dem Wecken um fünf, als wir uns alle an einer Wasserstelle waschen sollten, schlug der Oberfeldwebel zu, wenn es nicht schnell genug ging. Wir gingen unter Bewachung zur Arbeit und schlugen auf Trümmerstellen Backsteine sauber. Bei Luftangriffen blieben wir in der Kaserne, in der etwa 35 Männer einsaßen.

Ich war der einzige Frankfurter Häftling. Mein Elternhaus war nur wenige Kilometer entfernt. Ich bekam einen guten Draht zu einem Wachmann. Vielleicht lag es daran, dass es eines Morgens hieß: »Sie haben Besuch.« Vor meiner Zelle stand mein Vater und drückte mir Zeitungspapier mit drei

Pellkartoffeln darin in die Hand. Diese wortlosen Besuche wiederholten sich, dann wurden sie unterbunden.

Über den Verlauf des Krieges waren wir nicht informiert. Wir hörten nur Gerüchte, wo die Amerikaner sich gerade befänden.

Ich habe nie erfahren, warum ich plötzlich Freigang im Gefängnis bekam. Ich vermute, dass man mich brauchte, weil ich mich in der Stadt auskannte. Am Abend des 22. März, zwei Tage bevor erste Einheiten der Amerikaner das Stadtgebiet erreichten, sollte ich zwei abgeschossene englische Flieger zum Wasserholen am Main begleiten. Es war verrückt: Ich, der ich selbst unter Bewachung gestanden hatte, war Wächter. Die Engländer forderten mich auf, sie laufen zu lassen, aber ich wollte nicht, dass meine Eltern deshalb mit Repressalien hätten rechnen müssen. Am letzten Tag bevor die Amis kamen, wurde ich aufgefordert, mit dem Gefängnis-Geistlichen in die Todeszellen zu gehen. Er sprach das letzte Gebet mit den Todeskandidaten. Am Folgemittag fuhr wiederholt ein Lkw vor und brachte einige von ihnen weg. Ich fragte den Fahrer: »Was macht ihr mit denen?« Er antwortete: »Sie kommen zum Vilbeler Sand und werden erschossen.« Schrecklich.

Plötzlich hieß es: »Alles heraustreten.« Ich bekam den Befehl, die 25 verbliebenen Insassen »zur besonderen Verwendung« zur Stadtkommandantur an der Mainzer Landstraße/Ecke Opernplatz zu bringen. Als wir aus dem Bogen der Kaserne traten, hingen auf der anderen Straßenseite zwei aufgeknüpfte Männer an Gaslaternen. Auf den Schildern um ihren Hals stand: »Ich bin ein Plünderer.« Es war eine ganz böse Zeit. Auf dem Weg zur Kommandantur sagten die zum Tode Verurteilten: »Schau nicht hin, wenn wir abhauen.« Ich habe sie nicht daran gehindert.

Gegen Abend kam der Befehl, mit dem gleichen Haufen zum Hauptbahnhof zu gehen und nochmals Krieg zu machen. Wir bekamen Gewehre und Panzerfäuste. Ausgerechnet in der damaligen Kronprinzenstraße, der heutigen Münchner Straße, wo ich als Junge eine Lehre als Lebensmittelgroßhändler gemacht hatte, warteten wir in einem Hausflur. Es war Vollmond, als wir den wahnsinnigen Befehl bekamen, über die Kronprinzenstraße die Amerikaner anzugreifen. Einige der Häftlinge waren tatsächlich dazu bereit. Sie starben unmittelbar vor Ende des Krieges in Frankfurt.

Diese Tatsache ließ in mir den Entschluss reifen, diesen elenden Krieg auf meine Art zu beenden. Die Waffen, die ich bei mir trug, ließ ich verschwinden. Anschließend versuchte ich zu meinen Eltern zu gelangen, wurde aber dort von einem Hausbewohner verraten und kam dann zwei Jahre nach Frankreich in amerikanische Gefangenschaft. Mein erster Weg, zurück in Deutschland, war zum Haus des Mannes, der in der Kaserne die Häftlinge drangsaliert hatte. Er soll nach Angaben der Hausbewohner Selbsttötung begangen haben.

Eigentlich war es meine Absicht, Sportlehrer zu werden. Stattdessen wurde ich mit 17 Jahren Soldat einer Panzereinheit, die im Südabschnitt der Ostfront im Einsatz war. Ich wurde zweimal verwundet und überlebte einmal als einziger der Besatzung.

Sterben für Führer und Vaterland? Der Krieg hat mir meine Jugend genommen und die Freiheit zum selbstständigen Denken. Heute werde ich 80. Die Erlebnisse des Krieges und in der Gutleutkaserne habe ich nie ganz verkraftet. Heute ist der Tag des Jahres, an dem das Drama eigentlich begann: mein Geburtstag.

Samstag, 3. Februar – Das verlorene Spiel

Am Ende ihres Kongresses sprechen sich die Delegierten der Widerstandsorganisation Front National für die Anerkennung der im Mai 1944 eingerichteten provisorischen Regierung Frankreichs aus. An deren Spitze steht General Charles de Gaulle. • 937 US-amerikanische Bomber fliegen, unterstützt von 613 Kampfjägern, Angriffe auf die Innenstadt Berlins. Am Ende des Tages sind 22 000 Zivilisten tot. Unter ihnen ist auch Roland Freisler, der berüchtigte Präsident des Volksgerichtshofs. • In Pommern dringen sowjetische Verbände weiter auf Pyritz und Arnswalde vor. • Nach Meldungen der Marine wurden bisher 184 780 Flüchtlinge aus Königsberg und Gotenhafen abtransportiert. • In der Nacht zum 3. Februar startet die US-Luftwaffe Angriffe auf Wiesbaden.

Hasso Zimdars (Jahrgang 1932) flüchtete Anfang Februar 1945 gemeinsam mit Großmutter, Mutter und zwei Schwestern aus dem Städtchen Bahn in Pommern. Die Familie erreichte drei Monate später Lübeck.

Als Letzte klettert meine Mutter auf den Lastwagen. Dann schließt jemand von außen die hölzerne Ladeklappe. Die Sicherungshaken werden durchgesteckt, die Plane wird heruntergelassen. Wir sitzen im Dunkeln und rollen. Ich höre, wie der Fahrer schaltet, spüre die Kurven am Ortsausgang, das Kopfsteinpflaster, die Löcher in der Chaussee. Die Steigung nach Liebenow kommt, der Bahnübergang, über den ich täglich in der Kleinbahn nach Pyritz zur Schule gefahren war – Klein Schönfeld umsteigen. Bis das Bismarck-Gymnasium schloss, weil die Ostfront von Stalingrad nach Pommern kam und unsere kleine Stadt namens Bahn eingekesselt wurde. Manchmal ein Knattern und Krachen, das grollend ferner wird, manchmal Blitze durch einen Schlitz in der Plane. Sie zucken über unsere vermummten Bahner Nachbarn, die auf ihrer letzten Habe kauern.

Ich habe keine Angst, nur Schmerz über einen Verlust berührt mich. Nicht darüber, dass wir in die Zahl der Flüchtenden eingehen, die seit Tagen durch Bahn geströmt waren, nein, darüber, dass ich mein Schachspiel nicht hatte mitnehmen können. Mein Vater hatte es mir geschenkt, als er das letzte Mal in Urlaub kam. Die Figuren der schwarzen Partei waren in einem schönen Scharlachrot, in gleicher Farbe wie die eigentlich schwarzen Felder des Brettes. Jürgen Grosch, Volker Thiele und ich übten uns täglich in der Eisenbahn im königlichen Spiel, und ebendieses Spiel war in Pyritz geblieben.

Meine Mutter hatte nämlich ihren »als Fahrschüler total verlodderten Sohn« kurzerhand nach Pyritz in Pension gesteckt. Der Direktor hatte ihr zu Weihnachten geschrieben, Hassos Versetzung sei gefährdet, Mathe sechs, Bio und Geschichte fünf. Kein Gruß dabei, nur »Heil Hitler, gezeichnet Fechner«. Das Spiel lag säuberlich neben Strümpfen und Wäsche in einer bemalten Bauernkommode, lag dort auf Geheiß einer strengen Steuerberatersgattin mit vergessenem Namen. Oder war es schon verbrannt? Gestern Abend, vor unserem Hause im Lindenweg, sahen wir den Himmel über Pyritz sich röten, ein bedrohlich nahes Rot, das uns erschreckte. Es war gar nicht zu verwechseln mit dem 50 Kilometer entfernten Stettiner Rot, das die Bomber der Royal Air Force entfachten. Das war uns, soll ich sagen, längst vertraut? Hatte ich doch selbst aus Ausschneidebogen, die ich in Neitzels Buchhandlung kaufte, Stück 50 Pfennig, einen Lancaster-Bomber und einen Messerschmitt-Jäger Me 109 geklebt, die an Bindfäden unter der Zimmerdecke des Kinderzimmers kreisten.

Sonntag, 4. Februar – Geburtstag im Keller

In Jalta auf der Krim kommen US-Präsident Franklin D. Roosevelt, der sowjetische Staats- und Parteichef Josef Stalin und der britische Premier Winston Churchill zu einer Konferenz zusammen, um ihr weiteres Vorgehen gegen Deutschland zu beraten. Im Mittelpunkt ihrer Gespräche steht die Gründung einer neuen Weltorganisation nach dem Ende des Zweiten Weltkriegs. • Einheiten der US-amerikanischen Armee besetzen die philippinische Hauptstadt Manila. • In der Nacht zum 4. Februar greift ein britischer Bomberverband Oberhausen und Dortmund an. In den Nachrichtenverbindungen der Deutschen entstehen erhebliche Störungen. • Die letzten Einheiten der deutschen Wehrmacht räumen das Staatsgebiet Belgiens. • Die USA und die Republik Irland unterzeichnen ein Abkommen, das es gestattet, bei Transatlantikflügen den westirischen Flughafen Shannon für Zwischenlandungen zu nutzen.

Manfred Dörr (Jahrgang 1936) wohnte Anfang Februar 1945 mit seinen Eltern und seinem siebenjährigen Bruder Klaus im zweiten Stock eines fünfstöckigen Mietshauses im Wiesbadener Rheingau-Viertel. Dörr, der jetzt als Pfarrer im Ruhestand in Köln lebt, erinnert sich an den 36. Geburtstag seiner Mutter am 4. Februar.

Wir schliefen schon seit Herbst 1944 im Keller unter Vaters Werkstatt im Hinterhof unseres Wohnhauses, weil fast jede Nacht Fliegeralarm war. In der Nacht vom 2. zum 3. Februar war der erste große Bombenangriff auf Wiesbaden. Ein amerikanisch-britischer Bomberverband kreiste eine Stunde lang über der Stadt und warf pausenlos Bomben ab. Die Luft zitterte vom Motorengeräusch der Flugzeuge, die Sprengbomben kamen mit einem unheimlichen Pfeifen herunter, und die Erde bebte, wenn in der Nähe eine explodierte. Ich hatte etwa die Hälfte des Angriffs verschlafen. Dann wurde ich von einem zischenden Geräusch wach: Über meinem Bett war in der Wand eine Lüftungsöffnung, durch die jedes Mal, wenn die Luftdruckwelle einer nahen Bombenexplosion uns erreichte, zischend Luft in den Keller strömte, um gleich darauf wieder ebenso zischend zu entweichen.

Ich wusste, dass unsere Kellerdecke zu schwach war, um einer Bombe, die direkt auf uns fiel, standzuhalten. Und ich wusste auch, dass eine in unserem Keller explodierende Bombe uns alle töten würde. Deshalb habe ich während der zweiten Hälfte des Angriffs voller Todesangst geweint.

Als die Bomber abdrehten, noch vor der Entwarnung, ging Vater nach draußen, um zu sehen, was mit dem Wohnhaus war. Er kam ganz schnell zurück und sagte: »Der ganze Dachstuhl brennt! Ihr Kinder bleibt in den Betten – Mutter und ich versuchen, etwas aus der Wohnung zu retten.«

Sie retteten in etwa zwei Stunden alles, was in unserer Dreizimmerwohnung war. Bis auf eine Schublade mit Besteck, die Mutter vor Schreck fallen ließ, als ein von oben herabfallender brennender Balken sie um Haaresbreite verfehlte. Die beiden haben in diesen zwei Stunden ein unvorstellbares Arbeitspensum geleistet – professionelle Möbelträger brauchen dafür (mit drei Mann!) mindestens einen halben Tag.

Am 3. Februar waren die Eltern den ganzen Tag damit beschäftigt, unsere Möbel und den Hausrat in der Werkstatt – einer kleinen Metallgießerei – so zu stapeln, dass Vater seine »kriegswichtigen« Arbeiten, um derentwillen er vom Militär befreit war, noch ausführen konnte. Aber Mutter hatte doch am nächsten Tag Geburtstag – also musste sie auch noch einen Kuchen backen.

Sie buk ihren Kuchen im Keller in einem Kohlebackofen, der bis dahin nur zum Heizen gedient hatte. Einen Streuselkuchen buk sie, der zwar Wasserstreifen hatte – vielleicht weil die Hefe den Bombenhagel nicht richtig überstanden hatte. Aber ohne Kuchen wäre es für sie kein Geburtstag gewesen. Und so saßen wir am späten Nachmittag des 4. Februar 1945 in unserem Keller an einer improvisierten Geburtstagstafel: Vater, Mutter, Klaus und ich; es gab für uns Kinder echten Kakao, für die Eltern sogar – wer weiß, woher – echten Bohnenkaffee. Die Petroleumlampe auf dem alten Küchentisch blakte – natürlich gab es keinen Strom! –, aber Vater hatte sogar ein Geschenk: eine Packung Toilettenseife von »Friedensqualität«, die er gegen seine Raucherkarte eingetauscht hatte, denn er rauchte nicht.

Übrigens: Im Sommer '45 gruben Klaus und ich neben der Haustür der Ruine unseres Wohnhauses aus dem Schutt drei silberne Teelöffel mit Mutters Monogramm HM aus, die dort hingefallen sein mussten, als Mutter, am Tag vor ihrem 36. Geburtstag, die Besteckschublade fallen ließ. Einer der Löffel hat vorn eine Scharte, die der Balken ihm einbrannte, der um ein Haar Mutter erschlagen hätte. Die drei Teelöffel habe ich immer noch; sie sind mir wie eine Brücke zu jener vergangenen Zeit.

Montag, 5. Februar – Der Zug der Frauen

Das Nationalkomitee Freies Deutschland bringt Flugblätter in Umlauf, auf denen man in Aussicht stellt: »Auf den Trümmern der Hitlerherrschaft wird ein neues, freies Deutschland erstehen!« • Bei Brieg erweitern die sowjetischen Truppen ihren Oder-Brückenkopf und nehmen Grottkau ein. Die Besatzung von Brieg schlägt sich in Richtung Westen durch. • In Warschau setzt sich der Präsident des kommunistischen polnischen Nationalrats, Bolesław Bierut, dafür ein, die Provinzen Schlesien und Ostpreußen unter polnische Verwaltung zu stellen, sobald das Deutsche Reich kapituliert hat. • Mit 589 Maschinen fliegen US-amerikanische Bomberverbände einen Angriff auf Treibstoffwerke in der Nähe der Stadt Regensburg. In der Nacht zum 6. Februar greifen britische Bomber erneut Berlin an. • Radio Paris berichtet, dass es im Januar 471 Todesurteile gegen Nazi-Kollaborateure gegeben habe.

Die Autorin (Jahrgang 1926) berichtet von einem Erlebnis, das sie, wie sie sagt, »nicht vergessen kann«. Aus Rücksicht auf ihre Familie möchte sie anonym bleiben und zeichnet mit den Initialen ihres Mädchennamens: M. B. Ihre Erinnerung wurde von Alexandra Stolze aufgezeichnet.

Meine Heimat ist die kleine Stadt Seestadtl im Sudetenland (Nordböhmen) – gelegen zwischen Komotau und Brüx – im Kreis Komotau. Wir wohnten in der Hauptstraße. Uns gegenüber befand sich die Polizeidienststelle (bis 1938 das jüdische Uhren- und Schmuckgeschäft »Fischer«).

An diesem einen kalten Februartag 1945 vormittags – ich war zufällig wegen einer starken Grippe-Erkrankung nicht arbeiten – klopfte es plötzlich an unsere Wohnungstür. Die Mutter meiner Freundin kam erschöpft und atemlos herein und zeigte nur mit ihrem Arm zum Fenster hin. Da sahen wir sie schon kommen: ein Zug von etwa 300 bis 400 Frauen, stark bewacht. Die Frauen schlurften mehr, als sie im Schnee laufen konnten. Sprachlos starrten wir auf den Zug der Frauen, die aus einem Konzentrationslager kamen und angeblich »Partisanenfrauen« – oder wie es damals allgemein hieß: »Flintenweiber« – sein sollten. Inmitten des Zuges ging eine größere Frau, nicht geduckt und ermattet wie die anderen, sondern aufrecht und ohne Kopfbedeckung. Ihr rotblondes Haar schimmerte in der Wintersonne.

Als der Zug vorüber war, berichtete die Mutter meiner Freundin: Sie habe mit ihrem Fahrrad den Zug überholt. Am Ende des Zuges fuhr ein Planwagen (mit Pferd); darin waren wohl Kranke, die nicht mehr laufen konnten. Sie hatte gesehen, wie sich eine Frau mit erhobenen Händen niederkniete und den Bewacher bat, sie in den Wagen zu lassen. Doch dieser schubste sie an, und sie musste weitergehen.

Kurze Zeit später brachte einer der Bewacher eine ältere, ortsbekannte Frau zur Polizeistation, und wir konnten hören, wie er zu ihr sagte: »Du marschierst gleich mit.« Es war

Folgendes passiert: Die Frau war gerade vom Bäcker gekommen und hatte in ihrer Tasche frisches Brot, und darauf lagen zwei Hörnchen (Kipfel). Eine Frau aus dem Zuge sagte zu ihr: »Hunger, Hunger.« Und die Frau gab ihr ein Kipfel. Das wurde von einem Bewacher gesehen, der sie zur Polizeidienststelle brachte. Nach einigen Minuten kam der Bewacher heraus und eilte dem Zug der Frauen nach. Etwa eine Viertelstunde später kam auch die bekannte Frau heraus: Man hatte ihre Personalien geprüft und festgestellt, dass es sich um die Mutter von alten Nationalsozialisten handelte.

Ich selbst kann nicht mehr sagen, ob die Bewacher SS-Männer waren oder ob es sich um Angehörige der Wehrmacht handelte. Auf jeden Fall werde ich dieses Erlebnis, den Anblick dieses Elendszugs von Frauen nie vergessen.

Mittwoch, 7. Februar – Sie kommen!

In London ruft Lord Vansittart dazu auf, die Flucht von Kriegsverbrechern in neutrale Länder unbedingt zu stoppen. • Amerikanische Bomberverbände richten erneut einen Großangriff gegen die Innenstadt von Wien, während britische Bomber die westdeutsche Stadt Essen angreifen. • Angehörige der 19. Armee kämpfen im Oberelsass in einem verengten Brückenkopf um Neu-Breisach. Die deutschen Truppen ziehen sich zugleich weiter aus westrheinischem Gebiet zurück. • In Posen nutzten deutsche Truppen das dortige Schloss bislang als Lazarett, jetzt müssen sie den Standort aufgeben. • Nach einem Befehl des Heerespersonalamts sind Entlassungen von Offizieren künftig nicht mehr möglich; notfalls müssen »Stellungen unterhalb des Dienstgrades angenommen werden«. • Aus dem Lager Theresienstadt entlässt man 1200 jüdische Häftlinge; insgesamt hatten die Nazis 155000 Juden dorthin deportiert.

Ulrich Straeter wurde während eines Urlaubs in der Provence an ein Kriegserlebnis aus seiner Kindheit erinnert. »Ils vient, ils vient!« – sie kommen, sie kommen!, hörte er eine helle Frauenstimme auf der Straße rufen. Gemeint waren hier die tief fliegenden Düsenmaschinen der Force de Frappe, der französischen Luftwaffe, die das liebliche Vauclusetal zerlärmten. »Sie kommen«, das hatte er schon als Vierjähriger gehört.

In einer Nacht im Winter 1945, ich war vier Jahre alt, weckte mich die aufgeregte Stimme meiner Mutter: »Junge, wach auf, wir müssen in den Bunker!« Ich schlief nicht in meinem Kinderbett, sondern voll bekleidet unter einer Wolldecke auf dem Sofa im Wohnzimmer. Der Schein der Taschenlampe, die meine Mutter in der Hand hielt, irrlichterte durch den Raum. Es durfte kein Licht angemacht werden, alle Fenster waren mit Pappe verdunkelt. Schlaftrunken und frierend torkelte ich mit nach draußen. Nachbarn hasteten vorüber und riefen: »Sie kommen, sie kommen!«

Wir liefen, so schnell wir konnten, durch die Dunkelheit. Der Bunker lag ungefähr zwei Kilometer entfernt, es handelte sich, wie ich später erfuhr, um den Tunnel der Wasserleitung zwischen Schwerte an der Ruhr und Dortmund. Bevor wir ihn erreichten, waren »sie« schon da! Was das bedeutete, wusste ich nicht genau, doch die Angst der Mutter und der Nachbarn übertrug sich auf mich. Ein fremder Mann, der eine Karbidlampe vor dem Bauch trug, half mir die steile Treppe hinunter. Dann verbrachten wir die halbe Nacht auf den harten Brettern, die man auf den beiden dicken schwarzen Wasserrohrleitungen angebracht hatte. Das Licht der Kerzen und Petroleumlampen warf unheimliche Schatten an die gemauerte Bunkerdecke, die uns im Ernstfall wohl wenig Schutz geboten hätte. Die meisten Bomben fielen in einiger Entfernung, wo eine Flakstellung eingerichtet war. Die anderen Menschen flüsterten miteinander, eine gedrückte Stimmung machte sich breit. Die Luft war stickig.

Das alles wirkte auf mich so beängstigend und unheimlich, dass ich mich an einem der nächsten Tage weigerte, in dieses dunkle Loch zu steigen. Ich schrie so lange, bis man es aufgab. Die Erwachsenen nannten es Bunkerkrankheit. Meine Mutter blieb mit mir zu Hause. Wir hockten im Keller, eine Wolldecke über dem Kopf, mein einziges Spielzeug, einen Holzlastwagen, hielt ich eng an mich gepresst. Ich sah das Flackern der Petroleumlampe nicht mehr, das Bersten der Bomben klang gedämpft. Ein Nachbarhaus wurde völlig zerstört, zwei Menschen starben. Neben unser Haus fiel eine Luftmine, die sämtliche Fenster, die Türen und das Dach beschädigte. Noch jahrelang war der Schriftzug »Luftschutzkeller« außen an der Hauswand neben der Tür zu lesen. Als ich mir später einen Partyraum im Keller einrichtete und Löcher in die Decke bohrte, stellte ich fest, dass sie aus weichem Aschenbeton bestand.

Noch heute wache ich manchmal mitten in der Nacht ohne Grund auf, und es ist mir, als hörte ich die Stimme meiner Mutter: Junge, wach auf, wir müssen in den Bunker! Sie kommen!

Donnerstag, 8. Februar – Die Notoperation

Einheiten der 1. Ukrainischen Front greifen Breslau an.

Ursel L. musste mit 19 Jahren Ostpreußen verlassen. Sie wurde von Russen aufgegriffen und nach Stalinogorsk gebracht. 1946 kam sie nach Berlin. Ihr Bericht wurde von Ingrid Krondorfer übermittelt.

Am 8. 2. 1945 mussten sich alle Frauen und Mädchen, auch alte Männer, auf der Kommandantur in Mohrungen melden, und ein endloser Zug Gefangener wurde zusammengestellt.

Tagelang marschierten wir in Richtung Polen, durch Schnee und Matsch. Ich hatte Stoffturnschuhe an, die Stiefel hatten sie mir gleich beim Überfall gestohlen. Unterwegs gab es ab und zu etwas zum Essen, und in Ställen und Scheunen wurde übernachtet. Wer nicht weiter konnte, blieb liegen oder wurde erschossen. Irgendwann kamen wir an einem Bahnhof an, es soll Zichenau in Polen gewesen sein. Wir wurden in Viehwaggons verladen. Wie viele in einem Wagen waren, weiß ich nicht mehr. Wir sind fast drei Wochen gefahren. Im Waggon war es sehr kalt, in der Mitte ein Loch, um die Notdurft zu erledigen. Meist lag eine Eisschicht davor. Ab und zu hielt der Zug, um die Toten herauszuholen. Keine Decken, nur was jeder bei sich hatte. Wir rückten zusammen, um uns zu wärmen. Die ersten Kleiderläuse traten auf. Lieder wurden gesungen, um sich zu trösten, und den Kranken geholfen. Eine Begebenheit werde ich nicht vergessen. Eine Frau konnte keinen Urin mehr lassen. Mit einem Strohhalm versuchten einige Frauen, einen provisorischen Katheter einzuführen. Sie hat furchtbar geschrieen, aber es half. Am 10. März kamen wir in dem großen Sammellager in Stalinogorsk an.

Freitag, 9. Februar – Tod vor dem Bunker

Den Niederlanden gewähren elf amerikanische Banken einen Kredit über 100 Millionen Dollar für den Wiederaufbau des Landes. • Ein sowjetisches U-Boot versenkt in der Danziger Bucht den deutschen Verwundetentransporter »General von Steuben«. • Einem mit modernem Sonargerät ausgestatteten britischen U-Boot gelingt es vor der norwegischen Küste erstmals, ein deutsches U-Boot (U 864) zu versenken. • In der Nacht zum 9. Februar greifen britische Bomber abermals Berlin an; am Tage ist Magdeburg das Ziel eines weiteren US-amerikanischen Luftangriffs. • Am Niederrhein gewinnt die 1. Kanadische Armee weiteren Boden im Reichswald; dort entwickelt sich im Laufe der nächsten Tage eine erbitterte Schlacht. • Im Oberelsass beendet die 19. Armee die Räumung des »Colmar-Brückenkopfes«; die Soldaten ziehen sich auf das östliche Ufer des Rheins zurück.

Lieselotte Kutter überlebte knapp einen Bombenangriff auf Weimar.

An einem schönen Februarmorgen 1945 – kurz vor meinem achten Geburtstag – begleitete ich meine Mutter durch den Weimarer Park zu einer alten Villa in der Nähe von Goethes Gartenhaus. Dorthin war das in der Schillerstraße ausgebombte Warenhaus »Haar«, das einzige der Stadt, ausquartiert. Von Hamburg waren wir vor den Bomben zu den Großeltern nach Weimar geflohen. In vier Wochen erwartete meine Mutter ihr viertes Kind, und sie wollte versuchen, dort auf Bezugschein Windeln zu kaufen – leider vergebens.

Auf dem Rückweg gab es mal wieder Alarm. Wohin so schnell, wir waren mitten auf der Parkwiese? Vor dem Eingang zu den als Bunker genutzten Höhlen am Parkhang – einst wohl Carl Augusts und Goethes berühmter Weinkeller – drängte sich eine lange Schlange Menschen. Darunter waren auch etliche Zwangsarbeiter in Sträflingskleidung (aus Buchenwald?), die in der Stadt zum Trümmerräumen eingesetzt waren. Nach einigen Minuten (Sekunden?) des Wartens beschloss meine Mutter, lieber weiterzugehen; es hätte zu lange gedauert, in den Bunker zu kommen.

Wir kletterten die Treppen am Hang hoch und suchten Schutz an der Ruine, zusammen mit anderen Menschen. Kaum dort angekommen, hörten wir das typische Geräusch von Bombenflugzeugen (nur wenige) und sahen plötzlich zwei silbrig glänzende Bomben schräg von oben auf uns zurasen. Ich habe dieses Bild bis heute zigtausend Male vor mir gesehen und werde es wohl nie loswerden! »Das ist das

Ende!«, dachte ich. Wir umfassten uns und hörten es durch die Wipfel der Bäume sausen und krachen, dann den Aufprall unten im Park und das Schreien der Menschen. Die Bomben hatten die wartenden Menschen getroffen – an ebender Stelle, wo wir noch wenige Minuten zuvor ebenfalls gestanden hatten! Wir waren wieder einmal davongekommen; wie wir nach Hause gelangt sind, weiß ich heute nicht mehr.

Später hörte ich, dass alliierte Bomber auf dem Rückflug von der grauenvollen Bombardierung Dresdens unterwegs restliche Bomben abgeworfen hätten. War es also der 14. Februar? In dem Buch »Weimar, eine Chronik« von Gitta Günther heißt es dagegen, dass bei einem Luftangriff am 9. 2. 45 zwischen 12:24 und 12:37 Uhr 462 Einwohner und Zwangsarbeiter ums Leben kamen. Es kann also auch schon am 9. Februar gewesen sein.

Mein jüngster Bruder kam am 11. März unter katastrophalen Umständen im Keller des »Sophienhauses« zur Welt; von zwölf Säuglingen starben zehn in den ersten Wochen an Wundrose. Mein Bruder ist einer der beiden Überlebenden.

Samstag, 10. Februar – In Gefangenschaft

Heinrich Himmler, Reichsführer SS und Chef der deutschen Polizei, ruft Offiziere an der Ostfront »zum lodernden Hass gegen bolschewistische Untiere« auf. • Kanadische Truppen dringen in Kleve ein, im Reichswald kämpft man weiter, in der Eifel stößt die 3. US-Armee in die Stadt Prüm vor. • Die letzten deutschen und ungarischen Truppen kapitulieren in Budapest vor der Roten Armee. • In Schlesien stoßen russische Panzer bei Grottkau bis an die Oder vor. Aus dem Brückenkopf Brieg-Ohlau kommen die Sowjettruppen bis auf 15 Kilometer an Breslau heran. • Auf der Konferenz von Jalta sprechen Roosevelt, Stalin und Churchill über den weiteren Umgang mit Japan.

Harald Koenig wurde in der Gefangenschaft dreimal operiert, erhielt drei Bluttransfusionen und viele Injektionen. Nach einer Ruhr-Erkrankung auf 44 Kilo abgemagert, wurde er am 9. September 1945 als einer der ersten Heimkehrer aus sowjetischer Gefangenschaft in Frankfurt/Oder entlassen.

Am 26. Januar 1945 wurde ich als Angehöriger des Ersatzbataillons der ostpreußischen 121. Infanterie-Division (ID) östlich von Marienwerder (Ostpreußen), bei dem Gut Kröxen, von einem sowjetischen Spähtrupp angeschossen und gefangen genommen.

Nach Erstversorgung durch eine Feldscherin, sie gab mir eine Tetanusspritze (!) und legte einen Verband an, wurde ich eindringlich, aber fair verhört. Nach einigen Tagen beim Tross der Einheit wurde ich mit mehreren Gefangenen in Etappen über Mlawa, Rippin und Thorn in Richtung Osten verlegt.

Einen Tag nach Ostern erreichte ich schließlich mit einem größeren Transport das Kriegsgefangenenlazarett Kalikawitschy, westlich von Gomel in Weißrussland. Am 8. Mai, vier Tage nach meinem 20. Geburtstag, stürmte eine junge Krankenschwester während der Essensausgabe in den Krankensaal und fiel der Oberschwester weinend um den Hals und rief immer etwas, wovon ich nur »wojna« (Krieg) verstand. Ein polnischer Mitgefangener sagte uns, der Krieg ist aus, Deutschland hätte kapituliert. Diese Nachricht wurde, je nach Nationalität, sehr unterschiedlich aufgenommen, teils verhaltener Jubel, teils Betroffenheit. Das Lazarett war belegt mit Kranken und Verwundeten aus Polen, Ungarn, Rumänien, Österreich und Deutschland.

Der Name Auschwitz ist mir erst durch die Zeitung des Nationalkomitees Freies Deutschland nach Ostern '45 ein

Begriff geworden. Die Fotos und Berichte aus dem befreiten KZ Auschwitz haben wir als Fälschungen und Kriegspropaganda angesehen und einfach nicht glauben wollen. Die im Lazarett tätige Chirurgin, Jüdin und fließend Deutsch sprechend, erwartete von uns Deutschen keine Stellungnahme, sie erkannte wohl unsere tiefe Betroffenheit.

Ich schreibe diese Zeilen auch in Erinnerung an meine Mitgefangenen Herbert Penkwitz und Paul Heinrich.

Sonntag, 11. Februar – Häftling Nummer 355

In der Schlacht am Niederrhein stoßen kanadische Truppen bis an den Ostrand des Reichswaldes vor. In der Eifel erobert die 2. SS-Panzer-Division die Stadt Prüm zurück. • In Jalta verständigen sich Roosevelt, Stalin und Churchill auf eine schnelle und gerechte Bestrafung der Kriegsverbrecher. • Der erbitterte Kampf um Budapest geht zu Ende. Nur 785 Mann der Besatzung erreichen nach Ausbruchsversuchen die deutschen Linien. 19718 ungarische Zivilisten starben während der Belagerungskämpfe. • In Brüssel bildet der neue belgische Ministerpräsident Achille van Acker ein Koalitionskabinett, dem Politiker der Sozialisten, der Christlich-Sozialen Partei, der Liberalen und der Kommunistischen Partei angehören.

Janusz Mlynarski kam mit dem ersten Transport nach Auschwitz, am 14. Juni 1940. Er überlebte Auschwitz und Mauthausen, dessen Außenlager Melk und die mörderische Arbeit in den Stollen dort. Nach 1945 studierte er in Poznań Medizin und wurde Arzt. 1974 kam Janusz Mlynarski als Spätaussiedler in die Bundesrepublik Deutschland. Sein Bericht wurde von Karin Ceballos Betancur aufgezeichnet.

Mein Name ist Janusz Mlynarski. Ich bin 82 Jahre alt. Meine Nummer in Auschwitz war 355 – das war der erste Transport, am 14. Juni 1940, mit 728 polnischen Häftlingen. Ich war vom Anfang bis zum Ende im Lager Auschwitz, aber in den letzten Tagen wurde ich evakuiert. Man hörte schon die Artilleriesch\u00fcsse bei Krakau. Die Russen waren nah. Wir hätten uns verstecken können, die Wachmänner haben nicht mehr so aufgepasst wie vorher, aber da war diese schreckliche Unsicherheit, die uns Angst machte, so kurz vor der Befreiung. Es gab Gerüchte, dass wir alle in die Luft gesprengt werden sollen, ins Gas gehen oder erschossen werden. Der Lagerarzt Horst Fischer riet uns, uns evakuieren zu lassen. Er sagte, Mauthausen sei ein schönes Lager, mit frischer Luft und viel Sonne, im Gebirge. Von den Steinbrüchen hat er nichts gesagt.

Ich habe an einem der so genannten Todesmärsche teilgenommen. Wir wurden auf offene Waggons geladen, obwohl es ein kalter Winter war, minus zehn, zwanzig Grad. Am 2. Februar 1945 kamen wir in Mauthausen an. Weil das Lager überfüllt war, wurden wir in eines der Nebenlager weitertransportiert, nach Melk.

Im Lager Auschwitz war ich schon ein alter Häftling gewesen. Ich kannte die Wege, die Kameraden, wusste, was ich machen muss. Als wir nach Melk kamen, waren wir plötzlich Neuzugänge, und die wurden zu den schwersten Arbeiten eingeteilt. Meine Nummer war 118 104. Die Baracken waren nicht geheizt, nur mit unseren Körpern. Es war sehr kalt. Den Februar über musste ich im Stollen arbeiten, von morgens früh um fünf bis abends um zehn. Es gab da riesige Gänge, wie U-Bahn-Tunnel. Die Arbeit war hart, und ich war daran überhaupt nicht gewöhnt. Im Stollen gab es überall Wasser. Wir haben im Wasser gestanden und gearbeitet, unglaublich schwere Arbeit. Wir waren mehr Automaten als Menschen. Und jeden Abend haben wir uns gefreut, dass wir den Tag überlebt haben.

In Melk haben meine Kräfte deutlich nachgelassen. Aber ich habe immer die Hoffnung gehabt, dass in Kürze der Krieg aufhört und wir befreit werden. Ich bin katholisch. Ich hatte immer jemanden, dem ich meine Sorgen anvertrauen konnte. Viele haben sich damals gefragt: Wo ist Gott? Wie kann er zulassen, dass diese grauenvollen Dinge in den Lagern geschehen? Trotzdem bin ich bei meinem Glauben geblieben, und das war mir eine riesige Hilfe.

Dass ich Auschwitz überlebt habe, hat vielleicht damit zu tun, dass ich jung war und mit dem ersten Transport kam. Die besseren Posten haben die Leute bekommen, die von Anfang an dabei waren. Diejenigen, die in der Küche waren, haben fast alle überlebt, wenn sie nicht erschossen wurden. Die anderen mussten raus, auch wenn es regnete, im Winter, in nassen Kleidern. Sie waren anfälliger für Krankheiten.

Eine Sache, die mir in Melk geholfen hat, kam so: Im Lager Auschwitz war ich etwa zwei Jahre lang Pfleger im Krankenbau, für Bauchtyphus und Fleckfieber. Es gab 36 Betten auf der Stube 2 des Block 20, aber es waren oft 60 oder 70 Kranke da, so dass zwei oder drei in einem Bett liegen mussten. Die Brotrationen von Ohmächtigen, die nicht essen konnten, und von Toten, die ich erst nach dem Appell meldete, habe ich aufgehoben. So hatte ich Material, mit dem ich anderen helfen konnte. Wer im Saal war und eine Krankheit überlebt hatte, bekam von mir eine zusätzliche Portion, damit er schneller wieder zu Kräften kommen konnte. Es war wichtig, gut auszusehen, gesund.

Einer der Mithäftlinge, der mit Verdacht auf eine Infektionskrankheit in meiner Stube lag, war Józef Cyrankiewicz, der nach dem Krieg polnischer Ministerpräsident wurde. Auch ihm habe ich geholfen, und er wollte sich später bei mir für diese Hilfe revanchieren. Auch er war im Januar nach Mauthausen evakuiert worden, aber im Hauptlager geblieben, wo es eine geheime Häftlingsorganisation gab, die ihn in Schutz nahm. Er gehörte zu den Prominenten. Cyrankiewicz ließ eine Nachricht nach Melk aufgeben: Bei euch befindet sich ein Janusz Mlynarski. Passt auf ihn auf, gebt ihm einen besseren Posten. Und das passierte wirklich: Ich kam als Pfleger ins Krankenrevier. Eigentlich wurde ich auf diese Weise schon in Melk gerettet.

Einen Monat später wurden wir noch einmal evakuiert, dieses Mal in das Nebenlager Ebensee. Ich habe damals 38 Kilo gewogen und konnte kaum stehen, aber ich war sofort wieder auf den Beinen, als ich hörte, dass die Amerikaner da sind. Es war der 6. Mai 1945. Trotzdem konnten wir uns nicht sehr freuen, weil wir zu schwach waren, zu schlimm waren unsere Erlebnisse gewesen. An diesem Tag ist niemand gestorben. Alle haben gespürt, dass der Moment, auf den wir so lange gewartet hatten, endlich gekommen war, und diesen Augenblick wollten alle unbedingt noch miterleben. Einen Tag später gab es dann mehr als 200 Tote im Lager Ebensee. So haben diese Kameraden wenigstens noch die Freiheit erlebt, aber dann haben ihre Kräfte für immer versagt.

Ich habe nach der Befreiung noch eine Weile in einem Krankenhaus in Ebensee gearbeitet. Eines Tages hörte ich im Radio eine Nachricht von meiner Mutter: Söhnchen, wenn du mich hörst, komm nach Hause. Und wenn ein Sohn von seiner Mutti gerufen wird, dann tut er das. Im Oktober 1945 bin ich nach Posen zurückgekehrt. Ich studierte Medizin und wurde Arzt. 1974 kam ich als Spätaussiedler in die Bundesrepublik. Heute bin ich die älteste Häftlingsnummer aus dem Konzentrationslager Auschwitz, die in Deutschland lebt.

Zehn Jahre nach unserer Befreiung bin ich das erste Mal nach Auschwitz zurückgekehrt. Inzwischen fahre ich fast jedes Jahr. Die Überlebenden vom ersten Transport treffen sich immer am 14. Juni in Tarnów, am nächsten Tag fahren wir nach Auschwitz. Wir sprechen nicht über das, was war, eher über die Gegenwart. Freundschaft spielt eine riesige Rolle. Wenn es Ihnen gut geht im Leben, haben Sie viele Freunde.

Aber im Lager, wenn Ihnen jemand ein Stück Brot gibt, obwohl er selbst nichts hat – in schlimmen Situationen erkennen Sie die guten Freunde.

Dienstag, 13. Februar
Die Bombennächte von Dresden

Mit sofortiger Wirkung werden im Deutschen Reich die Lebensmittelrationen um zehn Prozent gekürzt. • Martin Bormann, Leiter der Reichskanzlei Hitlers, ruft per Erlass alle Frauen und Mädchen zum Hilfsdienst im «Volkssturm« auf. • Peru erklärt Japan und dem Deutschen Reich den Krieg. • Bomberverbände der US-amerikanischen Luftwaffe fliegen einen Angriff gegen japanische Verteidigungsstellungen auf der zu den Bonin-Inseln gehörenden Pazifikinsel Iwo Jima. • Einheiten der deutschen Wehrmacht ziehen sich wegen des Vordringens der Alliierten an der Westfront auf die Stadt Wesel am Niederrhein zurück. • Die oberschlesische Industriestadt Beuthen wird von Verbänden der 1. Ukrainischen Front der Roten Armee unter dem Oberbefehl von Marschall Iwan S. Konew besetzt. • Die Alliierten wollen ihre befreiten Kriegsgefangenen unmittelbar wieder repatriieren. • In der Nacht zum 14. Februar greifen britische Bomber Dresden in zwei aufeinander folgenden Attacken zunächst mit 244, dann mit 529 Flugzeugen und insgesamt 2659 Tonnen Bomben an.

Iring Fetscher, Jahrgang 1922, kämpfte als Soldat im ostpreußischen Heiligenbeil, als die Bomben auf Dresden fielen. Erst im Dezember 1945 kam er in seine zerstörte Heimatstadt. Nach dem Krieg wurde Fetscher in Frankfurt am Main zu einem der wichtigsten Politikwissenschaftler der Bundesrepublik.

Wie die meisten männlichen Angehörigen meines Jahrgangs war ich im Februar 1945 als Soldat an der Front. In meinem Fall war es das schon seit Januar hart umkämpfte Ostpreußen. Der angeblich »planmäßige« Rückzug war bereits da und dort in »heillose Flucht« übergegangen, wie mein Kommandeur, den »offiziellen Wehrmachtsbericht kommentierend«, ironisch anmerkte. Einmal, nicht unweit von Heiligenbeil, erlebte ich es sogar, wie in dem Frontausschnitt neben meiner Batterie, die ausnahmsweise direkt an der Hauptkampflinie aufgestellt war, eine ganze Infanterie-Einheit unter Führung ihres Leutnants zur Roten Armee überlief. Es handelte sich, wie ich später erfuhr, um Angehörige eines ostpreußischen Regiments. Man hätte annehmen können, dass dessen Soldaten jetzt, da es um die Verteidigung ihres engeren Vaterlandes ging, erst recht todesmutig kämpfen würden, aber als die unvermeidliche Enttäuschung erkennbar geworden war, wie lange die Nazi-Propaganda sie belogen hatte, war ihr Kampfwille zusammengebrochen.

Während der letzten Tage und Wochen im Kessel von Heiligenbeil erlebte ich die erschütterndsten Szenen, die ich je kennen gelernt hatte. Gefallene wurden nicht mehr begraben, auf den Feldern verendete das Vieh, die Straßen waren von flüchtenden Bauern und desorientierten Soldaten überfüllt, und an der Ostseeküste versuchten Offiziere und Unteroffiziere die Flucht verängstigter Soldaten mühsam aufzuhalten, um der angreifenden Roten Armee zu widerstehen und möglichst vielen Einwohnern die Flucht über das Haff zu ermöglichen. Ende März durfte ich mit meiner zusammengeschmolzenen Einheit endlich auch dorthin übersetzen. Und erst jetzt war ich im Stande, einen Brief nach Dresden zu schicken. Im Durcheinander der Kämpfe im Kessel von Heiligenbeil war längst die postalische Verbindung zwischen Front und Heimat zusammengebrochen. An Weihnachten hatte ich noch einmal mit meinen Eltern und Geschwistern in Dresden telefonieren können und ihnen Hoffnung auf einen baldigen Urlaubsbesuch gemacht, jetzt wussten wir nichts voneinander. Da es weder Zeitungen noch die Möglichkeit regelmäßigen Radiohörens gab, erfuhr ich erst im Laufe vieler Tage nach dem 13. Februar von dem britischen Bombenangriff auf Dresden. Als ich am ersten April endlich wieder schreiben konnte, hatten einige Kameraden schon Nachricht aus Dresden bekommen und berichteten von der totalen Zerstörung der berühmten Gebäude der Innenstadt und einer großen Anzahl von Toten und Verwundeten. Am 1. April schrieb ich daher: »Nun bin ich vielleicht ebenso in Sorge um Euch, wie Ihr all die Jahre um mich besorgt wart. Ich habe deshalb auch an verschiedene Bekannte nach Dresden geschrieben und sie gefragt, ob sie etwas von Euch erfahren haben.« Darauf folgt dann gleich ein Satz, durch den ich meine Angehörigen zu beruhigen suche: »Mein Herz, sosehr es in Sorge um Euch ist, sagt mir aber, dass Ihr lebt, und ich weiß auch, dass ich selbst lebend durchkommen werde. Macht Euch bitte keine unnützen Gedanken, wir sehen uns bald wieder!«

So ähnlich dürften es viele Soldaten in ihren Briefen nach Hause formuliert haben, um zu beruhigen und der Verzweiflung zu entgehen.

Mein Vater konnte mir erst am 19. Februar schreiben. Er schickte eine Postkarte, die schneller ankommen würde, weil sie an der Briefzensur vorbeikam; auf ihr schilderte er gefasst und nüchtern: »Dresden hatte einige Tage des Grauens. Wir leben aber alle und sind gesund. Unser Haus ist arg zerzaust. Zunächst konnte man nur im Keller wohnen. Wir haben aber tüchtig gearbeitet und schon einige Räume mit Pappe vernagelt usw., dass sich wieder hausen lässt. Die Praxis und die ganze Innenstadt ist vernichtet, ich konnte noch nicht bis dahin vordringen, der Schutt liegt zu hoch … Ich selbst habe 24 Stunden pausenlos (als Luftschutzarzt) gearbeitet, dann mit Pausen etwa 800 Verletzte und Rauchgeschädigte verarztet. Dr. Rupprecht ist tot, Hesse lebt, Frau Hahn fehlt usw.

Mutter ist nervlich ziemlich fertig, wir werden uns aber schon wieder einrichten und aufbauen. Irgendein Weg findet sich immer ...«

Der Brief war wochenlang unterwegs, ich habe ihn erst Anfang April erhalten, als ich auf der Frischen Nehrung beunruhigt auf den Fortgang der Kämpfe wartete. Einstweilen verhielt sich die Rote Armee jedoch bei uns noch ruhig. Transportunfähig erkrankt, hatte ich das Glück, gegen Ende April auf ein Schiff zu kommen, das Flüchtlinge und Verwundete nach Kopenhagen brachte. Auf dem Dampfer »Ubena« der Hamburg-Afrika-Linie lagen und saßen dicht gedrängt etwa 2000 Personen. Zufällig hörte ich am 30. April aus der Messe, die wir schmutzigen Landser natürlich nicht betreten durften, die Nachricht vom »Heldentod« Hitlers, in meinem Tagebuch notierte ich die Vermutung, vielleicht sei er an einer Überdosis Beruhigungspillen gestorben, die ihm sein Leibarzt geben musste.

Am 22. Februar schrieb mir mein Vater noch einmal. Es war der letzte Brief, den ich von ihm erhielt. Monate später, aus britischer Kriegsgefangenschaft ins Braunschweigische entlassen, brachte mir mein Bruder die Nachricht, dass ein SS-Kommando am letzten Kriegstag meinen Vater umgebracht hatte, weil er versuchte, Kontakt zur Roten Armee aufzunehmen, um zur Verhinderung von Gewalttaten nach dem bevorstehenden Waffenstillstand beizutragen. Erst als ich an Weihnachten 1945 nach Dresden kam, bekam ich das schreckliche Ausmaß der Zerstörung zu sehen. Erst dann erfuhr ich auch, dass die Zerstörung der Gestapozentrale und einer Haftanstalt inhaftierten und bedrohten Nazigegnern und Juden wie Victor Klemperer die Flucht ermöglicht und das Leben gerettet hatte. Trotzdem trauerten alle angesichts des Untergangs einer der schönsten Städte Deutschlands, von der viele Dresdner überzeugt waren, dass gerade Engländer, deren Töchter vor 1914 oft hier Deutsch gelernt hatten, Dresden verschonen und zum Sitz ihres Hauptquartiers machen würden.

In einem kleinen Tagebuch, das mein Vater während der letzten Kriegstage bei sich trug, fanden wir nach seinem Tod ein Gedicht, in dem er seiner bewegenden Trauer über den Untergang Dresdens Ausdruck gab:

Tot ist kein Wort, das Grauen zu benennen,
das mit dem Atem der Verwesung
aus den Trümmern strömt.
Der einst der Stolz der Stadt –
was sage ich – der Welt gewesen,
zerschmettert liegt des Zwingers heitres
Ornament der Lebensfreude.

Der Frauenkirche stolze Kuppel
brach in sich zusammen.
Ein leeres Bogenfenster nur – ragt klagend auf!
Und ringsumher ist sinnlos Stein
in wilden Trümmern aufgeschüttet:
Symbol des unfruchtbaren Chaos, ja das Chaos selbst.

Und mitten in dem Wirbel anrasenden Todes
und der Vernichtung von allem, was das Leben
lebenswert erscheinen ließ,
Silen auf seinem Esel – heiter, winkend, einladend –
doch der Keller, zu dem er weist, birgt keine frohen Zecher!
Nur Leichen über Leichen wirr aufgeschichtet,
qualvoll entschwundnen Lebens letzte Spur.*

Mit Trauer erinnert Wolfhart Sommerlad an die Menschen, die in dem Dresdner Inferno vernichtet wurden. »Ich sehe auch das Unrecht, das die britische und die US-amerikanische Kriegsführung der Bevölkerung Dresdens und den dort angekom-

* Das Gedicht spielt darauf an, dass inmitten der zerstörten Stadt der Silen vor dem Eingang des Ratskellers unversehrt geblieben war.

menen schlesischen Flüchtlingen angetan haben«, schreibt er. Gleichzeitig versuche er die Pläne und Handlungen zu verstehen, die sie gegenüber der verbrecherischen nationalsozialistischen Kriegsführung und deren unseligen Taten in Großbritannien (Coventry!) und in anderen mit Krieg überzogenen Staaten als Gegenmaßnahmen entwickelten und vollzogen: »Letztlich bedurfte es wohl einer so vollständigen Niederlage für Deutschland, um nicht Legenden, wie sie schon nach dem Ersten Weltkrieg auftauchten (›Dolchstoß‹), wiederzubeleben und einen demokratisch-antitotalitären Neuanfang wagen zu können.«

Die beiden Nachtangriffe der britischen und US-Bomber auf Dresden vom 13. auf den 14. Februar 1945, der erste gegen 22 Uhr gleich mit »Vollalarm«, überstanden wir in unserem Luftschutzkeller in der Carola-Allee. Wohl bei der zweiten Phase des Fliegerangriffs spürten wir eine gewaltige Druckwelle. Ich hatte das Gefühl, dass sich das gesamte Haus um ein bis zwei Meter von seinem Platz fortbewegt hätte, Ziegelsteine der Außenschutzwand fielen ins Kellerfenster und ließen es klirren. Geschrei und Weinen war zu hören. Wir Kinder duckten uns und schauten ängstlich zu den Erwachsenen, die in unterschiedlichen Körperhaltungen ihre Angst und Anspannung zu verbergen versuchten. An ein Spiel mit Kasperpuppen, Zauberkasten und Zinnsoldaten, die ich zusammen mit anderen für mich rettungswürdigen Utensilien in meinem Luftschutzkoffer mitführte, war nicht mehr zu denken. Übrigens wurde ich von einem meiner jüngeren Brüder bei meiner Mutter deswegen verpfiffen, weil ich nicht die vorgeschriebenen Wäschestücke, die jedes Kind für den »Notfall« in seinen Koffer einzupacken hatte, vorweisen konnte. Folglich wurde meine Fronttheaterarbeit, die ja letztlich zur Beruhigung der Kinder beitrug, uneinsichtig beendet.

Ich erinnere mich auch noch an den hell erleuchteten Nachthimmel über Dresden, der für uns Kinder wohl, trotz der Nachexplosionen in der Ferne, zunächst nichts Bedrohliches hatte. Erst als die Folgen der Angriffe, besonders des Luftangriffs am nächsten Tag, der unseren Militärstadtteil Albertstadt betraf, sichtbar und spürbar wurden, schlichen sich Ängste, Zweifel und Traurigkeit in unsere Kinderherzen ein. Als wir am nächsten Morgen unsere Wohnung von Scherben und Schmutz säuberten und Pappen und Hölzer vor die Fenster nagelten, kam ein Soldat von der Kaserne gegenüber angerannt und rief, wir sollten alle in deren Tiefkeller kommen. So eilten wir dorthin und stiegen viele Stufen in die steinerne Dunkelheit hinunter. Als wir nach dem vermeintlichen Ende des oberirdischen Bombardements wieder hinaufstiegen und uns im Tageslicht umsahen, hatten sich Wohn- und Kasernengebäude stark verändert: Ein Haus war verschwunden oder nur noch als Steinhaufen mit einem Wirrwarr von Gebälk drüber zu sehen. Ich habe immer an ein Bild gedacht, wie ich es vom Mikadospiel her kannte, wenn die Stäbe am Anfang übereinander geschüttet dalagen und der Spieler, ohne den Aufbau zu verändern, sich zum Grund vortasten musste. Unter diesem Gebälk-Steine-Haufen kroch dann tatsächlich noch eine Frau im Aschenkleid hervor und redete gefasst und verharmlosend über das soeben Erlebte. In die Parterrewohnung unseres Doppelwohnhauses hatte eine Luftmine eingeschlagen und das Interieur atomisiert. Im ersten Stock darüber hing – zu unserer kindlichen Freude – eine noch erhaltene Badewanne frei schwebend im entkernten Raum. Wie viel Glück uns in den Kasernenkeller abgetauchten Familienmitgliedern und den ganzen mitgezogenen Menschen noch einmal geschenkt worden war, spürten wir beim Anblick des oberirdischen linken Kasernenteils, der im desolaten Zustand sich herniederneigte und wohl keinem letzten Aufgebot von »Vaterlandsverteidigern« mehr als kurzfristige Behausung dienen konnte.

Ich begleitete eine Tante, die ihre ausgebrannte Wohnung in der Nachbarschaft mit nur wenigen noch verbliebenen Gegenständen verlassen hatte, zum Stadtteil »Weißer Hirsch«, hoch über der Elbe gelegen. Meinen mit diesen Gepäckstücken gut beladenen Tretroller fuhr ich neben der Tante, die nur langsam und beschwerlich gehen konnte, die Radeberger Straße entlang. Auf dieser weiterführenden Landstraße, die neben den Elbwiesen stadtauswärts führte, trafen wir auf einen langen Zug von alten und sehr jungen Menschen, zum Teil mit rußgeschwärzten Gesichtern und zerschlissenen Kleidungsstücken, meist ohne irgendwelche Habseligkeiten, die Kinder auf Handwagen und Karren hockend, die über das aufgerissene Pflaster rumpelten. Ich sehe noch die traurigen und müden, fast apathischen Gesichtszüge der in einer ruhigen Formation schreitenden Frauen und Männer: der Exodus der Überlebenden.

Wenige Tage nach dem 14. Februar 1945, nach dem Zusammenbrechen der Versorgung, hauptsächlich von Heizung und Strom, vor dem Erwarten von weiteren Bombenangriffen und dem Heranrücken der Roten Armee, die bereits in Schlesien stand, verließen wir das noch rauchende Dresden. In einem schon mit Menschen dicht besetzten und mit Gepäckstücken beladenen Militär-Lastkraftwagen fanden wir Platz. Auf dem Weg sahen wir die ersten Toten unseres Lebens.

Eva Weitschat erlebte die Bombardierung Dresdens als Kind im Keller eines Hauses in dem Vorort Kaditz. Das ganze Ausmaß des Grauens wurde ihr erst deutlich, als sie nach den Angriffen ihren vermissten Großvater in der Stadt suchte.

Endlich waren meine drei jüngeren Geschwister eingeschlafen. Die Schminke war noch nicht restlos abgewischt, denn es war Fasching, aber die Mutter war trotzdem ins Kino gegangen. Ich war die Älteste und schlief noch nicht, als die Sirenen losgingen. Voralarm! Das war noch nicht weiter beängstigend, denn Dresden hatte bis zu diesem Tage noch keinen einzigen Bombenangriff erlebt. Trotzdem befiel mich eine bange Vorahnung. Gott sei Dank – endlich kam auch die Mutter vom Kino zurück. Man hatte die Vorstellung abgebrochen und die Zuschauer nach Hause geschickt.

Wir hörten Radio und der Sprecher verkündete »große Bomberverbände über Sachsen in Richtung Dresden«. Wie alle Dresdner, so glaubten auch wir, dass Dresden verschont bliebe, weil angeblich ein entfernter Verwandter von Churchill auf dem Weißen Hirsch (Nobelvorort) lebte. Zudem war die Stadt voller Flüchtlinge aus den deutschen Ostgebieten, die vor der anrückenden Roten Armee geflüchtet waren. Sie waren überall in der Stadt und den umliegenden Dörfern untergebracht. Teilweise in Schulen und Turnhallen; viele jedoch kampierten einfach im Freien unter Brücken oder in den großen Bahnhofshallen. Dresden war auch ein Umschlagplatz für Soldaten. Die Verwundeten warteten auf den Weitertransport in ein Lazarett, die notdürftig Wiederhergestellten auf den Zug zur nahen Ostfront. Sämtliche Schulen fungierten als Notlazarett, was besonders uns Kinder freute, denn es hieß »schulfrei«.

Plötzlich ertönte der Heulton der Sirene erneut, und dieses Mal bedeutete es Alarm. Nun trieb ich die Mutter zur Eile an. Sie hatte zuerst gesagt: »Lass die Kleinen schlafen!« Jedenfalls lief nun auch die Mutter mit den Kleinen im Arm die Treppen herunter. Wir waren noch gar nicht richtig unten, da fielen die ersten Bomben. Das Haus, in dem wir wohnten, lag am Stadtrand von Dresden in dem Vorort Kaditz. Es war ein altes Zweifamilienhaus, und die Familie aus dem Erdgeschoss hatte sich im Luftschutzkeller schon eingerichtet. So blieb für uns nur der Kellergang, in den sich unsere Mutter legte. Die Arme weit ausgebreitet, und wir vier Kinder kuschelten uns voller Angst und Panik unter sie, wie Küken unter die Glucke. Nach einer schier endlosen Zeit kam die Entwarnung, und nun liefen wir alle vor die Haustür. Da sahen wir das Stadtzentrum brennen. Dann versuchten wir wieder einzuschlafen. Aber nur kurze Zeit später ertönten erneut die Sirenen. Dieses Mal waren wir schneller wieder unten. Und nun kam der zweite Angriff. Das elektrische Licht ging aus, der Putz bröckelte herab und alle hatten Todesangst. Aber auch diesem Angriff hielt das Häuschen stand. Jetzt leuchtete der Himmel blutrot, und es regnete Asche, vermischt mit halb verkohlten Papier- und Stofffetzen. Außerdem gingen immer wieder Blindgänger hoch. Trotzdem konnte dieses Inferno uns Kinder nicht davon abhalten, noch einmal unsere Faschingsklamotten überzuziehen und einfach das Leben zu feiern.

Zu der Zeit wussten wir noch nicht, dass viele Dresdener aus den Vororten nach dem ersten Angriff zum Zentrum gelaufen oder gefahren waren, um Verwandte zu suchen oder einfach aus Neugier. Alle diese Menschen sind wahrscheinlich beim zweiten Angriff auch getötet worden.

Am nächsten Tag, dem 14. Februar, kamen sie gezogen, auf allen Straßen, die aus dem Stadtzentrum herausführten. Die Ausgebombten, manche nur notdürftig bekleidet, manche mit einem Leiterwägelchen, auf dem sie die geretteten Dinge verstaut hatten. Babys und kleinere Kinder weinten, weil es ziemlich kalt war an diesem Februartag. Einige waren auch verletzt und humpelten nun einem ungewissen Schicksal entgegen. Und immer noch detonierten Blindgänger. Viele Menschen hatten sich in Panik an die Elbe gerettet. Auch in der Stadtmitte hat die Elbe breite Uferwiesen, das schien sicherer als in den engen Gassen und Straßen der Altstadt, wo es immer noch sehr gefährlich war, denn allmählich stürzten nun die Mauern der ausgebrannten Häuser in sich zusammen. Am Nachmittag flog eine Bomberstaffel über diese Elbwiesen und feuerte mit Maschinengewehren auf die hilflosen Menschen. Sie flogen so tief, dass ein Flugzeug an dem einzigen Dresdner Hochhaus (es hatte nur neun Stockwerke) am Albert-Platz zerschellte.

Viele Menschen mit Brandverletzungen, hauptsächlich durch Phosphorbomben, sind einfach in das große Löschwasserbecken auf dem Altmarkt gesprungen, wo sie dann ertranken, weil es einfach keine Möglichkeit gab, da wieder herauszukommen.

Einige Tage später lief ich mit meiner Großmutter an der Hand durch die zerstörte Innenstadt, um nach dem Großvater zu suchen, der als Nachtwächter in einer Fabrik am anderen Ende von Dresden arbeitete. Da sah ich die verkohlten Leichen am Straßenrand liegen, die Phosphorleichen waren ganz gelb und zusammengeschrumpft auf Kindergröße.

Später fuhren Pferdefuhrwerke mit alten Männern als Kutscher in der Stadt herum und sammelten die Leichen ein. Sie wurden einfach mit der Mistgabel auf die Wagen geworfen und zum Altmarkt gebracht, wo ein riesiger Scheiterhaufen aus Eisenbahnschwellen aufgeschichtet war. Dort wurden sie dann verbrannt.

Pfarrer Gernot Werner, Theologischer Referent beim Diakonischen Werk Sachsen, berichtet darüber, wie er als Kleinkind die Familie vor dem Tod im Feuersturm bewahrte. Nur ein einziges Mal wurde ihm die Geschichte erzählt. »Und ich scheue mich, danach zu fragen«, schreibt Werner.

In der Nacht sollte der Zug fahren, der Kinder aus Dresden aufs Land brachte. Kinderlandverschickung am 13. Februar 1945. Treffzeit und -ort: 21 Uhr Hauptbahnhof. Doch meine Mutter brachte es nicht übers Herz, ihr so fest schlafendes Kleinkind – mich – zu wecken, und meinte, sie käme mit den anderen Kindern auch später noch zur rechten Zeit. So stand ich zum Anziehen auf dem Tisch in einem Siedlungshaus am Rande der Dresdener Innenstadt, am Rande des Infernos, das zu dieser Zeit über der Stadt losbrach. Der Faschingsabend wurde durch ein Flammenmeer buchstäblich zum Vorabend des Aschermittwochs verwandelt. Tausende Menschen kamen dabei allein im Dresdener Hauptbahnhof um – genau zu der

Zeit, zu der meine Mutter mit uns Kindern auch dort sein sollte.

Ich war damals erst auf den Tag genau 17 Monate alt. Ich kann mich nicht bewusst an die Schrecken der Nacht erinnern, kenne aber die diffusen Ängste in mir, die wohl die Spuren dessen sind, was ich als Kind nicht mit Worten bewegen oder gar begreifen konnte: dieses Vibrieren in der Luft, die Ängste der Erwachsenen, die Schreie der Verletzten auf der Flucht durch die Nacht.

Merkwürdigerweise habe ich nur ein Mal diese Geschichte dieser Nacht in unserem Haus erzählt bekommen.

Der 40. Jahrestag der Zerstörung wurde in dieser Stadt mit einer tiefen Bewegung, ja fast mit religiöser Besonnenheit bedacht. 40 Jahre – eine biblische Zahl, die beschreibt, dass eine lange Zeit der Vorbereitung für Veränderungen vergangen ist (die Wende 1989 wurde von manchen mit der gleichen Zahl verbunden und erlebt ...!). An diesem Abend wurde die Semperoper mit der Aufführung des gleichen Stückes wieder eröffnet, das am 13. Februar 1945 das letzte war, mit dem »Freischütz« von Carl Maria von Weber, dieser Oper, die Sachsen eh ans Gemüt geht. Damals, an diesem 40. Jahrestag, hatten wir Dresdener Tränen in den Augen und verkrampfte Kehlen beim Sprechen. Mit großer Andacht und mit schweigenden Gebeten wurden – gegen alle staatlichen Widerständigkeiten – die Kerzen aufgestellt an der Ruine der Frauenkirche und an anderen Orten der Zerstörung.

Und damals erzählte mir ein älterer Bruder diese Geschichte, wie mein Schlafen unser Leben bewahrte.

Mittwoch, 14. Februar – Wohin dann?

Gegen Mittag wiederholen 311 Maschinen der 8. US-amerikanischen Luftflotte den vortägigen Angriff auf Dresden. • Chile erklärt Japan und dem Deutschen Reich den Krieg. • Sowjetische Panzerspitzen erreichen den Ostrand von Sagan und dringen im Oder-Knie bis Grünberg vor. Am Bober wird eine neue deutsche Abwehrfront aufgebaut. Das eingeschlossene Schneidemühl erliegt den sowjetischen Angriffen. • Der britische Premierminister Winston Churchill verpflichtet sich dazu, in Griechenland gegen »Gewalt und Anarchie« zu kämpfen. • Hitler betraut Albert Speer mit der kommissarischen Leitung der Reichsbahn. Der seit 1937 zuständige Reichsminister Julius Heinrich Dorpmüller ist »aus Krankheitsgründen« beurlaubt.

Eberhard Wenzel aus Darmstadt schickte der FR eine Postkarte, die seine Mutter Irmgard (Gerda) auf der Flucht aus dem oberschlesischen Klodnitz am 14. Februar 1945 an die Familie ihrer Schwester geschrieben hatte.

Altwette, den 14. 2. 1945

Meine Lieben!

Von den Dürrsteinern hörte ich, dass Ihr nach dort geschrieben habt, um etwas über uns zu erfahren. Nun will ich Euch gleich schreiben, damit Ihr wisst, wo wir stecken. Ich bin nun mit Jochel seit dem 21. 1. hier in Altwette. Mama und Friedel sind am 22. 1. von Klodnitz geflüchtet und waren 14 Tage in Walzen u. Oberglogau untergebracht. Am 4. 2. kamen sie auch nach hier, weil Oberglogau geräumt wurde. Wir wohnen im Auszug, Hans in seiner Wohnung. In Klodnitz haben wir ja alles verloren. Ich weiß nicht, ob Ihr es schon gehört habt. Unser Haus ist durch Beschuss in Brand geraten und völlig niedergebrannt. Mamas und meine vielen schönen Sachen. Ist das nicht furchtbar. Friedel war nachher noch mal dort u. hat es selbst gesehen. Auch Stefanides, Swoboda bei Sur u. Försterei ist alles zerstört. Dort spielte sich ein heißer Kampf ab. Ja, wie uns zu Mute ist, könnt Ihr Euch gar nicht vorstellen. Ob wir hier noch bleiben können, ist auch fraglich u. wohin dann?

Nun Euch Allen recht herzliche Grüße von Mama, Friedel u. Eurer Gerda u. Jochel

Donnerstag, 15. Februar
Überleben im Verborgenen

Reichsjustizminister Otto Georg Thierack verkündet für Ortschaften in Frontnähe die Einrichtung von Standgerichten. Sie sind als Drohung auch gegen deutsche Zivilisten gemeint. • Einheiten der US-Marine besetzen die Halbinsel Bataan auf den Philippinen. • Reichspropagandaminister Joseph Goebbels wirbt in der Wochenzeitschrift »Das Reich« für die Fortsetzung des »totalen Krieges«.

Sabine Seidler überlebte als knapp ein Jahr altes Baby versteckt in einem Keller in Berlin-Dahlem. Sie galt wie ihre Mutter nach den NS-Rassegesetzen als Jüdin. Für sie grenzt es bis heute an ein Wunder, dass ihre mutige Mutter, die ihr von dieser Zeit berichtete, sie damals überhaupt ernähren konnte.

Mein gefährlichstes Lebensjahr war zweifellos mein erstes. Ich wurde im Mai 1945 ein Jahr alt, und dass ich überhaupt so alt wurde, verdanke ich dem ungeheuren Mut meiner Mutter. Sie war ein den humanistischen Idealen sehr zugewandter Mensch, aber nicht religiös. Nach Hitlers Rassengesetzen galten sie und ihre in Berlin völlig assimilierte Familie als Juden, also auch ich. Viele Verwandte waren emigriert, meine Großmutter hatte es nicht geschafft und starb in Theresienstadt. Mein Vater hatte sich geweigert, sich scheiden zu lassen. Solche »Mischehen« waren aufs Schwerste diskriminiert, und am Ende gab es gar keinen Schutz mehr. Mein Vater litt entsetzlich, als er uns im Herbst 1944 zurücklassen musste, weil er zur »Organisation Todt« eingezogen wurde.

Meine Mutter versteckte seit Februar 1945 sich und mich – zusammen mit einer Freundin und deren 14-jähriger Tochter – im Keller des Hauses eines Verwandten in Berlin-Dahlem, der sich wegen der Verfolgung durch die Nazis das Leben genommen hatte. Ich wundere mich heute, dass die Nazis dieses Haus nicht beschlagnahmt hatten – es lag wohl daran, dass die »arische« Ehefrau eine einflussreiche Familie hatte. Auch eine Durchsuchung fand niemals statt – das ist wohl ein seltener Glücksfall gewesen.

Nach der Angst vor den Nazis kam im April 1945 die Angst vor den Russen, die ja auch in Westberlin die ersten »Befreier« waren. Zwei russische Soldaten entdeckten den Keller des Hauses und drangen in schon stark betrunkenem Zustand dort ein. Meine Mutter und ihre Freundin hatten die Brust des Mädchens mit Bandagen umwickelt und ihr Zöpfchen geflochten, um sie besonders kindlich aussehen zu lassen. Die Angst war riesengroß. Diesmal war ich es, die meine Mutter und die anderen Frauen »rettete«. Ich habe nämlich mit meinen elf Monaten die beiden fremden Männer so herzallerliebst angestrahlt, dass sie mich hochhoben und herzten; meiner Mutter blieb fast das Herz stehen vor Schreck! Schließlich zogen sie nach dem Einkassieren der Armbanduhren wieder ab … Anfang Mai 1945 sahen wir auf dem Breitenbachplatz einen amerikanischen Panzer! Endlich war die Befreiung da … ich war noch so klein, aber es ist mir, als hätte meine Mutter dieses Glücksgefühl in mein Gedächtnis eingegraben …

Freitag, 16. Februar – Dem Tod überlassen

Sämtliche in der Schweiz deponierten deutschen Guthaben werden gesperrt. • 263 Flugzeuge der 15. US-Luftflotte werfen 559 Tonnen Bomben auf Regensburg ab. Sie zielen vor allem auf die Messerschmitt-Werke. • In Pommern greift die 11. SS-Panzer-Armee die 47. Sowjet-Armee südwestlich von Stargard an.

Die heute 80-jährige Maria Langer arbeitete während des Krieges in Osnabrück in einer Munitionsfabrik. 2003 richteten Lehrer und Schüler in der Rosenkranzkirche eine Gedenkstätte ein. Dort sind die Namen der zwölf Toten zu lesen, von denen in diesem Bericht die Rede ist – und dass ihnen der »Zugang zu dem Schutzbunker nebenan verwehrt« worden war. Die Erinnerung wurde von Heinrich Munk aufgezeichnet.

1945 war ich 20 Jahre alt. Ich arbeitete als Näherin in Osnabrück. Unser Elternhaus stand am östlichen Rand der Stadt, dort lebte ich mit meinen Eltern, meine drei Brüder waren im Krieg. Alle drei haben ihn lebend überstanden. Ein Bombenangriff zerstörte die Näherei, darauf wurde ich dienstverpflichtet, so nannte man das, wenn man zu einer Arbeit gezwungen wurde. Ich kam in einen Rüstungsbetrieb.

In dieser Munitionsfabrik in einem Wald vor der Stadt kam ich zum ersten Mal in Kontakt mit »Fremdarbeitern«, von denen es in Osnabrück sehr viele gab, da sich hier wichtige Eisenbahnlinien und Rüstungsbetriebe befanden. Ich teilte meinen Arbeitsplatz mit einer jungen Belgierin meines Alters. Wir haben uns gut verstanden, aber private Kontakte mit Fremdarbeitern waren nicht möglich. Wir mussten fertige Munition nach Größe und Gewicht kontrollieren. Wir arbeiteten in zwei Schichten, die Nachtschicht dauerte für mich von 18 bis 5 Uhr, die Tagesschicht von 6 bis 17 Uhr. Die

Fremdarbeiter/innen mussten eine Stunde länger arbeiten. Für die Verpflegung mussten alle selbst sorgen.

In einer Bauernschaft am Rande der Stadt befand sich am Fuß eines Berges die katholische Rosenkranzkirche. In diesen Hang hatte die Bevölkerung 1943 einen Stollen gegraben, in dem sie bei den häufigen Luftangriffen Schutz suchte. Zugangsberechtigt waren nur die Familien, deren Angehörige mitgebaut hatten. Darüber wurde eine Liste geführt. Meiner Mutter und mir wurde zunächst der Zugang verweigert, weil mein Vater noch nicht sein Stundensoll abgeleistet hatte. Die örtliche Leitung der NSDAP hatte sich links hinter dem Eingang einen eigenen »Führerbunker« errichten lassen.

Am frühen Nachmittag des 16. Februar ertönten die Sirenen: Voralarm. Meine Mutter und ich machten uns auf den Weg zum Schutzstollen. Unterwegs wurden wir von einer Gruppe Fremdarbeiter überholt, die am Ausbesserungswerk der Eisenbahn arbeitete. Als wir den Bunker erreichten, waren die jungen Männer schon wieder weg. Sie waren abgewiesen worden und mussten in den Heizungskeller der Kirche fliehen.

Nach dem Angriff sahen wir das Ergebnis des Bombardements: Die Kirche war nur noch ein Schutthaufen, auf dem Kirchplatz lagen zerfetzte Pferde, in der Nachbarschaft waren einige Häuser dem Erdboden gleichgemacht. Eine Woche später fand man unter dem Schutt der Kirche die toten Fremdarbeiter: sieben junge Italiener und fünf Niederländer, alle im Alter von 20 bis 30 Jahren. Einer von ihnen wurde erst 1951 beim Wiederaufbau der Kirche entdeckt.

Später hat ein englischer Offizier einer Nachbarin erklärt, warum gerade die Kirche angegriffen worden war. Aufgrund des Fotos der Luftaufklärung habe man vermutet, dass in diesen Luftschutzstollen eine Munitionsfabrik untergebracht worden sei.

Bei dem Angriff starben vier weitere Fremdarbeiter. Deutsche Todesopfer waren nicht zu beklagen. Nach dem 16. Februar wurde den Zwangsarbeitern der Zugang zum Bunker erlaubt. Als während eines späteren Angriffs eine Frau sich darüber entrüstete, wie diese Männer stinken, wagte ich einzuwenden: »Wie unsere Soldaten im Felde wohl riechen.« Am nächsten Tag kam Polizei in unser Haus, um mich abzuführen. Ich hatte es nur einem glücklichen Umstand zu verdanken, dass ich nicht verhaftet wurde: Ich war zu diesem Zeitpunkt in der Munitionsfabrik bei der Arbeit, und eine Nachbarin setzte sich für mich ein.

Samstag, 17. Februar – Die Bombe im Garten

Die von Flugzeugträgern gestarteten US-Bomber beenden nach zwei Tagen ihre Angriffe im Großraum Tokio mit 1170 Einsätzen. • In der Alster wird die Leiche des am 27. November 1944 aus einem Kinderwagen gestohlenen Ingo Zimmer gefunden. • In London endet eine internationale Konferenz von Gewerkschaftern aus 45 Ländern. Sie fordern die neutralen Staaten dringend auf, noch bestehende wirtschaftliche Beziehungen mit dem Deutschen Reich einzustellen.

Nanny Becker war mit dem Gärtnereibesitzer Max Becker verheiratet und lebte im Frankfurter Stadtteil Fechenheim. Ihr Mann war jüdischer Abstammung. Er ließ sich kurz vor der Heirat taufen und überlebte, da sich der Gauleiter für ihn einsetzte. Das Ehepaar hatte drei Kinder. Ihre Tochter Nanny, Sängerin, emigrierte 1939 – da offiziell »halbjüdisch« und mit einem Berufsverbot belegt – in die Schweiz. Sie kehrte 1956 nach Frankfurt zurück und lebt, heute 91-jährig, in Steinfurth/Bad Nauheim. Am 17. Februar 1945 schrieb ihr die Mutter diesen Brief.

Gestern, Samstag, den 17. 2., hatten wir einen schweren Angriff amerikanischer Flieger, die unser armes Fechenheim übel zugerichtet haben. Keine Fabriken oder Bahnhöfe, nur Wohnhäuser, auch viel Tote hat es gegeben. Adolf Dresbach ist dabei umgekommen. In die Gärtnerei ist eine schwere Sprengbombe gefallen, aber zum Glück unterhalb der Gewächshäuser, so dass nur Glasschaden entstanden ist durch Druck, und die neu angelegten Frühbeete sind verschwunden. Im Wohnhaus (gab es) viel Fensterschaden, den wir heute bereits wieder repariert haben. In unserer Straße sind viele Bomben gefallen und viele Häuser eingestürzt. Wenn nur dieser schreckliche Luftkrieg zu Ende wäre, der macht unsere Nerven vollständig fertig. Wir haben mal wieder Hochwasser im Keller und haben kein elektrisches Licht und keine Heizung und sitzen manchmal stundenlang im nassen und kalten Keller. Husten und Schnupfen werden wir nicht mehr los. Rie Berg war bei dem schweren Angriff auch bei uns, und wir haben uns gegenseitig Mut gemacht. Bei ihr zu Hause war auch nur leichter Schaden, man ist froh, wenn man wieder ins Haus kann, die anderen Schäden werden wieder repariert. Hoffentlich geht es Dir gut, liebe Nanny, und Du bist gesund und wohl, auch mache Dir über uns nicht so viel Sorgen, wir hatten diesmal wieder Glück gehabt, hoffentlich nimmt uns Gott auch weiter in seinen Schutz, wir wollen Mut behalten und weiter auf ihn vertrauen.*

Sonntag, 18. Februar – Großvaters Grab

Der französische Ministerpräsident, General Charles de Gaulle, lehnt es ab, sich mit dem US-amerikanischen Präsidenten Franklin D. Roosevelt zu treffen. Roosevelt wollte über die Ergebnisse der Konferenz von Jalta sprechen. • Die

* Die Erinnerungen von Nanny Becker-Butts und die Briefe ihrer Mutter sind Thema eines Buches von Petra Bonavita: Bombenapplaus, Ulrike Helmer Verlag, Königstein/Ts., 2005.

15. US-Luftflotte greift am Tage abermals Linz an. • Am Niederrhein geht die »Abwehrschlacht« weiter, derweil greift die 3. US-Armee im Raum Echternach an.

Andrea Funke aus Krefeld berichtet von ihrem Großvater Eduard aus Frankfurt-Praunheim, der am 18. Februar 1945 an der Ostfront starb und dessen Grab sie 60 Jahre später fand.

Anfang Februar 1945 wurde mein in Frankfurt am Main lebender Großvater Eduard zum letzten deutschen Aufgebot des 2. Weltkrieges, dem Volkssturm, eingezogen. Nach nur kurzer Ausbildung von ein paar Tagen irgendwo im Hessischen wurde er, was er zu dem Zeitpunkt noch nicht wusste, an die Ostfront zwischen Küstrin und Frankfurt an der Oder geschickt – dorthin, wo gegen Kriegsende eine der schlimmsten Schlachten wütete, die noch Zehntausende an Opfern auf russischer, polnischer wie auf deutscher Seite fordern würde.

Schon Mitte Februar 1945 versiegten die regelmäßig kommenden Feldpostbriefe von Großvater an meine Großmutter und seine beiden Kinder in Frankfurt-Praunheim. Seine letzten Zeilen lauteten: »Das sind die letzten Grüße vor dem nächsten Sturm. Meine Kameraden sind heute schon im Einsatz. Morgen bin ich auch dabei.« Danach erhielt die noch junge Familie kein Lebenszeichen mehr von ihm, und er galt als vermisst. Ein fast jahrzehntelanges Bemühen seiner Familie über verschiedene Suchdienste erbrachte dann im Jahr 1955 die offizielle Gewissheit, dass er am 18. Februar 1945 im Oderbruch gefallen war und in einem Massengrab beigesetzt wurde. Ein Abschiednehmen war daher für seine Familie nicht mehr möglich; ein Ort der Trauer war nicht vorhanden. Großvater Eduard starb in seinem 43. Lebensjahr – so alt, wie ich heute bin. Ich habe ihn nie gekannt. Trotzdem war er mir gerade in meiner Kindheit und frühen Jugend oft gegenwärtig, sei es durch ein mir von meinem Vater geschenktes persönliches Foto oder die Erzählungen innerhalb der Familie.

Ende Oktober 2004 weilte ich zu Besuch bei meinen Eltern und stieß eher unbeabsichtigt auf seine letzten Briefe bzw. die Schreiben der Suchdienste. Getrieben durch eine innere Unruhe fing ich an zu recherchieren und konnte mir durch das Internet erstmals einen groben Überblick über die Kämpfe an der Oder und deren menschliche Verluste machen. Über einige Telefonate mit den verschiedensten Institutionen gelangte ich schließlich beim Landkreis Seelow an. Völlig erschüttert erhielt ich von dort die telefonische Auskunft, dass mein Großvater auf einer der vielen Kriegsgräberstätten im Oderland in ein namentlich gekennzeichnetes Einzelgrab schon im Jahr 1956 umgebettet worden war.

Erster Schnee bedeckte die weitläufige, hügelige Landschaft mit ihren kleinen Ortschaften im Oderland, als ich kurz vor Großvaters 102. Geburtstag im November 2004 nahe der polnischen Grenze bei Minusgraden auf der Anhöhe des Soldatenfriedhofes vor meines Großvaters Grab stand, fast 60 Jahre nach seiner erzwungenen Abfahrt an die Ostfront. Die gleichen Spuren, welche das großväterliche Schicksal im Leben seiner Angehörigen hinterlassen hatte, führten endlich zu seiner letzten Ruhestätte.

Auch heute noch werden auf diesem Friedhof Gefallene aus dem Zweiten Weltkrieg beigesetzt, die in den Monaten Januar bis Mai 1945 an den Seelower Höhen und im Oderbruch ihr Leben für ein größenwahnsinniges und menschenverachtendes Regime lassen mussten. So fand man in den letzten Jahren noch während der Sanierungsarbeiten an den Oderdeichen etliche gefallene Soldaten.

Montag, 19. Februar – Frauenschicksale

Zeugen des Massakers von Katyn in Sofia vor Gericht. • Deutschen Truppen gelingt es, zwischen den Hafenstädten Pillau und Königsberg wieder eine Landverbindung herzustellen. • Reichsführer SS Heinrich Himmler nimmt heimlich mit dem Präsidenten des Internationalen Roten Kreuzes, Folke Bernadotte, Graf von Wisborg, Kontakt auf, um den Westmächten ein Friedensangebot zu unterbreiten. • US-amerikanische Streitkräfte landen im Pazifik auf der Insel Iwo Jima, die zu den Bonin-Inseln gehört.

Frieda Schmitz, Jahrgang 1922, lebte mit ihrer Familie in Marienwerder/Westpreußen. Ende Januar begann ihre Flucht Richtung Westen, die im April in Flensburg endete. Frieda Schmitz lebt heute im hessischen Langen. »Ihren Erzählungen hab ich schon oft gelauscht«, schreibt Enkelin Sonja Strich, die auch diesen Bericht aufzeichnete.

Anfang Februar erreichten wir Bütow (heute poln. Bytów) in Pommern. Eines Morgens wurde das Haus von Splitterbomben getroffen. Onkel Konrad riet zum Aufbruch …

Wir hatten von einer Wehrmachtsbäckerei gehört und verließen den Flüchtlingsstrom. Nach stundenlangem Anstehen ergatterten Hildchen und ich zwei Brote. Auf dem Rückweg begegnete uns eine Gruppe ungewöhnlich gut gekleideter Frauen, gefolgt von einem SS-Mann. Damals wussten wir nicht so recht, was das bedeutet. Die Existenz von »Wehrmachts-Freudenhäusern« war uns nicht bekannt.

Ein paar Kilometer weiter kam uns eine weitere Gruppe diesmal russischer Frauen entgegen, bewacht von deutschen Soldaten. Eine der Frauen war kurz zuvor erschossen worden und lag am Straßenrand. Zurück bei Mutter, Tante und Onkel übernachteten wir in einer Schule und konnten am folgenden Abend in einem Zug voller Soldaten Rast machen. In jedem

Waggon war eine wärmende Tonne mit Feuer. Zwei Soldaten schenkten uns Dosenwurst – natürlich nicht ohne eine Gegenleistung zu fordern. Ich war skeptisch, aber hungrig. Einer der beiden Soldaten heiratete nach Kriegsende meine Cousine Hildchen.

Mittwoch, 21. Februar – Die Wassersuppe

373 Maschinen der britischen Royal Air Force bombardieren die Ruhrgebietsstadt Duisburg. Im Laufe des Tages richten sich Luftangriffe der Briten auch gegen Dortmund. Teile der US-Luftflotte greifen wie bereits am Tag zuvor Nürnberg an. • In einem Memorandum schlagen die Vereinigten Staaten Frankreich vor, seine Mandate über Syrien und Libanon den zu gründenden Vereinten Nationen zu übertragen. • Im Deutschen Reich wird die Versorgung mit Kohle immer schwieriger, die Reichsbahn setzt inzwischen für die Hälfte ihrer Fahrten Braunkohle ein. • In Moskau gründet man ein Sonderkomitee für die Produktion von Atomwaffen; der Geheimdienst NKWD leitet das Atombombenprojekt.

Eberhard Fiedler begann als Zwölfjähriger Anfang 1944, ein Tagebuch zu schreiben. Darin ist ihm beim Nachlesen besonders der 21. Februar aufgefallen – ein Tag, der für ihn heute doppelte Bedeutung hat.

Neulich habe ich alte Sachen aufgeräumt und weggeräumt, sehr alte Sachen zum Teil. Dabei fand ich ein Tagebuch, das ich als 12-jähriger Junge geschrieben habe. Fein säuberlich und mit einem Hang zur Genauigkeit, fast ein bisschen perfektionös, wenn ich das so bezeichnen darf. Ich habe mich später, als ich älter wurde, geschämt wegen der vielen nebensächlichen Dinge, die da standen. Aber ich konnte nichts wegschmeißen, das kann ich heute als alter Mann immer noch nicht. Und was hat sich da im Laufe eines Lebens alles angehäuft! Heute bin ich froh, dass ich aufgehoben habe, was ich damals am Ende des Krieges geschrieben habe.

Es ist nicht einfach, sich in die Lage des Kindes zu versetzen nach allem, was ich inzwischen erlebt habe. Und die Situation dieser letzten Kriegstage ist weit weg von unserem relativen Wohlstand, in dem wir seit einem halben Jahrhundert leben.

Dazwischengeschoben hat sich auch manches, was man studiert und gelesen hat, was man gewissermaßen verinnerlicht hat. Mir geht es so, als habe ich es selbst erlebt.

Ich bin im thüringischen Altenburg aufgewachsen und zur Schule gegangen. Meine Eltern waren gegen die Nazis, und sie haben das mir gegenüber auch nicht verheimlicht. Der Vater war in Russland, die Mutter fuhr mit dem Rad über die Dörfer und trug die Ware aus, die mein Vater vor dem Krieg als Handelsvertreter mit einem DKW gefahren hatte. Mein älterer Bruder kämpfte an der Front, und ich war oft allein zu Hause.

»Vorsicht! Nicht anlecken!« (daneben ein Totenkopf).

Da habe ich Silberstreifen hineingeklebt in das längliche, vom Vater abgelegte Bürobuch und dazugeschrieben, dass das Lametta ist, das am 22. 2. 44 in Jena von feindlichen Fliegern abgeworfen wurde. Mit elf Jahren habe ich meine Eintragungen angefangen – am 1. 1. 1944.

Mit großem Interesse für das Zeitgeschehen und statistischem Eifer steht am Anfang des Tagebuchs: »Die Sätze in Gänsefüßchen sind aus dem Wehrmachtbericht des entsprechenden Tages entnommen. Ein A heißt Alarm: Altenburg hatte auch Alarm. Die dahinter stehenden Zahlen bedeuten die Zeit vom Alarm bis zur Entwarnung. (Ein dick geschriebenes A bedeutet, dass es in Altenburg geschossen hat, ein dünn geschriebenes A das Gegenteil. Wenn vor dem A ein L steht, so war öffentliche Luftwarnung.)«

Dies alles aufzuschreiben, habe ich natürlich nicht lange durchgehalten. In den späteren Monaten habe ich nur noch geschrieben, was der Wehrmachtbericht hergab und welche Städte und Regionen heimgesucht wurden.

Nach dem 20. Juli habe ich auch damit aufgehört. Ich verlor einfach die Übersicht. Andere Dinge wurden wichtig. Da war zum Beispiel die Essensfrage. Meine Mutter hatte massenweise Boullo gehortet, Brühwürfel aus Köln-Sülz. Da machte sie fast jeden Tag eine Boullo-Brühwürfel-Suppe. Das schrieb ich auf, jeden Tag schrieb ich in mein Tagebuch, was es zu Mittag gegeben hat. Im Garten hatten wir ein kleines Kartoffelbeet, und ein paar Tomaten wuchsen auch noch. Ich hatte mir einen Hasenstall gebaut, und in dem lebten zwei Kaninchen. Die gab es zu Weihnachten. Aber ich hatte es schwer mit dem Essen des Karnickelbratens. Kaum einen Bissen bekam ich herunter. Dann begann das Jahr 1945.

Als die Bomber am 13. Februar Dresden zerstörten, verloren sie eine Bombe über einem Dorf, in dem mein Klassenkamerad Gebhard vom Berg mit seinen sechs Geschwistern und seiner Mutter nach der Flucht aus Schlesien Obdach gefunden hatte. Der Vater war als Feldprediger im Krieg. Diese acht Menschen aus einer Familie waren die einzigen Opfer aus Altenburg und Umgebung.

Im Kalender steht für jeden Tag nichts weiter als die Mahlzeit. Meine Mutter legte Wert darauf, dass ich nach der Schule eine warme Mahlzeit bekam. Im Winter war es nicht einfach für sie, das einzuhalten. Sie war Vegetarierin und machte eine Fleischkost nur für mich. Meine Tante aber hatte eine Fleischerei. Deshalb gab es zuweilen ein Schnitzel oder eine Bockwurst. Im Winter waren die Kartoffeln ausgegangen, die Weckgläser mit eingemachten Tomaten schon lange. Dann waren auch die Brühwürfel alle. Der 21. Februar war ein denkwürdiger Tag. Da stand zum ersten Mal im Kalender-Tagebuch: Wassersuppe. In der Erinnerung habe ich lange gekramt, woraus die wohl bestand, die Suppe. Nur aus Wasser?

Ich weiß nicht mehr so genau, aber es könnte sein, dass von der Tante Frieda ein paar Schweineknochen dabei waren. Wenn man die lange genug auskochte, schwammen Fettaugen oben auf der Wassersuppe. Aber das habe ich vergessen. Meine Mutter hatte im Keller ein viel bestauntes Glas mit eingekochtem Schmalz stehen. Sie wollte das unbedingt aufheben für den Tag, an dem der Krieg vorbei wäre. Sie hat das durchgehalten. Am 8. Mai wurde das Glas aufgemacht. Nach Ewigkeiten gab es zum Kommissbrot Schmalz, und ich durfte es, weil nun Frieden war, dick aufstreichen.

Jahrzehnte später habe ich Buchenwald, das Konzentrationslager bei Weimar, besucht und mir das Kleine Lager in Bildern der Ausstellung angeschaut. Dabei stieß ich noch einmal auf das Datum. Am 21. Februar 1945 gingen dort Tausende von Häftlingen, Kinder, Junge und Alte, zugrunde, zusammengepfercht, ermordet von der SS, so viele wie an keinem anderen Tag.

Donnerstag, 22. Februar – Im zerstörten Warschau

Mit mehr als 3700 Maschinen greifen britische Flieger in etwa 9000 Einsätzen das deutsche Verkehrsnetz an. Rund 90 Prozent der Verkehrsknotenpunkte werden lahm gelegt. • Aus Potsdam wird die Gründung eines Lettischen Freiheits-Komitees gemeldet, an der ein Vertreter der Reichsregierung und der SS teilgenommen haben. • Sowjetische Truppen erobern die beiden ostpreußischen Städte Insterburg und Allenstein.

Der polnische Journalist und Diplomat Władysław Bartoszewski wurde 1922 in Warschau geboren. Er war während der deutschen Besatzung in verschiedenen Widerstandsorganisationen aktiv, als politischer Häftling zeitweilig im KZ Auschwitz interniert; nach dem Krieg in der Volksrepublik Polen wegen angeblicher Spionage insgesamt sechseinhalb Jahre inhaftiert, erst 1955 rehabilitiert. Nach Ausrufung des Kriegsrechts 1981 wurde der Solidarność-Aktivist erneut für mehrere Monate verhaftet. Nach der demokratischen Wende war Bartoszewski bis 1995 Botschafter in Österreich, danach übernahm er zweimal das Amt des Außenministers. Sein Bericht wurde von Thomas Roser aufgezeichnet.

Die Rückkehr nach Warschau am 22. Februar 1945 war eines meiner schrecklichsten Erlebnisse während des Krieges. Zu Fuß ging ich vom nahen Pruszków aus kilometerlang durch das Trümmerfeld gesprengter Straßenzüge und ausgebrannter Ruinen. Es standen nur noch einzelne Gebäude, in denen bis zuletzt deutsche Dienststellen stationiert waren, wie das Hotel Bristol oder das Außenministerium. Ansonsten war das Stadtzentrum völlig ohne Häuser. Für mich war das damals das Ende der Welt – und ist das bis heute geblieben.

Nach der Niederschlagung des Warschauer Aufstands hatten die Deutschen im Oktober 1944 die ganze Bevölkerung, die die Kämpfe überlebt hatte, aus der Stadt vertrieben. Auch ich wurde damals aus Warschau zwangsausgesiedelt, arbeitete danach zunächst in Krakau als Redaktionssekretär einer Untergrundzeitung. Das leere Warschau wurde auf Befehl Hitlers in den nächsten Wochen von den Sprengkommandos der Wehrmacht planmäßig niedergebrannt und in die Luft gesprengt. Im ganzen Stadtgebiet waren 85 Prozent, im Zentrum 99 Prozent der Häuser zerstört: Selbst das Gebäude ihrer eigenen Vorkriegsbotschaft hatten die Deutschen vernichtet.

Der Untergrund hatte mich beauftragt, in meine Geburtsstadt zurückzukehren, um dort weiter Widerstand gegen die einmarschierten Sowjets zu leisten, nachrichtendienstliche Arbeit zu verrichten. Als Soldat der polnischen Heimatarmee hatte ich mich per Eid verpflichtet, bis zur Wiedererlangung der polnischen Souveränität zu kämpfen. Doch mein Land war nicht frei. Die Sowjets hatten eine selbst zusammengestellte Regierung aus Moskau eingeflogen – ähnlich wie sie das später mit Ulbricht in Ostdeutschland machten.

An diesem Tag sah ich zum ersten Mal nach meiner Vertreibung meine zerstörte Geburtsstadt wieder. Es gelang mir, in einem noch bestehenden Haus einen Schlafplatz zu finden, wo ich auf einem Strohsack auf dem Fußboden übernachten konnte. Damals war ich 23 Jahre alt – noch jung. Zuerst bemühte ich mich, noch Freunde und Bekannte zu finden, die überlebt hatten. Die Leute haben sich gesucht, lasen die Zettel mit den Suchmeldungen auf den Wänden – ähnlich wie das wohl auch die Menschen im ausgebombten Berlin getan haben.

Warschau wurde nach dem Krieg wieder aufgebaut. Aber es ist seitdem eine andere Stadt, auch sozial. Schon nach wenigen Wochen wurde die Stadt geschlossen. Man konnte nicht einfach zurückkehren und sich legal wieder ansiedeln. Erst seit 15 Jahren kann hier jeder wohnen, der das will – damals ging das nicht. Krakau, Posen oder Tarnow sind die polnischen Städte geblieben, die sie vor dem Krieg waren. Warschau wurde eine andere, eine merkwürdige Stadt – ähnlich vielleicht wie Ost-Berlin, nur größer.

Freitag, 23. Februar – Gerettet

Die Türkei erklärt Deutschland und Japan den Krieg. • Die britisch-kanadische 21. Heeresgruppe unter dem Oberbefehl von Feldmarschall Bernard Law Montgomery tritt zur Großoffensive an, um deutsche Verteidigungsstellungen bis zum rechten Rheinufer zurückzudrängen. • Sowjetische Truppen erobern die zur Festung erklärte Stadt Posen. • US-Kriegsminister Henry Lewis Stimson teilt mit, seit der Landung alliierter Einheiten in Nordafrika Ende 1942 seien rund 1,1 Millionen deutsche Soldaten in Gefangenschaft geraten.

Bernhard Groeneveld wurde als Soldat an der Neiße von einem schwer verletzten Kameraden angefleht, diesen zu erschießen. Doch Groeneveld schaffte es, den Verwundeten zu einem Verbandsplatz zu transportieren. Kurz darauf wurde er selbst von einem Granatsplitter getroffen und durch einen glücklichen Zufall nur leicht verletzt.

In meiner Garnisonsstadt, einem kleinen Städtchen an der Neiße, bezogen wir eine Stellung an einem kleinen Hügel nördlich der Stadt. Als Artilleristen ausgebildet, wurden wir als Infanteristen eingesetzt. Auf dem Hügel begegneten mir zwei ältere Landser. Sie schimpften über die Sinnlosigkeit des Krieges im Allgemeinen und über unsere schlimme Situation im Besonderen. Ihre Äußerungen waren im Sinne des Regimes »Wehrkraftzersetzung« und somit ein Verbrechen; doch ihre Angst und Verzweiflung ließ sie alle Vorsicht vergessen. Plötzlich hörten wir den Abschuss einer Granate und das Geräusch des Näherkommens. Ich drückte mich an den Abhang, eine schwere Detonation erschütterte den Hügel. Ich war mit dem Schrecken davongekommen, doch wo waren meine beiden Gesprächspartner? Ich machte mich auf die Suche. Nur einige Meter von mir entfernt hingen Kopf und Arm des einen in der Hecke, die den Hügel umgab.

Auf der Mitte des Hügels lag der andere Soldat mit zerfetzter Hand und daneben hängendem Bein. Die Schwere seiner Verletzungen erkannte er sofort, und er bat mich wiederholt flehentlich, ich solle ihn erschießen. Ich konnte es nicht. Erstaunlich war, er blutete kaum, auch schien er keine großen Schmerzen zu haben. Nicht weit von ihm entfernt lag sein Karabiner. Er versuchte ihn zu erreichen, schaffte es aber nicht. Er forderte mich auf, ihm das Gewehr zu geben, um sich dann selber zu erschießen. Ich konnte auch das nicht. Ich suchte nach einem Gefährt, um ihn zu einem Verbandsplatz zu fahren. Nach kurzem Suchen fand ich einen Karren. Mir kam dann noch einer von meinen Kameraden zu Hilfe, wir legten den Unglücklichen auf den Karren und zogen los, den Hügel hinunter in die Stadt. Abwechselnd schoben wir den Karren. Der Verwundete trieb uns zur Eile an, von Erschießen war nicht mehr die Rede. Erstaunlich war auch, dass unser Verwundeter nicht einen Augenblick das Bewusstsein verlor. Im Westen der Stadt fanden wir endlich einen Hauptverbandsplatz und übergaben ihn dem dortigen Personal.

Der Marsch zum Hauptverbandsplatz bedeutete für uns zwei auch eine Verschnaufpause, raus aus der Hölle der Kampfhandlungen. Als wir zwei uns bei unserem Zugführer zurückmeldeten, begann es schon zu dunkeln, es sollte wieder angegriffen werden. Keiner wusste so ganz genau, wo sich die russische Linie befand, also mussten wir sie erkunden, in den Trümmern ein schwieriges Unterfangen. Langsam arbeiteten wir uns vorwärts. Ich hörte den Abschuss einer Wefergranate, wie sie von der Infanterie abgeschossen wurde, das hieß: die russische Infanterie lag direkt vor mir. Zum Überlegen blieb keine Zeit, schon schlug die Granate vor mir ein. Ein harter Stoß traf mich an der linken Brustseite, und ich stürzte in den Granattrichter, an dessen Rand ich gerade stand.

Nach dem ersten Schreck wunderte ich mich, dass ich mich ganz normal bewegen konnte, an der Stelle, an der ich getroffen war, war mein Herz. Ich kontrollierte die Stelle, sie blutete etwas. Was war passiert? Ein Splitter, halb so groß wie ein Glied meines kleinen Fingers, hatte mein Notizbuch in der linken Brusttasche durchschlagen, die Schere, die auch drinnen war, zersplittert und war an einer Rippe hängen geblieben. Beim Ausziehen fand ich ihn abends im Stiefel. Ich hatte meinen Geburtstag überlebt.

Samstag, 24. Februar – Tod auf der Flucht

In Kairo erklärt der ägyptische Ministerpräsident Ahmad Maher Pascha Deutschland den Krieg. Nach der Verlesung wird er von einem ägyptischen Sympathisanten Hitlers erschossen. • Zum 25. Jahrestag der Verkündung des Parteiprogramms der NSDAP spricht Hitler von einer »geschichtlichen Wende«, die dem Deutschen Reich noch den Sieg bringen werde. • In der Nacht zum 24. Februar werfen 369 britische Flugzeuge Bomben auf Pforzheim. Zugleich greifen die Alliierten auch Berlin, Frankfurt am Main und Düsseldorf an.

Jutta Waser lebte 1945 in Neudamm, Kreis Königsberg. Im Januar musste sie mit ihren drei Kindern sowie ihrer Schwiegermutter und zwei Schwägerinnen die Stadt verlassen. Nach der vorübergehenden Rückkehr wurde die Familie am 24. Juni endgültig ausgewiesen und ging zunächst nach Berlin. Die Aufzeichnungen stammen von Mai/Juni 1981.

Unser Treck kam nur ca. 6 km weit bis zum Ausgang des Dorfes Wittstock, wo er von einer russischen Panzerspitze durch MG und Bordgeschütz unter Beschuss genommen wurde ...Von den vielen sich retten wollenden Frauen und Kindern wurden 6 tödlich verwundet. Schwägerin Anneliese mit unserer Tochter Renate und ich mit dem jüngsten Sohn Rüdiger legten uns hinter die Lkw-Räder, auf unsere anderen 3 Angehörigen wartend. Da nichts geschah, kletterte ich während des Beschusses wieder auf den Wagen, rief die drei an. Sie saßen zusammengekauert, antworteten nicht. Nach kurzer Zeit flog mein rechtes Bein hoch; ich hatte zwei Treffer bekommen. Nun mussten wir unsere drei Verwundeten im Stich lassen, krochen zu einem nahen Haus. Als der Beschuss aufgehört hatte, wurden unsere 3 Angehörigen in das Haus getragen ... Meine Schwiegermutter hatte Bauchschuss, sie starb nach etwa 2 Stunden; Schwägerin Gretchen hatte Hüftbauchschuss, lebte 10 Tage; Sohn Jörg hatte Lungendurchschuss, starb nach 12 Tagen …

Von hier aus wurden wir alle in ein großes, im Ort gelegenes Haus gebracht … Von einem russischen Soldaten wurden uns allen die Uhren abgenommen … In diesen ersten Tagen überflogen deutsche Flugzeuge das Gebiet (eine uns befreundete Frau wurde mit einem ihrer Kinder in Neudamm von deutscher Bombe tödlich getroffen), und die Russen sagten uns, dass sie alle Menschen des Dorfes erschießen würden, wenn nur ein russ. Soldat von deutscher Bombe tödlich getroffen würde … Tags darauf sahen wir Rauchwolken aus dem Fenster direkt über uns, wagten, da sehr verängstigt, aber nicht uns zu rühren, bis ein russ. Soldat von der Kellertreppe aus »daway« (fort hier) rief. Hals über Kopf verließen wir den Keller unter Zurücklassung aller Habe … Oben angelangt, sah ich den über unserem Keller liegenden Raum als volle lodernde Flamme … Man befahl uns in die nahe gelegene Brauerei, deren Keller voll Sprit lag. Die betrunkenen Soldaten waren unberechenbar; es begannen die Vergewaltigungen. Beim ersten Mal musste ich in den Keller hinunterhinken, mich auf wassernassen Zementboden legen … Nach etwa 5 Tagen konnte ein deutsches, auch polnisch sprechendes Mädchen für uns einen Passierschein beschaffen, der uns erlaubte, das fürchterliche Haus zu verlassen und mit Pferdefuhrwerk nach Neudamm zurückzukehren …

Jörg hatte aufgetriebenen Leib, Brand. Durch Dr. Zielke senior erhielt ich eine Morphiumampulle, um Jörg zu erlösen, der nicht mehr transportfähig war, als wir nach 6 Tagen Aufenthalt Neudamm verlassen mussten … Um Jörg, der in der letzten Nacht eingeschlafen war, konnte ich mich nicht mehr kümmern, denn bis 8.00 Uhr morgens mussten wir das Haus verlassen haben. Ein Pferdetreckwagen fuhr vom Hof, ohne uns mitzunehmen … Ich konnte nicht gehen, stand mit Renate und Rüdiger auf menschenleerer Straße und rief laut um Hilfe. Aus einem nahen Haus liefen darauf Russen heraus, hielten den genannten Treckwagen an, und ich kletterte mit Rüdiger auf das Fahrzeug. Russen hatten uns in großer Not geholfen. Glücklicherweise stieß bald Anneliese zu unserer Treckgruppe und nahm Renate an die Hand …

Immer wieder mussten wir das Quartier wechseln … Die Ernährung wurde immer schwieriger, aber es gab noch Kartoffeln in den Mieten. Schwägerin Anneliese suchte und fand manchmal Arbeit, einmal durch Reinigen der Waschanlagen der Soldaten, ein andermal durch schweres Säcketragen und – es muss Ende März gewesen sein – durch Arbeit auf einem größeren Bauernhof …

Im April wurden alle Deutschen in die Heimatorte zurückbeordert … Für uns wurde das Leben ruhig, die Ernährung sehr schlimm … Am 8. Mai feierten die Russen mit Böllerschüssen den Waffenstillstand. Ihre genesenen Verwundeten konnte man in diesen, unseren nun letzten 2 Monaten oft singend durch die Straßen marschieren sehen. Ich hörte ihre Lieder, ihre Stimmen sehr gern. Aus meinen Beobachtungen … konnte ich feststellen, dass Russen, die vielleicht selbst Familienväter waren, gut zu uns waren – der Kinder wegen –, so auch die ganz jungen, schätzungsweise manchmal erst 16-jährigen. Böse waren die mittleren Jahrgänge, die durch die politische Schulung gegangen waren. Aber wer konnte es ihnen verdenken? Man muss beide Seiten sehen. Der Krieg hatte auch Russland stark zerstört und dort ungeheure Menschenopfer gefordert.

Im Mai wurde uns ein polnischer Arzt zugewiesen. Er war Jude, trug seine KZ-Kleidung, konnte uns nicht helfen, wollte es wohl auch nicht – sehr verständlich.

Sonntag, 25. Februar – Die Franzosenschneiderin

In Berlin gibt man bekannt, dass 138871 Arbeiter die so genannte Weststellung ausbauen. Sie umfasst unter anderem 1319 Kilometer Panzergräben und 9440 Kilometer Kampfgräben. • Am Tage greift die 8. US-Luftflotte München, Ulm und Aschaffenburg an. • Nach Meldungen der Kriegsmarine wurden aus Ostpreußen und den Häfen an der Danziger Bucht bisher 441389 Flüchtlinge abtransportiert. • Syrien erklärt Deutschland und Japan den Krieg.

Rosemarie Nungesser kann sich erinnern, wie ein kleiner Gefallen für einen Kriegsgefangenen ihre Mutter – und vor allem den Gefangenen – in Gefahr brachte.

Da ich 1935 geboren wurde, erlebte ich den Krieg aus der Sicht eines Kindes. Die Erinnerung an diese Zeit hat heute vieles verwischt oder ganz ausgelöscht, aber manche Dinge sind noch so gegenwärtig, als wären sie erst gestern geschehen.

Ich lebte damals wie heute in einem Dorf in der Wetterau, in Wölfersheim. Dort war das Leben in manchen Dingen doch leichter als in einer Stadt. Man kannte sich und half sich meistens. Hunger habe ich praktisch keinen erlebt. Meine Mutter war Schneiderin. Zu dieser Zeit haben sich vor allem reichere Bauern noch viele Dinge nähen lassen. Anders als heute, in den Änderungsschneidereien, kamen die Auftraggeber mit ihrem Auftrag nicht zu meiner Mutter, die dann zu Hause den Auftrag erledigte, sondern meine Mutter ging nach Auftragserteilung in das Haus des Auftraggebers, um dort die Arbeit zu erledigen. Dafür ließ sie sich von den Bauern in den »schlechten Zeiten« natürlich vor allem mit Lebensmitteln bezahlen.

Da wir hier einen kriegswichtigen Betrieb hatten (ein Schwelwerk), erlebten aber auch wir Bombenangriffe, die manches Haus und Leben zerstörten. Durch das Schwelkraftwerk kamen auch Kriegsgefangene nach Wölfersheim, die dort Zwangsarbeit leisten mussten. Einer dieser Zwangsarbeiter, ein französischer Kriegsgefangener, der einer Metzgerei zugeteilt war, fand bei irgendeiner Gelegenheit im Wald einen alten Fallschirm. Schlecht versorgt und ausgestattet, wie die Kriegsgefangenen waren, dachte er sich wohl, dass dieser alte Fallschirm seine armselige Garderobe aufbessern könnte.

Da es in unserem Ort nicht viele Näherinnen gab, war meine Mutter in dieser Eigenschaft natürlich im ganzen Dorf bekannt. So kam der französische Kriegsgefangene irgendwann mit seinem gefundenen Fallschirm und der Bitte zu meiner Mutter, ihm daraus ein Hemd zu nähen. Meine Mutter nahm diesen Auftrag sicher vor allem auch deswegen an, weil der zugesicherte Lohn in der Zusage bestand, den Rest des Stoffes behalten zu dürfen. In ihrer Phantasie wurde daraus schon eine Bluse für mich, wie sie mir später erzählte.

Die Häuser waren zu dieser und trotz dieser Zeit bei uns auf dem Dorf meist offene Häuser. Verwandte, Nachbarn und Bekannte kamen und gingen. So saß meine Mutter eines Tages bei uns zu Hause in der Küche und nähte das vereinbarte Hemd, als ein Nachbar hereinkam. Im Verlauf des Gespräches erzählte meine Mutter auch, dass sie für den französischen Kriegsgefangenen, den jeder im Ort kannte, ein Hemd nähe. Sie hätte es besser nicht erzählen sollen, denn der Nachbar verließ daraufhin das Haus und erzählte es jedem, der es wissen wollte oder auch nicht. Meine Mutter betitelte er dabei als »Franzosenschneiderin«. Es war eigentlich sogar noch schlimmer, denn er stand auf der Straße und brüllte: »Die Ida ist eine Franzosenschneiderin!«

Die Sache war öffentlich, und die Staatsmacht, oder das, was man damals dafür hielt, musste einschreiten. Der Kriegsgefangene kam zunächst für einige Tage in eine Gefängniszelle im Rathaus. Dort hat ihn der damals kleine Sohn des Metzgers, der ihn wohl in sein Herz geschlossen hatte, heimlich mit allerlei Lebensmitteln versorgt. Später wurde er abtransportiert, und wir haben nie wieder etwas von ihm gehört.

Für meine Mutter ging die Geschichte glimpflicher aus, sie kam mit einer Verwarnung davon. Man kannte und half sich auf einem Dorf eben meistens.

Für den Nachbarn, der die Sache öffentlich machte, hatte die Geschichte nach dem Krieg fast noch ein böses Nachspiel. Als nämlich nach dem Krieg amerikanische Soldaten in Wölfersheim stationiert waren, kamen auch diese bald zu meiner Mutter, um Näharbeiten in Auftrag zu geben. Meine Mutter lehnte dies zu Anfang mit dem Hinweis, dass sie im Ort einmal die »Franzosenschneiderin« gewesen sei und nun nicht die »Amerikanerschneiderin« sein wolle, ab. Die amerikanischen Soldaten wollten natürlich den Namen des Denunzianten wissen. Meine Mutter verriet den Namen nicht. Die Panik bei den Nachbarn, einem Bauern und seiner Familie, war natürlich groß. Aber soweit ich mich erinnere, hat meine Mutter auch alle Bestechungsversuche mit Lebensmitteln, vor allem durch die besorgte Mutter des Nachbarn, abgelehnt. Bei aller gegenseitiger Hilfe gab es auch so etwas wie Stolz.

Montag, 26. Februar
»Ich konnte nicht Ja sagen.«

Sowjetische Flugzeuge greifen in der Nacht zum 26. Februar Mährisch-Ostrau an; 1112 Bomber der US-Luftwaffe werfen unter Geleitschutz von 700 Jagdflugzeugen bei einem Großangriff auf Berlin 2800 Tonnen Bomben ab. • Reichsführer SS Heinrich Himmler ordnet die Einrichtung von so genannten Sonderstandgerichten an, die bei Auflösungserscheinungen gegen Zivilisten und Angehörige der Wehrmacht tätig werden sollen. • In Genf wird der Schweizer Max Huber als

Nachfolger von Carl Jakob Burckhardt zum Präsidenten des Internationalen Komitees vom Roten Kreuz gewählt.

Johannes Kube schreibt zu den von ihm übersandten und kommentierten Briefauszügen: »Mein Vater, Jg. 1906, einfacher Handwerker aus Leverkusen/Opladen, tief religiös fundiert, ohne politisches Widerstandspotenzial, gerät im Herbst 1943 als Soldat in Süditalien in amerikanische Kriegsgefangenschaft. Er schreibt aus dem Lager Camp Ellis/New York zahlreiche, von mir kürzlich wieder entdeckte Briefe an seine Frau, meine Mutter; empfängt deren Rückpost (ebenfalls teilweise vorhanden) – die aber wechselseitig oftmals mit größten Verzögerungen oder Unterbrechungen eintreffen. Soweit es der knappe Platz und die Militärzensur erlauben, beschreibt er seine seelischen Schmerzen und Ängste, das Heimweh, die Sehnsucht nach den Lieben, seine Sorgen um sie im zusammenbrechenden totalitären NS-Staat. Gleichzeitig bemüht er sich, aus religiöser Sicht das Beweinen der eigenen Leiden mit der Verstrickung der deutschen Schuld zu verbinden. Einige kurze Auszüge aus dieser Korrespondenz mögen das andeuten.« Kube weist auch darauf hin, dass die von den Nazis festgehaltenen KZ-Insassen und Zwangsarbeiter, anders als die deutschen Gefangenen der Alliierten, von dem Briefverkehr ausgeschlossen gewesen seien, den das Internationale Rote Kreuz vermittelte.

Ende 1944 schreibt er aus Camp Ellis: »Möge das große Leid, das jetzt über diese Erde geht, bald ein Ende nehmen. Gott der Herr möge alle Leidtragenden stützen und segnen …« In einem späteren Brief heißt es: »… Gott gebe, daß die Kriegsmaschine nicht bis zu Euch vordringe, da Ihr schon die Heimat verloren und durch die Schrecken des Luftkrieges genug erlitten habt …«

Mit Blick auf Armut, Hunger, Wohnungsmangel seiner Familie mit 3 kleinen Kindern im teilweise zerstörten Leverkusen schreibt er: »Ich muß immer an Euch denken und möchte gerne mit Euch tauschen. Ja, wie viele Kinder und Unschuldige müssen die Sünden einer wahnsinnigen Regierung tragen. Ja, möge unser Volk sich beugen und unter Gottes Gericht stellen und möge er unserem Volk verzeihen und auch das tägliche Brot schenken, dies ist mein immerwährendes Gebet. Ja, wie viele haben Hof und Heimat verlassen müssen …«

Einige Tage später: »Im heutigen Gottesdienst gedachten wir der Notleidenden unseres Volkes und all unserer Lieben. Ist es doch besonders schwer für uns, tatenlos das Geschick unseres Vaterlandes versinken zu sehen … Es ist meine tägliche Bitte, dass Gott Euch das geben möge, was Ihr bedürft an Leib und Seele und möge er uns einen gerechten Frieden schenken und die Völker verbinden.«

Diesen Wunsch wiederholt er auf einer Kurzkarte von Anfang Februar 1945 (vom US-amerikanischen »Militärzensor« wenig später mit Stempel abgesegnet) gegenüber seinen Eltern und Geschwistern, die politisch extrem anderer Meinung waren als er (was sich z. B. in der demonstrativ-provozierenden, gegensätzlichen Bekundung des »deutschen Grußes« ausdrückte: Heil Hitler contra Grüß Gott), und schloss mit dem segensvoll-frommen Wunsch und Gruß: »Behüt Euch Gott. Euer Hans.«

In einem Brief meiner Mutter (Jg. 1910) an meinen Vater schildert sie zunächst die bittere Notlage und die Freude, die sie hatte, als sie 2 Eimer Kartoffeln von einem ferneren Ort herbeischleppen konnte. Dann schwenkt sie über: »Du hast ja von Anfang an recht gehabt, wenn Du damals sagtest, Hitlers Politik ist verwerflich. Und wie Du mit all dem recht hattest, das erfahren wir jetzt mehr denn je. Hitlers großer Judenhass rächt sich jetzt bitter an uns. Das hast Du, Schatz, vorausgesagt, ehe wir zwei ein Paar wurden. Du hast damals den Kampf angesagt bekommen, … aber heute würde sich niemand mehr mit Dir deswegen streiten. Du hast nüchtern und klar und klug denken und sehen können …, schon von

Anfang an hast Du die Dinge richtig beurteilt. Gottes Wort gibt uns immer den rechten Maßstab ...« (Allerdings teilt sie ihrem Mann auch beiläufig mit, daß das jüngste Kind B. – inzwischen 4 Jahre alt – wegen bisheriger Erfolglosigkeit nicht mehr um die Rückkehr des Vaters beten wolle.)

Wie stark der religiös-politische Riss in den eigenen Reihen dem Vater in Erinnerung geblieben ist, drückt sein Antwortbrief aus: »... Gottes Wort hat immer recht und soll uns alle Zeit Wegweisung sein. Das hat er uns wieder an unserem Volk gezeigt. Er lässt die Bäume nicht in den Himmel wachsen. Du hast recht mit dem, was Du im letzten Brief geschrieben hast ... Es war mir oft schwer, von den eigenen Lieben – Verwandten und Freunden – verkannt zu werden. Doch besser das Kreuz zu tragen als der inneren Stimme abzusagen. Das Heil kommt nicht von den Menschen, sondern das Unheil. Ich konnte zu einer Mord- und Spitzbubenregierung nicht Ja sagen. Leider haben da viele Christen versagt ...«

Vater kam erst nach fast 5-jähriger Kriegsgefangenschaft und dabei noch über einen für ihn schockierenden, mehrjährig erzwungenen »Umweg« über Frankreich, das er nie zuvor betreten hatte, Mitte 1948, also 3 Jahre nach der Befreiung Deutschlands, zurück nach Hause. Er war ein anderer geworden als der, den wir Kinder in Erinnerung hatten. Trotz Vaterentbehrung in wichtigen frühen Kindesjahren sind wir natürlich sehr dankbar, dass er überlebt hat. Zu viele Kinder und Jugendliche in Europa konnten dieses Glück nicht mit uns teilen.

Über seine Erlebnisse im Krieg sprach er selten. Trotz aller »Schicksalsschläge«, erlittener Traumata, verstand er sich nie als Opfer. Einmal zeigte er mir in seiner Heimatstadt den Platz, an dem früher die jüdische Synagoge stand. Unter Tränen erzählte er aus seiner Erinnerung vom Brandattentat der Nazis am 9. November 1938 auf das Gotteshaus, das trotz Bemühung zahlreich herbeigeeilter Opladener Bürger und der Feuerwehr wegen der Abschirmung durch organisierte SA-Banden nicht gerettet werden konnte/sollte.

Mittwoch, 28. Februar – Verbrannte Erde

Saudi-Arabien erklärt Deutschland und Japan den Krieg. • US-Präsident Franklin D. Roosevelt zieht in Betracht, Deutschland und Japan unter eine 50 Jahre währende Kontrolle zu stellen. • Britische Bomber greifen in der Nacht erneut Berlin an, am Tage sind Kassel, Hagen und Gelsenkirchen Ziele alliierter Luftangriffe. • In Ostpreußen nehmen die Sowjets ihren Großangriff von Süden her wieder auf. • Propagandaminister Goebbels hält am Abend eine Rundfunkansprache zur Kriegslage und behauptet, das Volk stehe »in seiner härtesten Bewährungsprobe«, er zweifle nicht daran, dass es sie bestehen werde.

Margarete Fahle-Obijou arbeitete in den letzten Kriegsmonaten im Büro eines Wehrbezirkskommandos in Dortmund. Über ihren Schreibtisch ging der Befehl, alle verbliebenen intakten Brücken und Hochöfen zu zerstören, damit die anrückenden alliierten Truppen nicht davon profitieren konnten.

Meine Erinnerungen an die letzten Kriegsmonate sind mir immer noch sehr gegenwärtig. Es waren Erlebnisse, die ich nicht vergessen, nur verdrängen kann. Als Zivilangestellte an einem Wehrbezirkskommando saß ich im Vorzimmer des Kommandeurs und verwaltete in der Hauptsache die anfallende Geheimpost. Besonders wichtig war die »Geheime Kommandosache«. Wehe, wenn hier ein Schriftstück verloren gegangen wäre! Diese Schriftstücke mussten bei einem Fliegeralarm im Keller im Panzerschrank verschlossen werden. Und oft gab es Alarm!

Der geheime Befehl lautete: »Räumung, Lähmung und Zerstörung!« Hochöfen und Brücken, die durch Fliegerangriffe nicht zerstört waren, sollten durch uns zerstört werden. Der Feind sollte verbrannte Erde vorfinden. Hitler hatte einmal gesagt: »Und sollte ich mich geirrt haben, dann geht ein Millionen-Volk mit mir zugrunde!« (Wir waren auf dem besten Weg dazu.) Wie sollte ich als 20-jährige junge Frau nach fünf Jahren härtestem Bombenkrieg damit fertig werden?

Meine ehemalige Dienststelle ist heute wieder eine Grundschule. Wenn ich die Kinder dort spielen und die Mütter Handarbeiten machen sehe, dann denke ich oft: »Warum musstest du dort Panzergräben ausheben? Ob diese Generation sich bewusst ist, dass Frieden nicht selbstverständlich ist, sondern ein Geschenk des Himmels?«

Donnerstag, 1. März – »Avantgarde der Rache«

Die Deutschen erobern im Rahmen eines Gegenvorstoßes an der Ostfront die niederschlesischen Städte Striegau und Lauban zurück. • In der Schlacht im Westen kommen die Amerikaner bis an Neuss heran. Das 13. US-Armeekorps dringt über Mönchengladbach und Rheydt hinaus vor. • Die britische Luftwaffe setzt auch in der Nacht ihre andauernden Angriffe auf Berlin fort. Am Tage sind Ulm, Ingolstadt, Reutlingen und Dortmund Ziel von Luftangriffen. Ein schwerer Angriff richtet sich auch gegen Mannheim, wo ein Feuersturm entsteht. Der Rest des örtlichen Wohnraums wird vernichtet.

Der Schriftsteller Joachim Seyppel, geboren am 3. November 1919 in Berlin, hat unter dem Titel »Avantgarde der Rache« – ein Hitler-Zitat – Auszüge aus seinen Kriegstagebüchern übermittelt. In der Vorbemerkung schreibt er: »Im Februar 1943 kapituliert die 6. Armee bei Stalingrad, Wende im Krieg an der Ostfront. Im März wird bei einem Bombenangriff auf Berlin die gesamte Habe des Verfassers vernichtet. Nach Heimaturlaub beginnt der Dreiundzwanzigjährige erneut Tagebuch zu führen, bis Kapitulation und Gefangennahme durch die Sowjets am 9. Mai 1945.« Nach dem Krieg arbeitete Seyppel als Dozent und Schriftsteller in Berlin, dann in den USA. 1961 kehrte er zurück. 1973 siedelte er aus politischer Überzeugung in die DDR über, legte sich aber, unter anderem mit Protest gegen die Ausbürgerung Wolf Biermanns, mit den dortigen Machthabern an. Im Juli 1979 erhielt er ein Drei-Jahres-Visum zur Ausreise in den Westen und wurde dann von der DDR ausgebürgert. Seyppel lebt heute in Hamburg. Den Rahmen des Tagebuchs bildet zunächst das Vordringen Richtung Osten, dann der Rückzug »ins Reich« und die erneute Verlegung nach Schlesien bis zur Kapitulation Nazi-Deutschlands. Der erste hier wiedergegebene Eintrag entstand beim Aufenthalt in Crossen/Oder.

11. 7. 43: ... Ein Gesicht starrte sie an, ein gewesenes Gesicht, verstümmelt, ohne Augenbrauen, ohne Nase, ohne Augenlider, zwei rot umrandete Löcher starrten sie an, die Nase ersetzt durch wachsene Kunsthaut, ein Stück Plast, und ein blasser Schlitz dort, wo ein Mund sein sollte. Der Unteroffizier trug das Eiserne Kreuz am Uniformrock, Nahkampfspange, Verwundetenabzeichen, stand noch immer vor dem Tisch. Und was mochte in der Lazarettschwester vorgehen, sollte sie sagen, ja, bitte, nehmen Sie Platz? Sie erhob sich hastig, in der Kaffeestube am Markt war es leise geworden, lief durch den Raum und ließ sich auf einen Stuhl fallen, Hände vors Gesicht geschlagen. Der Unteroffizier war ihr gefolgt, zog aus der Gesäßtasche einen Revolver, richtete ihn auf die junge Frau und schoß ihr ins Gesicht.

25. 8. 43 [in Brest-Litowsk, Weißrussland]: ... Für die Beschießung einer Polizeigruppe durch Banditen aus dem Hinterhalt, für den Überfall auf eine Polizeistreife im Kreise Wolkowysk, wobei ein deutscher Gendarm und ein einheimischer Schutzmann von den Banditen ermordet wurden, wurde zur Befriedung des Gebiets Bialystok das bandenverseuchte Dorf Kniacowodce abgebrannt und die Dorfbewohner erschossen. Dazu 100 als Anhänger der polnischen Widerstandsbewegung festgestellte Personen mit ihren Familien erschossen (Bekanntmachung durch den Kommandeur der Sicherheitsorgane).

18. 9. 43: Ausmarsch 3 Uhr nachts bis 20 Uhr abends zum Gut Bulkowo, Russen werden auf Lastwagen verladen, sollen als Arbeiter nach Deutschland.

11. 10. 43: Gefreiter Schaberg erzählt manchmal aus seinem früheren Leben, heute sagt er zu mir: »Wenn du mal einen Film mit Kindern drehst, kannst du das vielleicht gebrauchen. Was meine Kleine (sein siebenjähriges Kind) gemacht hat mit einem Dreimarkschein, den ich ihr zum Geburtstag schickte ...« Die Mutter wollte ihn wechseln, die Kleine weinte, sie wolle den Schein, den der Vati angefasst hätte. Und während er es vorlas, wurde er unsicher in der Stimme und heulte.

9. 11. 43: »So sind Hunderttausende von Ausgebombten die Avantgarde der Rache.« Aus der Rede Hitlers am 8. 11. im Löwenbräukeller München vor »Alten Kämpfern« des Putsches 1923. Nun wissen wir, was wir sind, Avantgardisten der Rache ... So jedenfalls hat es in der Rede Hitlers geheißen. Ich möchte mich aber davor verwahren, als Mensch einer kultivierten Nation christlicher Herkunft besonders als rachsüchtig gelten zu sollen.

18. 2. 44: Wir erreichen weit im Hinterland den Ort Zwettl/Niederdonau, Ostmark. 28. 4.: Abstellung ins Reich, nach Guben/Niederlausitz. 5. Mai: Alles denkt nur an die und spricht von der Invasion der Anglo-Amerikaner auf dem Kontinent. (Das Folgende wurde im Tagebuch auf englisch geschrieben, übersetzt:) Die Amerikaner haben recht. Das gesamte deutsche Volk ist schuldig geworden. Hör zu, wenn der einfache Landser von den Orgien beim Erschießen von Juden und Russen erzählt. Alle zusammen taten es – sie sind schuldig geworden. Und so bekamen sie Angst, den Krieg zu verlieren, hoffen, ihn zu gewinnen.

Anfang Februar 1945: Am 19. Dez. 44 sage ich zum Unteroffizier: »Vor dem lieben Gott und der Verpflegung sind alle gleich, auch Unteroffiziere und Soldaten!« Anzeige. Zum Kommandeur. »Das haben Sie gesagt?« Ja, der Mann habe sich beim Brotfassen vorgedrängt. »Festnahme, Kriegsgericht, Staatspolizei verständigen!« 6. Januar: Kriegsgericht Frankfurt/Oder. Strafe zwischen 14 Tagen Arrest und Todesstrafe, weil Feldgebiet, wegen »Stiftung von Missvergnügen und Befehlsverweigerung«, man müsse exemplarisch an mir vorgehen. »Frontbewährung?« – »Jawohl.« Am 20. Januar verkündet mir der Unteroffizier von der Strafsachenabteilung, nach sechs Wochen Arrest werde ich zur kämpfenden Truppe abgestellt.

21. 2. 45: Zwei Monate sind um, und ich bin frei. Jetzt stehe ich im Graben Wache, an der Straße, in der eine meiner Freundinnen wohnte. Mein Los? Heimatlos, besitzlos, ehrlos, so wollte man mich. Alles, was ich bin und was ich habe, dank ich Dir, mein Vaterland!

1. 3. 45: Ein Dorf hinter der Front, unweit der Neiße: Erschießung eines deutschen Unteroffiziers durch ein Exekutionskommando des Kriegsgerichts, das den wegen »Plünderung« einer Villa in Guben Angeklagten zum Tode verurteilt hatte. Quasi Standgericht, keine Möglichkeit des Antrags einer Begnadigung, weil Frontgebiet. »Stillgestanden!« Befinde mich im dritten, hintersten Glied der Kompanie. Starre geradeaus am Stahlhelm des Vordermanns vorbei auf den Schuppen im Hof. Vor dem Schuppen der Kamerad, in Unterhemd und Unterhose. Ein Hauptmann bindet ihm das schwarze Tuch um den Kopf, Stirn und Augen bedeckend. »Fertigmachen!« Regungslos die Kompanie im Quadrat des Hofes. »Legt an!« Schaue nieder auf den Sandboden, die Kumpels stehen auf den Schuhspitzen, um sich nichts entgehen zu lassen. »Gebt Feuer!« Zehn Karabiner krachen. Der Hauptmann gibt dem vor der Scheune Liegenden den Fangschuß, den Gnadentod. Die Leiche liegt am Fuß einer Buche im Dorf, auf dem Zettel am Stamm steht: »So geht es allen Verrätern!«

21. 3. 45: Man kommt aus dem Dreck nicht mehr heraus. Zwei Monate die Wäsche nicht mehr gewechselt, Nacht für Nacht drin geschlafen, nur kalte Waschungen im Hof an der Pumpe, Lager im Stroh, viel Fliegeralarm, die Maschinen aus England in Richtung Berlin brausen über uns hinweg. Die Abstellung in östlicher Richtung an die Front. 23. März, bin in Schlesien. ... Granatwerfereinschläge, »Hurra« der angreifenden Russen, MP-Salven, detonierende Handgranaten. Holpernd knarrt der Leiterwagen von vorn ans Lazarett, der Krankenträger bringt die Schimäre vorm Wagen zum Stehen. Oben, nebeneinander, Landser, Offiziere, Feldwebel, auf Stroh, teilweise übereinander. Beine baumeln lose, wie von Stoffpuppen, über den Rand, aus den Verbänden quillt Blut, geschlossene Augen, schwarzbläuliche Lippen, die sich schwach regen und etwas sagen wollen. »Abladen!« Der Oberarzt operiert weiter, seit elf Stunden, amputiert, schneidet auf, Tote und Verwundete ... Es regnet. Ein Russe unter den Verwundeten, um die dreißig, nur noch Teile eines Menschen, der Oberarzt tritt aus dem Zelt, raucht, tritt näher, zuckt mit den Schultern, läßt sich eine Spritze geben und sticht die Nadel dem Russen in den Arm. »Ein schöner Tod ist der beste Lebenslauf.«

6. 5. 45: Ich freue mich, dass meine Prophezeiungen über den Ausgang des Krieges eingetroffen sind. Es musste auch so kommen. Am 9. Mai, letzter Wehrmachtsbericht, seit Mitternacht schweigen nun an allen Fronten die Waffen. Mein Karabiner liegt im Chausseegraben. Iwan nimmt mich gefangen.

3. 8.: Die Heimkehr. Alles spült sich von der Seele.

Freitag, 2. März – Geht nach Hause!

Nach dem Rücktritt der Regierung von Ministerpräsident Nicolae Radescu beauftragt König Michael I. von Rumänien den Führer der 1933 gegründeten Bauernfront, Petru Groza, damit, unter Berücksichtigung der linksorientierten Nationaldemokratischen Front eine neue Regierung zu bilden. • Mitgliedsstaaten unterzeichnen das Statut der Arabischen Liga. • Am Tage greifen 406 Bomber der 8. US-Luftflotte erneut das weitgehend zerstörte Dresden an. Außerdem werden Chemnitz, Magdeburg und Linz Ziele von Luftangriffen der Alliierten. Im frontnahen Raum bombardieren sie auch erneut die Stadt Köln.

Gertrud Schmidt, Jahrgang 1911, erlebte mit sieben Kindern vor dem Einmarsch der US-Truppen erbitterte Kämpfe direkt vor der eigenen Haustür in Korschenbroich bei Mönchengladbach. Schwere Geschütze und Panzer fuhren auf. Ein deutscher Soldat versteckte sich im Keller der Familie. Schließlich durchsuchten amerikanische Soldaten das Haus. Dieter Schmidt-Haupt übermittelte die Erinnerungen seiner Mutter.

Wir mussten jetzt Tag und Nacht in den Keller. Wir aßen dort, und die Kinder schliefen auch dort. Oft mussten wir auch erst das Grundwasser ausschöpfen, denn durch die Erschütterungen der Bomben hatten sich feine Haarrisse gebildet, durch die Grundwasser eindrang. Da kam es oft vor, dass mal ein Bein, mal ein Arm oder gar die Decke im Wasser hing.

Mittlerweile rückte die Front immer näher auf uns zu. Einmal waren wir wieder alle im Keller, als ein Soldat mit schwer genagelten Stiefeln von der Straße aus auf unser Haus zulief. Direkt vor dem Kellerfenster schoss er noch sein ganzes Magazin leer und betrat die Bude (von uns »August sein Bud« genannt, in welcher der Gehilfe August Kowalski gewohnt hat). Uns stockte der Atem (denn die »Bud« grenzte an den Keller und war auch Notausgang). In diesem Moment fing der »kleine Erwin« an zu »erzählen« (ra-ra-ra). Ich hätte ihn dafür am liebsten umgebracht, denn ich dachte: Nun braucht uns der (vermeintliche) Ami nur eine Handgranate in den Keller zu werfen und mit uns ist es aus. Aber es kam anders: Der Mann lief ums Haus herum und betrat von hinten den Hausflur. Ich fand ihn in der Ecke liegend, als ich leise die Kellertür öffnete, um nachzuschauen. Wie war ich froh, dass es ein deutscher Soldat war. ... Ich nahm ihn mit in den Keller, er war verwundet und müde und schlief dann einige Stunden lang.

Gegen Mittag wurde es plötzlich ganz still draußen – das Krachen und Donnern der Kanonen hatte aufgehört. Wir gingen nach oben und traten ans Schlafzimmerfenster. Da sahen wir schwere braune Panzer stehen. Ein Panzer fuhr direkt in Krings' Garten und dann ums Haus herum in unseren Garten. Das Rohr der Kanone drehte immer mehr auf unser Haus zu, und ich dachte, wir wären gemeint. Dann ein furchtbarer Knall, und die armen Pferde mitsamt der deutschen Kanone auf der Straße lagen vernichtet im Dreck. Am nächsten Tag kam Weber Resi, unser Landjahrmädchen, wieder zur Arbeit und erzählte, sie habe mit einer Frau bei den toten Pferden gestanden und gesehen, wie die Frau ohnmächtig wurde und genau auf die Pferde fiel.

Nun mussten die Häuser an der Straße geräumt werden, und die beiden Krings-Eheleute zogen zu uns. Gegen Abend belästigten uns die Amis sehr, sie wollten ins Haus. Aber Frau Krings sagte kurz und bündig: »Jott no Huus, Jongens, he sinn nur aide Fraue un Kenger!« Das heißt auf Hochdeutsch: Geht nach Haus, Jungens, hier sind nur alte Frauen und Kinder!

Aber vorher erwarteten Martha und ich die Amis an der Haustür, mit einem weißen Tuch in der Hand, zum Zeichen, dass wir uns ergaben. Die Amis gingen auf leisen Gummisohlen, sie öffneten alle Türen und Schränke, nur den Keller betraten sie nicht. Ich musste nun den deutschen Soldaten aus dem Keller holen. Sie nahmen ihn gefangen, rissen ihm die Achselklappen runter und zerschlugen sein Gewehr auf der Treppe. Dann nahmen sie ihn ins Gefangenenlager mit.

Samstag, 3. März – Der SS entkommen

Die Truppen von General Patton befreien Trier. • Die 1. kanadische Armee erreicht Xanten, während die deutschen Verbände sich auf einen Brückenkopf um Wesel zurückziehen. In Düsseldorf sprengt man alle Rheinbrücken. • In Pommern dringen die Sowjets bis in den Raum nordwestlich Dramburg vor. • Die Bavaria lässt in München den Bauernschwank »Die falsche Braut« unter der Regie von Joe Stöckel uraufführen. Josef Eichheim, Joe Stöckel, Elfriede Datzig und Albert Janscheck spielen die Hauptrollen. • Das früher verbündete Finnland erklärt dem Deutschen Reich rückwirkend den Krieg.

Karl Wilhelm Wagner hat vor Jahren begonnen, sein Leben aufzuschreiben. Die Notizen, gedacht als eine Art literarische Autobiografie, beginnen in seinem Geburtsjahr 1922. Die hier abgedruckten Auszüge beziehen sich auf die Zeit im Frühjahr 1945, als sich der junge Soldat von seiner Truppe absetzte und unter Lebensgefahr floh.

Im Kölner Kessel (ein Gebiet, das die Amerikaner noch nicht besetzt hatten), da spielten sich meine letzten Kriegserlebnisse mit den Schergen ab.

Nachdem uns am nächsten Morgen der geschlossene Gang in die Gefangenschaft angesagt worden war, da beschlossen mein Freund und ich, diesem ungewissen Gang zu entgehen. »Wenn wir Glück haben, können wir nach kurzem Nachtspaziergang bei meiner Freundin ganz gemütlich frühstücken.« Nach einem gemütlichen Waldspaziergang zeigte er freudig nach links, wobei er lachend bemerkte: »Der vierte Bauernhof muss es sein.«

Zwischen Heini und Marga fand eine herzliche Begrüßung statt, danach stellte er mir auch die Freundin von Marga und Lotti vor. »Und das ist Rosi, die Freundin beider lieben Schwestern«, sagte Heini mit freundlichem Lächeln. Nach Margas Weisung nahmen nun auch wir auf zwei Stühlen Platz. »Nehmt endlich die Verdunkelung vom Fenster, denn der Krieg ist doch aus«, sprach Heini. Die Mädchen schauten uns völlig verstört an, Marga, die sich zuerst wieder gefangen hatte, stammelte: »Seid ihr jetzt vollkommen übergeschnappt? Wie könnt ihr so einen Unsinn reden!«

»Halt ein«, unterbrach Rosemarie in scharfem Ton, und zu uns gewandt stellte sie die Frage: »Aus welcher Richtung seid ihr gekommen?« Heini schaute die Mädchen einen Moment mit großen, fragenden Augen an, bevor er erst antworten konnte: »Wir kommen von Südwesten.« – »Unglaublich«, waren nun Rosis fassungslose Worte, »die Amis müssten doch wissen, dass diese Mörderbande hier ihr Unwesen treibt, ja, wie man im Radio hören kann, sollen die Amerikaner schon überall tief eingedrungen sein.«

»In meiner Heimatstadt Frankfurt sind sie auch schon«, fügte ich hinzu.

Das Unfassbare war nun geschehen: Wir waren in einem Dorf gelandet, an dem die Amerikaner vorbeigezogen waren und die Menschen dieser Mörderbande überließen.

Ich wollte nach dem Essen wieder in den nahen Wald verschwinden, ließ mich aber dann doch wieder von den anderen überreden. Bei Kerzenlicht, hinter verdunkeltem Fenster, hatten wir zu fünft, Evi war noch hinzugekommen, einen Plan entworfen. Marga war fest entschlossen, ihren Heini vor den Eltern und der SS zu verstecken. Für Rosi, die Freundin der Schwestern, war es eine Ehre, wie sie sich auszudrücken pflegte, mir ein separates Zimmer zur Verfügung zu stellen. Wie ich später erfuhr, war die Ehe von Rosi, die mit einem Offizier verheiratet war, auch schon nicht mehr im richtigen Takt verlaufen.

Später führte mich Rosi über einen Hinterhof zu ihrer Wohnung, die in einem Neubau von sechs Wohnungen war. Sie musste jeden Morgen in das Geschäft ihrer Schwiegereltern. Ihr kleines Kind konnte sie bei Frau Hameyer, die im Parterre wohnte, in Obhut geben. Nach einem genüsslichen Bad konnte ich endlich wieder in einem normalen Bett schlafen. Natürlicherweise hatte ich einen ganz festen Schlaf. Es musste schon lange gedauert haben, bis ich laute Detonationen sowie das überlaute Herumtrampeln der unruhigen Hausbewohner im Wachzustand vernehmen konnte. Bis plötzlich auch Rosi zur Tür hereinkam. Ich erklärte ihr, gerade wach geworden zu sein. »Da hast du aber einen festen Schlaf gehabt, denn die Schießerei dauert schon eine ganze Weile. Ich war in große Unruhe geraten, in aller Eile lief ich nach Hause. Das ganze Dorf ist in großer Unruhe, da die SS-Schergen Amok laufen. Fünf Männer und eine Frau wollen sie in der nächsten Stunde auf dem Dorfplatz wegen Wehrkraftzersetzung aufhängen.« – »Das ist ja furchtbar«, entfuhr es mir. – »Schon in der letzten Woche hatten sie jeden Tag Aufhängungen vorgenommen, aber nun wird am Morgen, zum Mittag, am Abend und auch noch in der Nacht aufgehängt.«

»Ja, Rosi«, fügte ich hinzu, »dies entspringt ihrer Verzweiflung und Wut zugleich, denn jetzt haben sie ihr Ende vor Augen, und sie wissen, im Moment kann sie niemand daran hindern, wenn sie noch einige mit in den Tod nehmen.«

»Wo hast du die Kleine«, frage ich Rosi. »Sie ist bei Frau Hameyer, sie befindet sich schon mit ihr im Keller.« Zum Glück war die Schlafzimmertür geschlossen, als der Luftschutzwart an der Vorplatztür rief: »Frau Rösing, die Schießerei hat stark zugenommen, Sie müssen jetzt in den Keller.«

Unter der Voraussetzung, dass der Luftschutzwart während eines Angriffs die Wohnungen laufend zu kontrollieren hatte, blieb auch mir im Moment nichts anderes übrig, als nun endlich diese Wohnung zu verlassen. Aber es war nicht einfach, in Rosis Keller ungesehen zu gelangen, geräuschlos und kriechend. Sie musste zweimal ablenkend tätig werden, bis es uns dann endlich gelang, ihren Keller zu erreichen. Ich war sehr nahe [am Rande] eines Nervenzusammenbruchs.

Rosi lag in einem 165 cm hoch liegenden, bettähnlichen Bretterverschlag mit Sprungrahmen, einer Matratze nebst dicken großen Koltern. Die Schlafgelegenheit war nur über eine angelegte Leiter zu erreichen, dort war es wärmer als über dem nasskalten Boden. Unter ihr lag Gerümpel. Das Kind konnte neben ihr oder auch im Kinderwagen schlafen. Rosi lag weinend im Bett, als sie mir winkte, hinter ihr Platz zu nehmen. »Warum weinst du«, fragte ich, »gibt es etwas, was ich nicht wissen soll?« Ihr Weinen nahm noch an Heftigkeit zu, zumal sie mir nun gestand: »Ich habe einen unverzeihlichen Fehler begangen. Ja, ich hätte dich in dieses Haus nicht mitnehmen sollen.«

»Bitte mach dir nicht so viele Gedanken darüber, denn bis jetzt ist ja alles gut gegangen«, versuchte ich sie zu beruhigen. »Ja, bis jetzt«, antwortete sie nun völlig in verzweifeltem Ton, »aber wenn das eintrifft, was Frau Hameyer erzählte, dann kannst du bald verloren sein. Ich wollte dich schon oben warnen, aber da kam der Luftschutzwart dazwischen. Alles war so verworren, dass ich total durchdrehte.« – »Hast du das Gefühl, dass mich jemand gesehen haben könnte?« – »Das glaube ich nicht, aber was ich durch Frau Hameyer erfahren habe, das ist es ja, was mich so verzweifeln lässt, denn sie hat mir von einer bevorstehenden Hausdurchsuchung der SS berichtet, sie meinte, ich brauche mich nicht aufzuregen, da ich nichts zu befürchten hätte.« – »Dann wird es ja höchste Zeit, dass ich sofort verschwinde«, hatte ich gerade ausgesprochen, als man die SS-Männer in ihren Stiefeln schon die Kellertreppe herunterkommen hörte.

Ich hatte den Tod vor Augen!

»Komm schnell wieder ins Bett«, flüsterte mir Rosi, stark zitternd, in mein Ohr. Nachdem ich all meine Sachen im Gerümpel nun gut versteckt hatte, kroch ich schnell ins Bett, hinter ihr, unter der Decke ... fest an sie geschmiegt, mit dem Gedanken, uns miteinander besser beschützen zu können, erwarteten wir atemlos das Überleben.

Plötzlich waren laute Schreie zu hören, auch Schläge waren zu vernehmen, so dass man annehmen konnte, dass sie sich auf ein gefundenes Opfer gestürzt hatten. ... Und als sie ihn schleifend die Treppen hoch vor die Haustür gebracht hatten, da knallten sie ihn wie ein wildes Tier mit mehreren Schüssen nieder. Seine erschütternden Schreie klingen mir bis dato in meinen Ohren.

Ohne Verzögerung setzten sie die Suchaktion in den Kellerräumen fort. Wenn man sich nun in dieser verzweifelten Lage so ein Schicksal vor Augen führen muss, dann kann unser Denken zeitweilig völlig aussetzen, ja, man tut dann nur noch das instinktiv Fühlende, und so war es auch nicht verwunderlich, dass Rosi ihr Baby ins Bett holte und an sich drückte.

Als plötzlich durch einen Gewehrkolbenschlag die von einem schwachen Riegel gehaltene Kellertür mit hartem Anschlag aufflog, da lag ich, den Atem anhaltend, unter dem Deckbett, eng an Rosi gelegt, hinter mir die Wand, und sie in diesem Moment mit dem an sich haltenden Kind vor mir sitzend.

Plötzlich hielt sie den Eindringlingen ihr weinendes Kind entgegen, wobei sie ihnen nun entgegenschrie: »Was wollen Sie von mir?« Der alte Luftschutzwart, der Rosi und deren Familie gut kannte, war von ihrem Anblick so ergriffen, dass er in diesem Moment alle seine Gefahren vergaß, zumal er sich plötzlich vor den SS-Führer stellte und ihn energisch anschrie: »Ich bitte Sie hier etwas Rücksicht zu nehmen, denn diese Frau zählt zu einer angesehenen Geschäftsfamilie. Und darüber hinaus befindet sich ihr Gatte, der ein angesehener Offizier ist, an der Ostfront und keineswegs hier im Keller!«

Es war ein Wunder geschehen, denn dieser Appell verfehlte seine Wirkung nicht, unverzüglich verließen die Schergen den Keller. Völlig schockiert waren wir noch eine Weile, wie angewurzelt, vollkommen still auf der Stelle liegen geblieben ... Wie von weiter Ferne hörten wir immer wieder das Geschrei des SS-Führers bis zu uns vordringen. Auch zuckten wir immer wieder bei dem Aufschlagen der Kellerverschläge zusammen ... Ohne Zweifel wäre ich rettungslos verloren [gewesen], wenn sich die Schlafstelle in normaler Höhe befunden hätte.

Selbst der überlebte Zustand, der mich noch nach überstandener Gefahr an die Grenze des Irrsinns brachte, ja, der wird in meiner Seele ewig eine Narbe zurückbehalten. Wie lange wir noch in unserer Lage stillschweigend verbrachten, das konnte ich nie ermessen. Ich weiß nur, dass wir noch lange nebeneinander lagen und uns gegenseitig die Tränen abwischten. Ja, bei jedem Überlaut, den wir von draußen vernahmen, sahen wir die Mörder wieder auf uns zukommen.

Und nur so war es auch zu verstehen, dass wir nach Stunden immer noch im Trancezustand ohne viel Worte, mehr schweigend, voneinander Abschied nahmen, da erst mal das Weiterleben den Vorrang hatte. Und nachdem Rosi vorsichtig Umschau gehalten hatte, schlich ich mich wie ein angeschossenes Reh in völliger Menschenscheue fluchtartig in das Tiefinnere des Waldes zurück ...

Wie ein Schlafwandler tastete ich mich lauschend und spähend durch den dunklen Wald. Zum Schlafen suchte ich mir – wie ein Tier – für die Nacht eine dicht bewachsene Schonung auf. Hier konnte ich mich sicherer fühlen, zumal hier im dichten Gestrüpp das Nähern von Menschen und Tieren keinesfalls geräuschlos laufen konnte.

Nachdem ich dem Tod von der Schippe abgesprungen war, verspürte ich in dieser natürlich-glücklichen Umgebung einen noch nie gekannten Lebensrausch. Ja, ich hatte das einmalige Gefühl, gerade neu auf die Welt gekommen zu sein. Selbst das fröstelnde Zittern in der kühlen Nacht konnte mir wenig anhaben. Ich befand mich in der natürlichen Welt. Es war ein göttliches Leben, denn meine Umgebung war wie eine große Bühne, wo es immer etwas zu besehen oder zu belauschen gab.

Rosis letzter Brief: Ich konnte Rosi nicht schreiben, nur sie war in der Lage. Nach fast einem Jahr antwortete sie, dass sie bei ihrem Ehemann wieder Hoffnung haben könnte, zumal bei ihm eine positive Veränderung zu spüren wäre. In ihrem Schlusssatz vertröstete sie mich auf später.

Die Zeit verrann. Noch lange Zeit dachte ich immer an »später«, aber schließlich wurde es dann zu spät für »später«.

Sonntag, 4. März
Tagebuch eines Zwangsarbeiters

Thomas Mann konstatiert öffentlich eine enge Verwobenheit von Volk und Regime während der Zeit des Nationalsozialismus. • Maschinen der US-amerikanischen Luftstreitkräfte fliegen einen Bombenangriff auf Ulm. • In der Nacht zum 4. März greift die britische Luftwaffe, die später wieder weiter nach Berlin vorstößt, auch Dortmund an. • An den Bomberverband, der die Treibstoffwerke in Kamen bei Dortmund angegriffen hat, hängen sich 100 deutsche Nachtjäger an, die später über England 19 britische Bomber abschießen. • In Pommern dringen sowjetische Truppen weiter vor.

Gabriel Papin hat sein Tagebuch an Frau Dr. Ingeborg Giesler weitergegeben, die es übersetzt und übermittelt hat. Sie schreibt einleitend: »Gabriel Papin (Jahrgang 1922) wohnte 1943 in

St Vincent-sur-Grand in der Vendée, Westfrankreich, als er und seine Altersgenossen [auf Grund zweier Gesetze des französischen Vichy-Regimes] zur Arbeit in Deutschland zwangsverpflichtet wurden. Gabriel Papin kam zur Deutschen Reichsbahn. Die meiste Zeit war er im Lager von Altdamm bei Stettin. Seine Tagebuchnotizen begann er erst kurz vor Kriegsende. Nach dem Krieg war Gabriel Papin Installateur und Campingplatzbesitzer. Mit seiner Frau Colette (das Ehepaar bekam drei Kinder) lebt er heute in Champ St Père (Vendée). Die Gemeinschaftsverpflegung für ausländische ›Zivilarbeiter‹ bestand gemäß Runderlass des Reichsarbeitsministeriums von 1942 hauptsächlich aus Suppen. Hunger war der ständige Begleiter der Zwangsarbeiter, das Essen der ›Westarbeiter‹ war jedoch besser als das der ›Ostarbeiter‹. Aber auch die französischen Zwangsarbeiter waren in Lagern untergebracht und hatten sich weder Arbeit noch Aufenthaltsort gewählt. Sie wurden zudem hart rangenommen und streng kontrolliert. Nach der alliierten Landung in der Normandie und de Gaulles Einzug in Paris (25. 8. 1944) spitzte sich die Lage für die französischen Zwangsarbeiter in Deutschland zu. Ihre Wochenarbeitszeit wurde seit dem 30. 7. 1944 auf mindestens 72 Stunden erhöht. Die Übersetzung versucht, den Charakter der Aufzeichnungen zu bewahren. Geografische Begriffe wurden in der Rechtschreibung korrigiert, Zeichen wurden gesetzt, soweit es die Verständlichkeit und Lesbarkeit des deutschen Textes erforderte.« Das Tagebuch wird hier in Auszügen wiedergegeben.

Sonntag, 4. März: Ich war Fliesen legen in der näheren Umgebung bei einem Privatmann aus Torbrück, ... wir haben mittags und abends ein gutes Essen gekriegt ... Es geht das Gerücht, dass die Russen sich in großem Tempo nähern.

Montag, 5. [März]: Der Vormarsch der Russen hat in der Gegend von Altdamm alle Züge blockiert, so warte auch ich den halben Morgen auf meinen Zug. Da kein einziger kommt, mache ich mich zu Fuß auf nach Stettin, und zwar gehe ich nicht dorthin, um zu arbeiten, sondern weil ich jede Menge Kleinigkeiten in meinem Spind habe, die ich auf keinen Fall verkommen lassen will. Ich habe das gerade erledigt und mache mich für die Rückkehr fertig, da kommt leider auf der Treppe zur Kleiderablage mein »Caïd« [arab. Ausdruck für »Statthalter«] auf mich zu, der ordnet an, mit ihm im Laster nach Gollnow zu fahren, um Material abzuholen. ... Kurz vor Altdamm fegen die russischen Jäger über die Straße, der Laster hält, ich werfe mich hinter einem Baum platt in einen Graben, die Flugzeuge entfernen sich und wir fahren weiter, ich stelle meine Fahrt unter den Schutz der Heiligen Jungfrau.

Dienstag, 6. März: Im Laufe des Morgens erhalten wir den Evakuierungsbefehl, jeder bekommt einen halben Laib Brot, wir plündern die Lagerküche, und nachdem wir einen kleinen vierrädrigen Karren gefunden haben, machen wir uns auf nach Stettin.

Freitag, 9. März: ... Ich gehe eine Kanne reparieren, um Wasser holen zu können, und auf dem Rückweg schaue ich in die Schränke des Depots, und ich bringe zwei schöne Kohlköpfe mit. Während die Kameraden kochen, will ich meine Tabakdose im Ess-Saal gravieren, aber ich muss verschwinden, denn die ganze verdammte Bande von »Chleuhs« [ein arab. Volksstamm, abwertend für Deutsche benutzt] begafft mich, als ob sie so etwas noch nie gesehen hätten. ... Heute bekommen wir die Suppe in diesem Lager und dazu noch eine phantastische. Niemals haben wir eine so gute in Deutschland gegessen, denn das Fleisch fehlte nicht, die Straßen liegen voll von gehörntem Viehzeug.

Sonntag, 11. März: ... Um 6 Uhr wird erzählt, dass ein deutscher SS-Mann an einer Laterne am Straßenrand hängt.

Montag, 12. März: Seltsamerweise bleibt es am Tag fast ruhig, abgesehen von einem Alarm, eine mächtige Formation amerikanischer Bomber fliegt in Richtung Stettin. Nach dem Alarm sehe ich, wie man zwei Pferde auf der Straße entlangzieht und sie dann in einem Park neben der Eisenbahn ablegt. Ungefähr zwei Stunden später sind sie total zerstückelt und von der Zivilbevölkerung weggeschleppt worden, die vor Hunger krepiert.

Mittwoch, 14. März: Da wir immer noch in Stettin sind, müssen wir arbeiten, um Essen zu kriegen, und ich gehe zur Plackerei, beziehungsweise tue so als ob und sehe zu, dass ich eine Bescheinigung bekomme, dass ich gearbeitet habe, so kann ich die Verpflegung empfangen. Ich bin in der Werkstatt, um ein Ofenrohr herzustellen, als eine Granate mit einem trockenen, sehr lauten Knall 100 m von meiner Werkstatt entfernt einschlägt, da war ich plötzlich gar nicht mehr mutig.

Samstag, 17. März: ... Die Artillerie hört nicht auf zu feuern, und wir fühlen uns gefangen zwischen den zwei Artilleriefronten, keiner spricht vom Weggehen.

Montag, 19. März: ... Ein junger Pole wurde am Bein verletzt, armer Teufel, er hatte das rechte Bein ganz zersplittert. So ging es auch einem »Chleuh«, diese Granate braucht einem nicht Leid zu tun, denn der war ein Typ Chef, der einen Trupp Kriegsgefangene derart geschunden hat, dass diesen – bitte glauben Sie es mir – der Speichel nur so herunterlief. Als diese [die Gefangenen] davon erfuhren, sag ich Ihnen, haben die einen Seufzer der Erleichterung ausgestoßen und meinten dann, dass es schade ist, dass die Granate ihn nicht getötet hat; aber ich glaube nicht, dass er davonkommt, denn er hatte den ganzen Hintern weg. Er hat einen Splitter mitten in den Anus bekommen, der ein Loch gerissen hat, in das ich meine zwei Fäuste reinstecken könnte, eine nach der andern. ... Das

Leben wurde unerträglich, und gegen 6 Uhr entschlossen wir uns abzuhauen. … Wir durchqueren Stettin ohne Beeinträchtigung und marschieren bis 2 Uhr nachts, bis zur Ankunft in Grambow.

Dienstag, 20. März: Früh am Morgen entschließen wir uns, von hier wieder wegzugehen in Richtung Pasewalk, das Wetter ist schön, und unterwegs sammeln wir Kippen für die Raucher. … Als wir in Löcknitz ankommen, hindert uns die Polizei, die Stadt zu verlassen, da wir keine Evakuierungsbescheinigungen haben. Wir stoßen auf einen Gefangenen, der uns einen Weg beschreibt, der aus der Stadt herausführt und auf dem man die Polizei umgehen kann.

Mittwoch, 21. März: Ganz früh setzen wir uns in Bewegung auf einem Weg, den uns die Kriegsgefangenen beschrieben haben, um auf die Straße nach Pasewalk zu kommen. … Wir machen uns ein wenig zu essen. Kaum haben wir unsere Mahlzeit beendet, als zwei Kumpel, die etwas weiter unten kampiert haben, uns benachrichtigen kommen, dass die SS sie vertrieben hat. So schnell wie möglich laden wir auf, denn sicher kommen sie auch uns verjagen, und kaum ist unser Wagen beladen, als wir sie schon sehen, Revolver in der Faust. Sie verlangen unsere Papiere und fragen, wo wir hin wollen. Wir sagen, Richtung Pasewalk, sie befehlen den sofortigen Aufbruch. Es ist vier Uhr, eine halbe Stunde später sind wir schon wieder auf der großen Straße und gelangen endlich zum Eingang der Stadt.

Donnerstag, 22. März: Am Morgen gibt man uns eines Imbiss und einen Becher Kaffee, und nachdem wir uns im Fluss gewaschen haben, der hundekalt war, gehen wir in Richtung Bahnhof. Um 8 Uhr sind wir da, und man händigt uns einen Berechtigungsschein für Templin aus.

Donnerstag, 29. März: Ich bin dem Eisenbahndepot von Templin zugeteilt, um in der Kohle zu arbeiten.

Sonntag, 1. April: Heute ist Ostern, so gehe ich am Morgen zur Messe und nachmittags zum Fußballspiel zwischen Kriegsgefangenen und Zivilen [Zwangsarbeitern], die Gefangenen gewinnen 9:0.

Dienstag, 3. April: Ich muss versuchen von hier wegzukommen, aber wie nur. Da habe ich plötzlich einen Einfall: dass ich mir in der Schule meinen rechten Arm gebrochen habe und dass dieser Ellbogen nicht wie der andere ist. Ich gehe ins Büro des Inspektors und erzähle ihm, dass ich mir vor drei Jahren den rechten Arm gebrochen habe und dass der sozusagen steif ist, dass ich gar keine Kraft darin habe und dass ich beim Wetterwechsel Schmerzen in dem Arm habe und dass ich diese Art Arbeit nicht weitermachen kann. Darauf setzt er mich beim Reinigen der Waggons ein.

Donnerstag, 26. April: … An diesem Tag erhalten wir zu zweit einen Laib Brot von anderthalb Kilo. Gegen 8 Uhr fahren wir mit einem Schrott-Zug, der nach Neustrelitz geht.

Freitag, 27. April: … Man stellt uns Fahrkarten für Schwerin aus; den ganzen Tag warten wir auf einen Zug, und ich finde ein 3-Kilo-Brot im Tausch gegen 1 Paket schwarzen Tabak und 17 Zigaretten, das ist teuer, aber was soll's, wir haben nur ein 3-Kilo-Brot für zwei, das ist alles. … Gegen 7 Uhr nehmen wir einen Evakuierungszug der Deutschen Reichsbahn. Wir sind zu fünft auf einem Waggon mit Kartoffeln.

Samstag, 28. April: Wir sind immer noch auf diesem Zug, und wir bleiben es den ganzen Tag bis zur Ankunft in Neubrandenburg.

Sonntag, 29. April: Wir kommen gegen 9 Uhr in Stralsund an und fahren sogleich in Richtung Rostock weiter. ... Und dann nehmen wir einen anderen Zug der Deutschen Reichsbahn.

Dienstag, 1. Mai: Wir sind nur 20 km von Wismar, wir bleiben hier den ganzen Tag stehen, in der Nacht nähert sich der Zug der Stadt bis auf 5 oder 6 Kilometer.

Mittwoch, 2. Mai: Um 9 Uhr entschließen wir uns, zu Fuß in Richtung Lübeck loszuziehen, um auf die Amerikaner zu stoßen. ... Nun hungern wir schon acht Tage, wir haben nur 4 Kilo Brot zu zweit in dieser Woche gegessen. Wir kommen nach Wismar, und beim Stadtausgang gehen wir in eine Kaserne, um Verpflegung zu fassen, dort hauen wir ordentlich rein mit Konserven und Hartbrot. Es ist 2 Uhr, als wir die Stadt verlassen, die Kriegsgefangenen, die uns folgen, sagen, dass die Amerikaner vor der Stadt stehen. ... Einige deutsche Soldaten kommen von dorther, sie waren zur Verteidigung der Stadt eingesetzt, sie sagen uns, dass die Stadt Wismar in den Händen der Amerikaner ist. Unsere Freude ist unendlich, wir entschließen uns in die Stadt zurückzukehren, um zu sehen, was dort los ist. ... Als wir in die Stadt hineinspazieren, verteilen die Soldaten in den Wagen an jeden von uns 5 Konservendosen. Armand und ich durchwühlen die deutschen Lastwagen, und ich schnappe mir zwei Fahrräder. Die Geschäfte werden geplündert, aber wozu uns noch zusätzlich beladen, wir haben schon mehr, als wir mit uns ziehen können, nichtsdestotrotz nehmen wir Weinflaschen mit. Die französischen Gefangenen und die Zwangsarbeiter fahren mit Autos, Motorrädern und Fahrrädern herum, das Lied »Dans le cul ...« singend [ein derbes frz. Volkslied], fast alle sind betrunken, denn das bisschen Wein, das wir getrunken haben, zeigt seine Wirkung, seit zwei Jahren, so muss man sagen, haben wir nicht seine Farbe gesehen. In der

Nacht schlafen wir in einer Kommandozentrale der Gefangenen.

Donnerstag, 3. Mai: ... Wir kommen nach Schwerin ... Ich finde ein Lager mit französischen Zwangsarbeitern, und ich beschließe, dort zu bleiben. Am Abend um 6 Uhr werden alle, die nicht in das Lager gehören, in eine Kaserne gebracht. ... Wir bleiben in dieser Kaserne bis zum Mittwoch etwa 1 Uhr und wechseln dann mit dem Zug zu einem Lager auf einem Flugplatz in einem kleinen Kaff.

Mittwoch, 16. Mai: ... Gegen 11 Uhr erhalten wir den Abfahrtsbefehl ... Wir kommen gegen 7 Uhr nach Lüneburg ... Wir erhalten um 10 Uhr ein amerikanisches Proviantpaket und machen ein bisschen Milchkaffee bei einheimischen »Chleuhs«, die – nebenbei gesagt – sehr nett sind.

Donnerstag, 17. Mai: Seit 7 Uhr 30 sind wir zurück in der Kaserne, und wir warten bis 4 Uhr, und von dort fahren wir wieder mit Lastwagen weiter nach Solingen.

Freitag, 18. Mai: ... Um 10 Uhr verlassen wir das Lager Richtung Rheine, wo wir gegen 5 Uhr ankommen. Hier guckt man uns unter die Arme, um zu sehen, ob keiner von der SS unter uns ist.

Samstag, 19. Mai: ... Wir fahren auf Lastwagen immer weiter nach Kevelaer. ... Wir durchqueren kleine Landstriche, wo der Krieg getobt hat. Es blieben nur ein Haufen von Steinen und Ziegeln, die Bäume sind geköpft und zerfetzt, die Erde umgepflügt von den Bomben und der Artillerie, Flugzeugwracks liegen zerstört am Boden, und hin und wieder entdeckt man einen kleinen Friedhof mit seinen weißen Kreuzen. ... Schließlich kommen wir in Kevelaer an. Wir hausen in einer vom Krieg zerstörten Kirche. Es ist die schönste Kirche, die ich je gesehen habe. Aber um sie wieder für Gottesdienste nutzen zu können, wird eine immense Arbeit hineinzustecken sein.

Montag, 21. Mai: ... Wir fahren Richtung Lille ab. ... Um 8 Uhr sind wir in Lille, aber alles ist voll, und wir steigen um in Richtung Arras, wo wir gegen 9 Uhr 30 ankommen. Hier ist alles gut organisiert, wir durchlaufen eine medizinische Untersuchung, werden geröntgt und desinfiziert, wir erhalten ein Proviantpaket, und wir wechseln unser Geld. ... Um 7 Uhr 30 gibt es zum Abendessen eine Brotsuppe und einen Teller Nudeln mit ein bisschen Fleisch – und, nicht zu vergessen, ein Glas Pinard [bekannter elsässischer Rotwein]. Wir müssen nach Regionen geordnet aufbrechen, und der Zug, der mich mitnehmen wird, soll pünktlich abfahren, das heißt Mittwoch Morgen um 0 Uhr 06.

Montag, 5. März – Gnadenlose Verlierer

Der Regentschaftsrat, den der jugoslawische König Peter II. Karadjordjević eingesetzt hatte, beauftragt nach dem Rücktritt des Nationalkomitees zur Befreiung Jugoslawiens Marschall Josip Tito mit der Bildung einer Regierung. • Bei ihrem Großangriff im Westen erreichen amerikanische Verbände die westlichen Vorstädte von Köln und stoßen bis in die Innenstadt vor. • Im Raum von Danzig befinden sich eine Million Menschen auf der Flucht. Die Gesamtzahl der Flüchtlinge schätzt man jetzt auf zehn Millionen. • Die Reichsregierung schickt Jahrgang 1929 an die Front.

Friederike Steven erlebte das Kriegsende und die Befreiung in Rheinhausen. Eine Rückzugsmöglichkeit gab es nicht, die Rheinbrücken waren zerstört. Kampflos nahmen amerikanische

Truppen die Stadt ein. Doch die Zivilisten wurden von deutschen Tieffliegern und von der anderen Rheinseite aus von deutscher Artillerie beschossen.

Es passierte am 5. März, meinem Namenstag. Transistorradios waren noch nicht erfunden, die uns im Bunker über den aktuellen Frontverlauf hätten informieren können, in jener linksrheinischen Industriestadt Rheinhausen, in der ich als 15-Jährige mit meiner Familie immerhin fünf Jahre Bombenterror überlebt hatte. Irgendwie lag es seit Tagen in der Luft, dass die Amis unsere Stadt und mit ihr die linke Rheinseite besetzen würden. Die letzte Rückzugsmöglichkeit vor ihnen über den Rhein (nach Duisburg) lag seit Tagen, gesprengt von Deutschen, in Trümmern im Wasser.

In den vorausgegangenen Wochen waren wir dem Leben im Luftschutzbunker immer nur für kurze Intervalle entkommen, um Nahrungsmittel aufzutreiben, uns zu Hause frisch zu machen und uns mit neuem Lesestoff zu versorgen. Meine Mission, nicht ganz ungefährlich, bestand im Abhören der BBC zwecks realitätsbezogener Informationen und einer Orientierung darüber, wie sich verhalten angesichts der Aufforderung deutscher Behörden zur Evakuierung der Stadt vor dem Feind.

Im Laufe des Vormittags jenes 5. März ging ich vor unsere Schutzburg, um frische Luft zu schnappen. Da sah ich mit anderen Bunkerbewohnern zu unser aller Erleichterung in etwa 250 Metern Entfernung US-Truppen in Fahrzeugkolonnen unsere Hauptstraße entlangfahren. Ohne einen Schuss abfeuern zu müssen, hatten sie sich der Stadt bemächtigt. Wenig später patrouillierten GIs in den Straßen unseres Viertels, in Einerkolonnen, geräuschlos auf Kreppsohlen. Selbst in Kampfausrüstung mit geschultertem Gewehr wirkten sie wenig martialisch, Kaugummi kauend und lässigen Schritts. Das hatte selbst für verängstigte befreite Deutsche etwas Entspanntes. Mir schien es zu signalisieren, dass der Krieg für uns vorüber war.

Zwei Ereignisse aus jenen ersten Tagen haben sich mir tief eingeprägt: Am Mittag des 5. März – ich vertrat mir gerade die Beine nur etwa 30 Meter vom Bunkereingang entfernt – flogen mir plötzlich Geschosse um die Ohren, die von Tieffliegern stammten. So nah hatte ich Krieg noch nicht erlebt. »Wie können die Amis auf uns schießen, nachdem ihnen niemand Widerstand bietet«, dachte ich empört, bis ich begriff, dass von deutschen Flugzeugen aus im Tiefflug auf uns Zivilisten gezielt wurde, womöglich weil wir der Aufforderung zur Evakuierung nicht nachgekommen waren.

Nach dem Einmarsch der Amerikaner hatten für uns Bombenangriffe und Bunkerdasein ein Ende, aber es war eine neue Bedrohung ins Spiel gekommen: Von der rechten Rheinseite aus wurde wochenlang unregelmäßig Artilleriefeuer zu uns herübergeschossen, die US-Streitkräfte warnend, nicht die West-Ost-Frontlinie durch Rheinüberschreitung voranzutreiben. Mancher Zivilist fiel dem Beschuss zum Opfer; nur 25 Schritt vor unserer Haustür wurde vor meinen Augen ein Achtjähriger getroffen. Endlich, von Norden kommend, wurde dem sinnlosen Widerstand der Wehrmacht ein Ende gesetzt und das gesamte Ruhrgebiet von den Alliierten erobert.

Mittwoch, 7. März – Zwei Schwestern

Einheiten der US-Armee nehmen die nicht zerstörte »Ludendorff«-Brücke über den Rhein in der Nähe von Remagen ein. • In der Nacht zum 7. März greifen britische Bomber den Hafen von Sassnitz an. Das dort liegende Lazarettschiff »Möhring« brennt aus. • Am Tage greifen US-Bomber Bielefeld, Soest, Gießen und Castrop-Rauxel an. • US-Soldaten nehmen Köln ein. • Der Generalstabschef des Heeres, Generaloberst Guderian, erklärt, dass die »von den Bolschewisten in den von den deutschen Truppen zurückeroberten Gebieten und Ortschaften angerichteten Gräueltaten« in der Geschichte »ohne Beispiel« seien.

Die Schwestern Ursula Hebert und Erika Wedell erlebten das Kriegsende in einer Skihütte in Oberwiesenthal. Die ältere erfuhr während des Arbeitsdienstes in den Beskiden, dass ihre Mutter bei einem Luftangriff in Chemnitz getötet und die Schwester schwer verletzt worden war. Mit gebrochenem Rückgrat und gelähmt war diese aus der Stadt evakuiert worden. In der Skihütte fanden sich die Schwestern wieder. Die beiden Schwestern verfassten ihren gemeinsamen Bericht bei einem Treffen in Kelkheim aus der Sicht von Ursula Hebert.

Demnächst werde ich 80 Jahre alt. Vor 60 Jahren war ich im Arbeitsdienst in den Beskiden, wo mich ein Telegramm folgenden Inhalts erreichte: »Grüner Winkel, Chemnitz, von Luftmine getroffen – Mutter tot, Schwester verletzt im Krankenhaus.« Einen Tag später saß ich schon im Zug auf der Heimfahrt – bepackt mit einem Riesenrucksack voller Lebensmittel, die in der Heimat fehlten! Bis Prag ging alles gut, dann blieb der Zug öfter stehen, und auf einem Dresdener Vorort war Endstation! Es war der Tag nach einem schweren Luftangriff auf die Elbmetropole! Alle Zuginsassen liefen weinend durch die teilweise noch schwelende Stadt. Was ich da an Elend sah, werde ich nie im Leben vergessen können.

Meine Anlaufstation in Chemnitz war unser Leichtathletiktrainer, Bruno Riesel vom Postsportverein, der im Zentrum der Stadt unmittelbar am Rathaus wohnte und mich informierte, dass meine Schwester das Rückgrat gebrochen hatte, 14 Tage im Kellergang des Krankenhauses lag und wegen Überbelegung und der Gefahr weiterer Angriffe auf die Stadt gelähmt in einem Sarg liegend per Zug und Pferdegespann nach Oberwiesenthal in eine Skihütte transportiert worden war.

Am selben Abend zwang mich in Chemnitz Fliegeralarm in den Luftschutzkeller. Dort hatte ich zum ersten Mal Angst um mein Leben, und die war berechtigt, denn das riesenhafte große Haus wurde getroffen und stürzte ein. Ich konnte unversehrt gerettet werden.

Alle Überlebenden hatten ein Ziel: so schnell wie möglich raus aus der brennenden Stadt. Und so zog sich der lange Treck die Zschopauer Straße entlang. Nach vielen Stunden Fußmarsch hatte ich Glück, und ein voll beladener Lkw lud mich noch auf und setzte mich am Bahnhof Annaberg ab. Irgendwann fuhr auch ein Zug ab, und ich kam in Oberwiesenthal an. Der kurze Anstieg zur Hütte war trotz Übermüdung und Hunger schnell geschafft!

Zur großen Freude auf beiden Seiten darüber, dass wir, meine Schwester und ich, uns wieder gefunden hatten, mischte sich die Trauer um unsere Verstorbenen. Im Keller unseres Hauses in Chemnitz war außer Mutter und Großvater auch noch eine Flüchtlingsfamilie umgekommen!

Die Schwester musste auf Arztanweisung viele Wochen bewegungsunfähig auf ihrer ungepolsterten Holzpritsche liegen, weil es nur so eine Genesungschance gäbe! Aber sie konnte sprechen, und sie glaubte zuversichtlich an ihre Genesung. Drei Monate später konnte sie wieder gehen.

Erschüttert standen wir nach Kriegsende vor dem Riesentrichter, der unser Elternhaus und weitere zwei Einfamilienhäuser verschluckt hatte. In eines der leicht beschädigten Häuser zogen wir vorübergehend ins Erdgeschoss ein, bis wir eine bessere, weil wasserdichte Bodenkammer als Unterschlupf fanden, sogar mit kleinem Kanonenöfchen!

Donnerstag, 8. März – »Ich bringe Sie ins KZ!«

Der US-Geheimdienst und SS-General Wolff, höchster SS-und Polizeiführer in Italien, führen in Bern geheime Verhandlungen über eine Kapitulation an der italienischen Front. • Britische Bomberverbände fliegen in der Nacht zum 8. März einen schweren Angriff gegen Dessau, einen weiteren gegen Leipzig. • Bei Remagen ist ein Gegenangriff der 11. Panzer-Division angesetzt. • An der Oder dringen die Sowjets in Küstrin ein. Der Schwerpunkt der sowjetischen Angriffe liegt jetzt im Raum von Danzig. • In der Slowakei hält der starke Druck der Sowjets gegen die 8. deutsche Armee im Raum von Altsohl an.

Die Familie des damals achtjährigen Gerhard Kraiker hatte sich von Frankfurt am Main aus im Westerwald vor den Bomben in Sicherheit gebracht. Kraiker erinnert sich an einen Nazi-Fanatiker, der kurz vor der Befreiung immer noch nicht an die Niederlage glauben wollte.

Es war im Frühjahr 1945 in einem kleinen Dorf im Westerwald zwischen Koblenz und Montabaur. Amerikanische Truppen rückten heran, und schon Tage war schweres Geschütz zu hören. Die russischen Gefangenen, die monatelang auf einer umzäunten Wiese am Rande des Waldes festgehalten waren, hatte man abtransportiert. Von ihren Schreien in der Nacht verstand die Dorfbevölkerung nur den in deutscher Sprache: »Nieder mit Hitler!«, der im aufkommenden Bewusstsein, auf der Seite der Schuldigen zu stehen, und in Angst vor den herannahenden Siegern schaudern ließ. Wochen zuvor schon hatten dienstverpflichtete ältere Männer im Umfeld des hoch gelegenen Dorfes Schützengräben einrichten müssen, die nach dem Näherrücken der Amerikaner in Schussweite von einer Einheit der Waffen-SS besetzt wurden.

Wir Kinder waren mit dem Herannahen des Geschützfeuers in den Keller verwiesen worden, den wir nur bei dringlichen Bedürfnissen verlassen durften. Als ich bei solcher Gelegenheit nach oben kam, sah ich in der Küche einen großen Jungen in SS-Uniform am Tisch sitzend, der verzweifelt weinte und schluchzend hervorstieß: »Ich will nicht sterben.« Während meine Mutter noch nach Worten des Trostes suchte, knallte die Haustür auf, und ein SS-Offizier stürzte in die offene Küche. Brüllend zerrte er den großen Jungen vom Stuhl und stieß ihn in Richtung der Haustür. Meine Mutter stellte sich ihm in den Weg. Leichenblass und zitternd, mit äußerst erregter, aber vor Entschlossenheit doch klarer Stimme schrie sie den Offizier an. Aus dem folgenden Wortgemenge ist mir nur noch ein Satz meiner Mutter in Erinnerung, dessen Ungeheuerlichkeit ich als Achtjähriger durchaus spürte: »Merken Sie nicht, dass Sie mit Ihrem Krieg am Ende sind?« Jetzt war es der SS-Offizier, der vor Erregung kein Wort hervorbrachte. Aber sichtlich hatte er sich wieder in der Gewalt und stieß, jedes Wort betonend, hervor: »Aber wenn es noch einen Weg gibt, bringe ich Sie ins KZ.«

Zwei Tage später nahmen die Amerikaner das Dorf ein. Was aus dem namenlosen großen Jungen geworden ist, war nicht in Erfahrung zu bringen. Jedoch wusste das ganze Dorf, dass der SS-Offizier sich im Keller einer Händlerin, die in ihn verliebt war, versteckte. Aus Rücksicht auf sie, die zur Dorfgemeinschaft gehörte, behielten die Dörfler ihr Wissen für sich. Meiner Mutter wurde bedeutet, dass man auch von ihr als im Dorf Aufgenommener Verschwiegenheit erwartete. Denunzieren sei das Schlimmste, so hieß es, und so begründete sich aus der Verwerfung der Unmoral von gestern eine neue.

Freitag, 9. März – Freundliche Besatzer

Die Rangierkapazität der Reichsbahn ist durch die fortwährenden Luftangriffe und den Kohlemangel auf 40 Prozent gesunken. Der Kohletransport aus dem Ruhrgebiet ist von täglich 8000 auf nur noch 700 Waggons zurückgegangen. • In der Nacht zum 9. März sind Hamburg und Kassel Ziel schwerer britischer Luftangriffe; am Tage greift die US-Luftwaffe die Städte Frankfurt am Main und Kassel an. • Reichspropagandaminister Goebbels besucht »das befreite Lauban«, wo er auf dem Marktplatz eine Rede hält, in der er den »Kampf gegen den Bolschewismus« mit einem »Kreuzzug« vergleicht.

Heribert Baum erlebte als Junge den Einmarsch der US-Truppen in sein Heimatdorf Baasem (Eifel). Er hat die Amerikaner als freundliche Besatzer in Erinnerung.

In Baasem wurde rechtzeitig vor dem Sturmangriff der Amerikaner ein Hauptverbandsplatz in der Schule eingerichtet. In Abhängigkeit des Arbeitsanfalles bzw. der Dringlichkeit der Aufgaben wurden wir Jungen von dem deutschen Militär fallweise eingesetzt, so zum Essenholen, zur Wegweisung und zur Hilfeleistung am Verbandsplatz, z. B. Verwundeten aus den Saniwagen herauszuhelfen, Besorgungen für Ärzte und Schwestern zu machen u. ä. Es wurden auch kleine Operationen bzw. bei äußerster Dringlichkeit Amputationen durchgeführt. Wir haben die Hilfe gerne geleistet. Es gab weder Trinkgeld noch Lohn, nur Anerkennung. Mein ausgesprochenes Pech war es, während des Einsatzes am Verbandsplatz einen Hund zu beobachten, der mit einem menschlichen Arm in der Schnauze daherkam. Ich konnte vor Abscheu nicht reagieren, sonst hätte ich dem Hund nachgesetzt, und mit meiner Standhaftigkeit als Gehilfe des Kriegshandwerks war es endgültig vorbei. Gewalt ist in jeder Form zu vermeiden.

Zum Erstaunen aller Beteiligten führte ein friedlicher Appell in den letzten Tagen vor der Besetzung Baasems durch die Amerikaner im März 1945 zum Erfolg. Einige Soldaten hatten, dem Druck der Amerikaner weichend, ihre Stellung im benachbarten Kronenburg aufgegeben, brachten die Panzerabwehrkanone mit den Händen führend gegenüber von Droggen-Haus am Ortseingang in Stellung und wollten von hier aus erneut Widerstand gegen die Invasion leisten. Wir erfuhren davon, und mit der Unterstützung einiger Nachbarn und uns Jungen gelang es meinem Vater in milden Worten und mit dem Versprechen, ihnen Brot zu geben, die Soldaten zum Abziehen zu bewegen. Sie protzten ihre Kanone ab, hängten ihre Rucksäcke ans Rohr, nahmen bei der Vorbeifahrt an unserer Bäckerei das Brot mit und zogen weiter. Mein Vater sagte: Kinder, da seht ihr die allerletzten deutschen Soldaten überhaupt. Es war ein jämmerlicher Anblick, der uns aber mit Stolz erfüllte. Eigentlich hätte er sagen müssen: die letzten Soldaten der deutschen Wehrmacht.

Last but not least fanden Dorfleute später die durch einen Rohrkrepierer zerstörte Kanone in einem Steinbruch am östlichen Dorfrand. Dorthin hatten unsere friedensfreundlichen Soldaten ihre Kanone für jedweden unfreundlichen Einsatz untauglich gemacht und sie als Kriegsmüll in der Eifel hinterlassen.

Die Einnahme unseres Dorfes durch die GIs war eher unspektakulär und ganz anders, als wir es erwartet hatten. Mein Vater und ich waren auf dem Dach unserer Bäckerei, um dieses zu reparieren, da sahen wir von Nordosten eine motorisierte Einheit auf das Dorf anrücken. Die GIs fuhren mit ihren Jeeps an bestimmte Plätze, so auch auf unseren Hof, durchsuchten die Häuser nach deutschen Soldaten und gaben einschneidende Befehle zur Abgabe von Kriegsgerät aller Art, Registrierpflicht, Ausgangssperren u. a. bekannt. Mir blieb von der geräuschlosen Einnahme des Ortes, d. h. es fielen kein Schuss und kein lautes Wort, in Erinnerung, dass die

GIs von unserem Nachbarn Stahl Äpfel bekommen hatten und diese während der weiteren Durchforstung der Häuser auch aßen.

Meine Mutter war einige Tage vor der Einnahme des Dorfes – als Folge einer durch Bomben- oder Granatexplosion ausgelösten Druckwelle – durch viele kleinste Glassplitter des zerborstenen Küchenfensters verletzt worden. Der GI, der unser Haus durchsucht hatte, holte nach dem Anblick der Blessuren, die er als Folge der amerikanischen Angriffe erkannte, einen Sanitäter. Dieser suchte bei Tageslicht zuerst den gesamten Kopf nach Glassplittern ab und holte noch viele kleinste Splitter mit einer Pinzette heraus, besonders aus beiden Ohren. Dann hat er das Gesicht gereinigt und mit einer Tinktur eingeschmiert. Die Erinnerung an die Einzelheiten dieses Vorganges wurde immer wieder aufgefrischt, weil die Behandlung dafür gesorgt hatte, dass keine Närbchen zurückblieben, und meine Mutter dies unendlich oft erzählt hat.

Nachzutragen bleibt, dass eine couragierte Frau mit einer weißen Fahne den Eroberern entgegengegangen war, um ihnen zu signalisieren, dass sich keine deutschen Soldaten im Ort befanden. Diese Tat hatte die friedvolle Vorgehensweise der Eroberer wohl nachhaltig bestimmt.

Samstag, 10. März – Kindersoldaten

Die italienische Polizei gibt in Rom die Entdeckung einer faschistischen Geheimorganisation mit etwa 20000 Mitgliedern bekannt; 35 Anführer werden in Haft genommen. • In der Nacht zum 10. März greifen britische Flugzeuge wieder Berlin an. • Aufgrund einer Absprache zwischen Stalin und Petru Groza, dem rumänischen Ministerpräsidenten, geht der Norden Siebenbürgens (Transsilvanien) wieder in die Verwaltung Rumäniens über. • Die japanische Regierung erklärt die Aufhebung des Kolonialstatus über die französischen Protektorate in Indochina.

Valentina Hirsch erinnert sich, was ihr Vater Kurt ihr »wieder und wieder erzählt« hat. Es geht darum, wie selbst Vierzehnjährige noch zum Kämpfen gezwungen werden sollten. Schon 1944, schreibt Valentina Hirsch, sei ihr Vater mit 14 Jahren »zur Verteidigung des Westwalls gezwungen« worden. »Er konnte aber fliehen und der Anklage wegen Fahnenflucht durch eine Notlüge entgehen.«

Es war Anfang März, kurz vor meinem 15. Geburtstag, als der Ortsdiener mit der Schelle durch meinen Heimatort Walldorf ging. Alle Jungen ab 14 Jahren sollten sich zum »Volkssturm« am HJ-Heim melden. Wer das nicht tue, würde erschossen. Das war ein Szenario, von dem alle wussten, dass es ernst zu nehmen war.

An der Sammelstelle in der Nähe des heutigen Bahnhofs angekommen, wurden wir mit Panzerfäusten, Karabinern und Pistolen ausgerüstet. Längst nicht alle bekamen eine Waffe, es gab nicht genügend. Uniformen gab es gar nicht, praktisch alle Jungen waren in Zivil. Mehrere Wehrmachtssoldaten führten unseren armseligen Zug an, wohin es ging und was uns erwartete, wussten wir nicht. Sich zu weigern mitzugehen, auf diese Idee kam niemand – die Erschießungsandrohung schwebte noch immer über uns, wir hatten einfach Angst.

Nach kurzem Fußmarsch kamen wir an einem Waldstück nahe der A 5 an – auf der anderen Seite hörte man Schusswechsel. So nah war ich noch nie an einem Gefecht gewesen, das Geräusch der pfeifenden Querschläger höre ich heute noch. Spätestens jetzt begriffen wir, wie ernst es war, und wir duckten uns in die Büsche. Die Soldaten, die uns anführten, gaben uns eine Schnelleinweisung in die mitgeführten Waffen. Dass mit uns Kindern kein »Volkssturm« zu machen war, wurde ihnen wohl spätestens da klar. Ob ihnen auch die Ausweglosigkeit und Sinnlosigkeit der ganzen Aktion klar war, weiß ich nicht, jedenfalls ließen sie uns gehen, als wir behaupteten, wir wollten mal genauer schauen, was an der »Front« los sei.

Mein Schulkamerad Karl und ich hatten natürlich keineswegs vor, näher ranzugehen. Wir nahmen die Beine in die Hand und liefen Richtung Walldorf zurück. Plötzlich sahen wir aus dem Ort heraus Soldaten kommen. Wir zogen die Köpfe ein und versuchten herauszufinden, was für Soldaten es waren. »Du, die babbele so komisch«, an diesen Satz von Karl kann ich mich noch erinnern. Es waren Amerikaner. Würden die uns gefangen nehmen oder, schlimmer noch, erschießen? Wir gingen schließlich mit erhobenen Händen aus unserem Waldversteck auf die Soldaten zu. Der herbeigerufene Dolmetscher befragte uns, was wir hier zu suchen hätten – wir erzählten einfach die Wahrheit. Was die Amerikaner untereinander besprachen, konnten wir natürlich nicht verstehen, es war sicher nicht der erste jämmerliche »Volkssturm«, den sie sahen. Aber den Satz des Dolmetschers werde ich nie vergessen: »Buben, geht heim.«

Sonntag, 11. März – Die neue Familie

In Kambodscha proklamiert König Norodom Sihanuk die Unabhängigkeit und annulliert alle mit Frankreich geschlossenen Verträge. • In Ungarn überschreiten deutsche Truppen den Sárvíz-Kanal. • Reichskanzler Adolf Hitler besucht Stellungen der deutschen Ostfront bei Schloss Freienwalde an der Oder. • In seiner letzten öffentlichen Rede, die Propagandaminister Goebbels in Görlitz hält, verspricht er den baldigen Beginn von Offensiven. • Die polnische Exilregierung protestiert gegen ihren Ausschluss von der Konferenz zur Gründung der Vereinten Nationen in San Francisco.

Waltraud Helfmann wurde als Zwölfjährige auf der Flucht aus der Mark Brandenburg von ihrer Mutter getrennt. Schließlich nahm sich ein Sanitätssoldat aus Langen bei Frankfurt am Main ihrer an. Als ihr Helfer bei Kriegsende in Gefangenschaft kam, schickte er das Mädchen zu seiner Familie nach Langen. Waltraud Helfmann übermittelte den Bericht, den sie bereits 1985 für die Langener Zeitung schrieb.

März 1945. Der Krieg ging zu Ende. Russische Panzer an der Oder. Auf dem Vormarsch nach Westen. Der Flüchtlingsstrom nahm kein Ende. Inmitten des großen Trecks der Hoffnungslosigkeit – ich – das zwölfjährige Mädchen Waltraud. Mit Mutter, Tante und meiner damals erst zweieinhalbjährigen Schwester Erika hatten wir die Heimat verlassen müssen. Die Heimat – das war Falkenberg in der Mark Brandenburg. Wohin aber ging unser Weg?

Niemand wusste es. Nur fort, fort von hier, hieß es. Unser Ziel war der Bauernhof meines Onkels in der Nähe des Werbellinsees (nur ca. 35 km entfernt). Wir blieben dort einige Wochen. Hier sah ich die V2-Rakete fliegen, die aus der Schorfheide abgeschossen wurde.

Es ging weiter. Nach wochenlangen Fußmärschen war ich am Ende meiner Kräfte. Ich konnte nicht mehr laufen, die Füße schmerzten und waren voller Blasen. Da packten mich kräftige Soldatenhände, hoben mich auf einen Wagen des Trecks, das gesamte Gepäck meiner Angehörigen wurde ebenfalls auf dem Wagen verstaut. Dabei verloren wir uns aus den Augen. Nun holperte ich einer ungewissen Zukunft entgegen. Allein und verlassen von Mutter, Tante, Schwester. Verzweifelt suchte ich meine Angehörigen. Aber niemand wusste etwas, konnte mir auch nur einen Anhaltspunkt geben. Die Fahrt ging weiter. Auf Munitionswagen, Lastwagen, Panzer und Kettenkrad. Bei einem Überholmanöver flog ich vom Kettenkrad und wurde einige Meter mitgeschleift. Zum Glück nur leicht verletzt.

Dann begegnete ich zum ersten Mal dem Mann, der in meinem weiteren Leben eine entscheidende Rolle spielen sollte. Dem damaligen Sanitäter Rudolf Hochheimer, im Zivilberuf Drogist und Inhaber einer Drogerie in Langen bei Frankfurt am Main. Er leistete mir nicht nur Erste Hilfe, sondern fortan immer wieder Hilfe, humanitäre Hilfe über den Tag hinaus.

Als »Soldatenkind« ging ich mit ihm die letzte Etappe des großen Marsches. In Mecklenburg erlebten wir gemeinsam das Ende des Krieges, die Stunde Null. In Hagenow kamen wir zusammen in Kriegsgefangenschaft. Der Onkel Rudi sorgte für mich wie für ein eigenes Kind. Nach kurzem Aufenthalt im Gefangenenlager Hagenow wurde ich allein entlassen.

Und wieder stand ich vor der Frage: wohin? Zwei Möglichkeiten wurden mir indessen angeboten, ich konnte wählen zwischen einem Bauernhof in Thüringen und einer Drogerie in Langen bei Frankfurt/Main. Eben jener Drogerie meines Samariters Rudolf Hochheimer. Er wollte mich gern in sein Haus, in seine kinderlose Ehe aufnehmen, mir eine zweite Heimat bieten. Ich wusste zu schätzen, was er für mich bis dahin getan hatte – und so entschied ich mich auch für Langen.

Ich bekam etwas Geld, Briefe für zwei weitere Soldaten aus Langen, Lebensmittel in einem kleinen Rucksack und wurde verabschiedet. Wieder einmal allein. Verhältnismäßig schnell erhielt ich die wichtigen Papiere von einem Offizier der englischen Besatzungsarmee. Damit ausgestattet, trat ich die Reise in Richtung Küneburg-Hannover an. Eine Frau mit mehreren Kindern nahm sich meiner an. Doch war sich diese Großfamilie nicht einig, in welche Richtung sie weiterfahren wollte. Also setzte ich mich ab, sprang auf einen gerade anfahrenden Güterzug auf und befand mich so auf dem Weg ins Ruhrgebiet.

Schließlich landete ich in Frankfurt-Ostbahnhof und erwischte gerade noch einen Zug nach Darmstadt über Langen.

Aber die Angst war immer in mir. Lebt in Langen überhaupt noch jemand? Ist vielleicht alles zerbombt?

Es war Sonntag, der 8. Juli 1945. Mehr als vier Monate Ungewissheit und Angst vor der Zukunft lagen hinter mir. Nun stand ich kurz vor dem Ziel, meine Odyssee ging zu Ende. Genau um 13 Uhr klingelte ich am Haus Bahnstraße 34 in Langen. Zitternd vor Aufregung wartete ich, dass sich die Tür öffne. Wer und wie würde man mich empfangen?

Plötzlich stand eine freundlich dreinblickende junge Frau vor mir, fragte mich nach meinem Begehr. Nur leise konnte ich vorbringen, was ich mir unterwegs immer wieder eingeprägt hatte. »Sie sind Frau Hochheimer?« Die Frau antwortete sanft: »Ja, mein Kind, das bin ich.« – »Gut«, sagte ich jetzt etwas forscher, »ich bringe Ihnen diesen Brief von Ihrem Mann.« Ein Leuchten erhellte ruckartig das Gesicht der Frau. Aber alle ihre weiteren Fragen, nach dem Woher und Wohin, beantwortete ich nur kurz: »In diesem Brief steht alles drin.«

»Na, dann komm erst mal rein«, sagte Frau Hochheimer und nahm mich bei der Hand. Im Wohnzimmer wurde ich Rudolfs Eltern vorgestellt mit den Worten: »Das ist Waltraud – sie bringt uns eine Nachricht von Rudolf.« Und dann las die Frau meines Samariters den Brief, ungläubig erst, dann aber lächelnd trat sie auf mich zu und sagte: »Na, mein Kleines, dann bleib mal da – jetzt bist du unser Kind …« Anfang August kam Onkel Rudi aus der Gefangenschaft heim. Das war ein Wiedersehen, eine Freude. Von da an waren wir eine richtige Familie.

Bleibt noch, dass ich nach monatelangem, eifrigem Suchen im Oktober 1945 die erste Nachricht von meiner Mutter erhielt. Sie war wieder in unseren Heimatort zurückgekehrt. Von dort habe ich sie dann im November 1960 nach Langen geholt.

Dienstag, 13. März – Glimpfliche »Rache«

Im Konzentrationslager Bergen-Belsen stirbt die 15 Jahre alte Anne Frank an Typhus. • Im Zuchthaus Brandenburg erschießt man den ehemaligen Befehlshaber des Ersatzheeres, Generaloberst Fromm, wegen Beteiligung an der Verschwörung des 20. Juli 1944. • Himmler trifft entgegen einem »Führerbefehl« eine Vereinbarung mit seinem Leibarzt, dem Masseur Felix Kerten, nach der die Konzentrationslager beim Herannahen der Alliierten nicht gesprengt und die Gefangenen nicht getötet werden sollen. • In der Nacht stoßen 60 britische »Moskito«-Bomber erneut gegen Berlin vor.

Hans Bruchschmidt verbrachte seinen 27. Geburtstag am 13. März auf der Flucht von der Ostfront, wo er desertiert war. Bevor er in US-Gefangenschaft geriet, hatte er noch eine etwas schmerzhafte Begegnung mit ehemaligen polnischen Zwangsarbeitern.

Zum Kriegsende hatten wir Soldaten an der Ostfront, die sich immer mehr der deutschen Grenze näherte, nur ein Ziel – Richtung Heimat. Nach dem Überfall auf Russland, dem furchtbaren Blutbad und den Zerstörungen – insbesondere durch die Waffen-SS – konnten wir als Gefangene in dem geschundenen Russland keine Gnade erwarten. Nachdem unsere Einheit bereits von der russischen Front überrollt war, setzte ich mich unter größter Lebensgefahr in Richtung Westen ab. Ich war gegen Kriegsende von der Flak zur Waffen-SS gezwungen worden und hatte im linken Oberarm die »berüchtigte« Tätowierung. Dieses Blutgruppenzeichen hatte ich mir kurz vor der Verlegung an die Ostfront von einer medizinischen Assistentin herausschneiden lassen, und die Wunde eiterte inzwischen.

Nun war ich nachts unterwegs und versteckte mich tagsüber in den Wäldern oder Getreidefeldern. Zum Glück fand ich immer wieder mal einen Brunnen oder Bach, um zu trinken, und einen abgelegenen Bauernhof, um etwas zum Essen zu erbetteln. Trotz entzündeter Wunde am linken Arm und schwächendem Durchfall erreichte ich die tschechisch-deutsche Grenze.

Kurz auf deutschem Gebiet holten mich zwei ehemalige polnische Zwangsarbeiter aus einem Getreidefeld und fingen an, auf mich einzuschlagen und -zutreten. Ich hatte keine Kraft mehr, mich zu wehren, und dachte, nun ginge es zu Ende. Da schallten plötzlich laute Schüsse aus einer Maschinenpistole und amerikanische Befehle. An der Straßenkreuzung hielt ein Militärjeep, und die zwei Soldaten zwangen die beiden Polen, mich bei ihnen abzuliefern.

Durch diesen glücklichen Zufall kam ich mit blutender Nase, zwei ausgebrochenen Zähnen und einigen schmerzhaften Beulen davon und landete im amerikanischen Gefangenenlager Helfta.

Hier half mir mein vor der »Desertion« aus der fahrenden Schreibstube »organisiertes« Soldbuch der Flak, in das Lager C eingewiesen zu werden. Ins Lager A kamen SS-Leute und in B alle unklaren Fälle, die keine Papiere hatten. Der Lagerkommandant war ein vor der Nazityrannei rechtzeitig geflüchteter Jude. Er sagte uns bei der Aufnahme: Ihr werdet hier nicht gequält und vergast, wie meine jüdischen Verwandten in Deutschland, aber ihr sollt wenigstens spüren, wie es ist, wenn man jeden Tag Hunger hat Dieses Gefühl haben wir dann auch kennen gelernt. Wie gut ich diesen Menschen verstehen konnte.

Am 25. Juni 1945 wurde ich aus dem amerikanischen Gefangenenlager Naumburg a. d. Saale nach Aschersleben entlassen. Meinen 27. Geburtstag hatte ich während der Flucht natürlich vergessen.

Mittwoch, 14. März – »Man sieht nur Elend«

Reichsaußenminister Joachim von Ribbentrop versucht über Schweden mit den Westmächten Kontakt aufzunehmen; Ziel seines Vorstoßes ist der Abschluss eines Separatfriedens. • Die Sowjetunion überträgt Polen die Gebietshoheit über die von sowjetischen Truppen besetzten deutschen Gebiete östlich von Oder und Neiße; in Masuren, Oberschlesien, Niederschlesien und Pommern werden Wojewodschaften eingerichtet. • Während die 1. US-Armee ihren Brückenkopf bei Remagen weiter ausweiten kann, greift die 3. US-Armee über die Mosel nach Süden an und überschreitet bei Cochem den Fluss.

Gerda Isfort lebte als Zwanzigjährige in Gelsenkirchen, als der Krieg zu Ende ging. Zwölf Tage nachdem sie am 14. März den letzten der hier wiedergegebenen Briefe an ihren Verlobten geschrieben hatte, floh sie mit ihrer Mutter nach Horstmar, einem Dorf im Münsterland. Mit ihren zwei Koffern auf einem Kinderwagen kamen sie dort zu Fuß am 27. März an.

3. März 45: Die Front im Westen rückt immer näher. Wir haben uns aber fest entschlossen, wenn es eben möglich ist, hier zu bleiben.

4. März 45: Unsere ganze Stadt ist aufgeregt bei dem Gedanken, dass der Engländer auch bald hier sein könnte. Doch alle sind sich einig, nicht flüchten zu gehen, sondern im Keller auszuharren, bis alles vorüber ist. Hier haben wir wenigstens noch Kartoffeln, auf der Landstraße aber würden wir am Weg verhungern. Ich bin jetzt ganz ruhig, wenn ich an die kommenden Wochen denke. Die Luft ist genauso mit Spannung geladen wie manchmal an einem schwülen Sommertag. Drückend legt sie sich auf Mensch und Tier. Jedes Lebewesen hält den Atem an. Alles zittert vor dem ersten Donnerschlag,

und doch sehnt ihn jeder herbei, damit dieser furchtbaren, unheimlichen Stille ein Ende gemacht wird. Und wenn das Unwetter noch so tobt – man weiß, bald hat es sich entladen, ist der Höhepunkt erreicht. Wenn das Unwetter auch die Felder verwüstet, die Bäume geknickt hat, wenn Häuser in Flammen aufgegangen sind – es wird wieder aufgebaut, wenn wieder Ruhe herrscht, langsam, mühselig, doch es wird!

Wir zwei sind jung, wir haben Hände, um zu arbeiten, und wir werden sie auch dazu gebrauchen. Und wenn ich jeden Stein einzeln zusammensuchen und aufschichten müsste, um uns ein Heim zu schaffen. Nur Ruhe und Frieden müssten wir haben!

6. März 45: Gestern hat hier wieder ein Bombenangriff stattgefunden. Wieder ist unser Stadtviertel, vor allem Schalke, mit Minen und Sprengbomben überschüttet worden. Drei Bomben fielen auf den Bunker; ich dachte, er platzt auseinander. Das Haus, in dem wir eine Behelfswohnung gefunden haben, steht eisern. Ein ein Quadratmeter großer Block ist jetzt aus der Wand gefallen. Es sieht ulkig aus, wie ein großes Fenster. Wir können unseren Nachbarn jetzt durch die Öffnung schön »Guten Morgen« sagen.

14. März 45: Heute hatten wir von morgens 10.30 bis 18.30 Uhr Alarm. Nun haben wir eine Stunde Ruhe, und dann geht's wohl wieder in den Bunker. Du weißt ja selbst, was hier im Ruhrgebiet, überhaupt in Deutschland, vor sich geht. Es ist entsetzlich! Man sieht nur zerstörte Wohnstätten, hungrige Menschen, hört nur Elend, Not und Leid, viel Leid. Man geht vorüber, selbst müde abgestumpft. – Trotzdem das Leben jetzt fast unerträglich geworden ist, wehre ich mich ganz kräftig gegen Mutlosigkeit und Verzweiflung. Mit allen Fasern meines Herzens hoffe ich auf eine bessere Zukunft.

Donnerstag, 15. März – Schach dem Hunger

Die Wehrmacht bricht ihre Offensive gegen die 3. Ukrainische Front der Roten Armee in Ungarn ab. • Während in der Nacht 80 britische »Moskito«-Flugzeuge Bomben auf Berlin werfen, greifen andere Verbände Hamburg, Zweibrücken, Wiesbaden und die Leuna-Werke an. • Bei Remagen dringen die Amerikaner vor. Der Drachenfels geht verloren. • Reichsminister Rosenberg empfängt den Vertreter der »Nationalen Ukrainischen Organisationen«, General Schandruck, zum Gespräch über »die Einordnung aller nationalen Kräfte des ukrainischen Volkes in die große Front des antibolschewistischen Kampfes«.

»Da ich 1969 geboren wurde, kann ich leider nicht Selbsterlebtes berichten«, schreibt Christian Fröhner. Stattdessen übermittelte er das, was ihm sein Großvater Hans (1910 bis 1994) früher erzählt hat. Das Schachbrett, um das es geht, besitzt der Enkel noch heute.

In den ersten Kriegsjahren arbeitete mein Großvater als Konstrukteur bei der MAN in Nürnberg. Erst 1944 wurde er Soldat. Nach einigen Einsätzen bei schweren Luftangriffen in Augsburg und Nürnberg wurde seine Einheit an die Westfront geschickt. Am 15. März 1945 geriet mein Großvater dort an einem schönen Vorfrühlingstag in Rheinnähe in amerikanische Gefangenschaft. Nach verschiedenen Stationen in Frankreich, die nicht immer angenehm waren, kam er in ein großes Gefangenenlager nach Marseille.

Die deutschen Soldaten wurden von den Amerikanern gut behandelt, Verpflegung war genügend vorhanden, wenn es natürlich situationsbedingt oft einseitige Kost war. So gab es tagelang Erbsen, dann wieder Schokolade im Überfluss, später Kakao- und Vanillebohnen, die manche noch nie gesehen hatten, und ab und zu auch Kaffee. Nach Tagen und Wochen unendlicher Langeweile gab es dann für die Gefangenen Möglichkeiten, sich handwerklich zu betätigen. So reparierte ein Schuster Schuhe, Schneider besserten Uniformen und Zivilsachen aus, Maurer und Zimmerer bauten Unterkünfte. Mein Großvater als gelernter Stellmacher stellte Holzspielzeug her, das natürlich von den Amerikanern gern als Souvenir über den großen Teich geschickt wurde. Nach Kriegsende durften die Gefangenen auch Sendungen in die Heimat schicken, erst Briefe und dann auch Pakete mit selbst produzierten Andenken.

Bei schwerer Strafe war es verboten, Lebensmittel zu senden. Was nun aber machen, wenn man wusste, dass in Deutschland gehungert wurde? Mein Großvater stellte Spielsachen mit doppeltem Boden und geheimen Verstecken her. Diese waren nun nicht besonders ästhetisch, denn sie mussten viel Platz bieten.

So entstanden massive Buchstützen, gefüllt mit Kakao und Vanillezucker, eine Holzeisenbahn mit Zucker und Kaffee in den Güterwagen, voluminöse Kinderkreisel mit Tabak und ein Schachbrett mit doppeltem Boden. Einige bange Momente gab es zu überstehen, als ein amerikanischer Offizier großen Gefallen an der Spielzeugeisenbahn fand. Er probierte sie begeistert aus, und es bestand enorme Gefahr, dass die Wagen ihre versteckte Ladung preisgaben. Der Zug sollte unbedingt über den Atlantik nach Illinois geschickt werden. Erst das Versprechen, einen noch viel größeren und schöneren Zug zu bekommen, konnte den Offizier zufrieden stellen.

Alle Erzeugnisse sind leider im Lauf der Jahre verloren gegangen, gingen beim Öffnen kaputt oder verschwanden schon auf dem Postweg. Nur das Schachbrett ist bis heute erhalten geblieben. In seinem Boden waren Kakao, Zucker und Rosinen versteckt, was meine Großmutter mit zwei kleinen Kindern in der Nachkriegszeit sehr gut gebrauchen konnte.

Auf diesem Schachbrett lernte ich 1978 von meinem Großvater das königliche Spiel. Heute ist es für mich neben der persönlichen Erinnerung auch ein wertvolles Andenken an die Kriegszeit und zugleich ein Symbol für die Ideen, den Optimismus und den Lebenswillen der Menschen in Deutschland nach 1945.

Für meinen Großvater war der 15. März 1945 ein Wendepunkt in seinem Leben, er verlor Heimat, Wohnung, Anstellung und konnte seine Familie fast drei Jahre nicht mehr sehen. Trotzdem gelang es ihm, in der Nachkriegszeit wieder Fuß zu fassen, ein Haus zu bauen, eine glückliche Familie zu haben und eine eigene Firma aufzubauen.

Das Schachbrett erinnert mich immer an ihn und seine interessanten, lustigen und optimistischen Geschichten.

Freitag, 16. März – Das Geschenk

In Sofia werden sieben Generäle und 21 höhere Offiziere als Kriegsverbrecher zum Tode verurteilt. • In der Nacht zum 16. März greifen britische Bomberverbände Hagen und den Raum Hannover an. • Amerikanische Bomber richten am Tage einen weiteren Angriff gegen Wien. • In Ungarn treten die 2. und die 3. sowjetische »Ukrainische Front« zum Großangriff gegen die 6. SS-Panzer-Armee im Raum von Stuhlweißenburg an. • In Oberschlesien erzielen die beiden sowjetischen Angriffsgruppen bei Grottkau und bei Ratibor tiefe Einbrüche in die deutsche Front.

Renate Zachos, damals vier Jahre alt, hat vor allem den Moment nicht vergessen, als sie mitten im Chaos ein leckeres Geschenk bekam.

Ich bin am 25. 5. 1940 in einer Kleinstadt in Nordrhein-Westfalen geboren und dort aufgewachsen. Ich habe noch einige Kriegserinnerungen, zum Beispiel nachts bei Fliegeralarm schnell einen geeigneten Keller aufzusuchen. Anfang März '45 bekamen wir die Aufforderung, uns am 15. 3. morgens am Bahnhof einzufinden, um die Stadt zu verlassen. Wir (Mutter, Oma und ältere Schwester) packten einige Dinge auf das einzige Fahrrad und machten uns auf den Weg. Am Bahnhof warteten schon viele Leute, die nach und nach in die ankommenden Züge stiegen. Die erste Station war Wanne-Eickel im Ruhrgebiet, wo bereits Hunderte warteten, so auch wir. Es war langweilig und ermüdend. Plötzlich kam eine uns völlig fremde Frau und schenkte mir und meiner Schwester einen frischen Berliner. Wir waren mehr als überrascht und genossen ihn hingebungsvoll – die lange Wartezeit war vergessen. Noch heute, wenn ich einen Berliner sehe, kommt die Erinnerung an diesen Moment zurück.

Irgendwann bestiegen wir wieder einen Zug und fuhren in die Nähe von Minden. Die Nacht verbrachten wir in einer Schule auf Strohsäcken, die auf dem Boden lagen. Am nächsten Tag wurden wir auf umliegenden Bauernhöfen einquartiert. Am 22. 3. wurde unsere Innenstadt zu 80 Prozent durch Fliegerangriffe zerstört.

Samstag, 17. März – »Ich war kein solcher Held«

Nach einem Bericht der britischen Nachrichtenagentur Reuters laufen in Frankreich zur Zeit Verfahren gegen rund 60000 Personen wegen Kollaboration mit den deutschen Besatzungsbehörden. • Am Mittelrhein dringen amerikanische Verbände nach Einnahme von Königswinter aus ihrem Brückenkopf bei Remagen weiter vor. • Bei den Parlamentswahlen in Finnland müssen die bisher führenden Sozialdemokraten empfindliche Verluste hinnehmen. Sie verfügen nur noch über 50 der insgesamt 200 Sitze im Reichstag; die linksorientierte »Demokratische Volksliga« erringt 49 Sitze.

Ernst Bunzenthal, Jahrgang 1916, befehligte einen deutschen »Halbzug« mit acht Soldaten. Sein Bericht beginnt im November 1944 und endet Mitte 1945 mit der Freilassung aus der Kriegsgefangenschaft bei Amerikanern und Franzosen in Frankreich. Ernst Bunzenthal ist im Jahr 2004 gestorben und hat die Aufzeichnungen hinterlassen, die sein Sohn übermittelte.

... So zogen wir nach Frankreich, wo wir uns in der Nähe von Nancy einschanzten und eine Auffangstellung ausbauten. Ich hatte zur Sicherung der Kompanie zwei Kilometer weiter in einem alten Bunker aus dem 1. Weltkrieg Stellung bezogen. ... So warteten wir zwei Tage, jeweils bei Nacht kam ein Melder der Kompanie, der uns neben Durchhalteparolen die dürftige Verpflegung brachte. Dann in der dritten Nacht warteten wir vergeblich auf unseren Melder, und bald konnten wir feststellen, dass wir von der Kompanie abgeschnitten waren. Der Ami hatte uns regelrecht ignoriert und war links und rechts an uns vorbeigestoßen. ... Wir litten Hunger! Dann kam Besuch: Ein Unteroffizier unserer Kompanie war mit noch zwei Mann mit dem Auftrag zu uns durchgebrochen, uns den Befehl zu übergeben, wir hätten uns sofort zur Kompanie durchzuschlagen. ... Mit Dunkelwerden war er mit noch zwei Mann zu uns aufgebrochen, wohl wissend, dass bei Nacht beim Ami nicht viel lief, und doch gerieten sie unter Beschuss, wobei der eine verwundet wurde und zurückbleiben musste. Den Zweiten hatte er vorgeschickt, um das Gelände zu erkunden, wobei er es vorzog, nicht zurückzukehren. Ich kannte beide und wusste, dass sie den Krieg überstanden hatten ...

Bei mir lag jetzt die ganze Verantwortung. Wenn der Durchbruch glückte und ich sollte überleben bei allen Verlusten, mit denen ich rechnen musste, würde ich selber das vollziehen, was ich so verachtenswert fand: Ich würde einen Orden bekommen, den einige von uns mit dem Leben bezahlt hätten. Doch Befehlsverweigerung hieß der sichere Strick, sollte es bei einer Gegenoffensive gelingen, meiner habhaft zu werden. Mein Versuch, dem Unteroffizier die Verantwortung zu übertragen, scheiterte, doch machte er mir die Entscheidung leichter, indem er selbst zur schnellen Aufgabe riet. Ich ließ trotzdem abstimmen, doch nur drei waren für den Durchbruch. Ich habe es ihnen freigestellt, doch dann haben sie sich uns angeschlossen. … Vielleicht habe ich sogar die einmalige Gelegenheit verpasst, in die Geschichte einzugehen. … Da hätten wir bis zur letzten Patrone den bösen Feind umbringen und dann, sterbend noch ein paar heroische Worte stammelnd, untergehen müssen. Es sollte nicht sein, ich war kein solcher Held und bin lieber in Gefangenschaft gegangen …

Ich hatte ein gutes Verhältnis zu unserem Dolmetscher, dessen Mutter eine Deutsche war. Er war für uns die einzige Verbindung zur amerikanischen Leitung. In vielen Gesprächen haben wir das Absurde dieses Krieges dargelegt. … Ich habe es erlebt, dass eine Inspektion angesagt war, die zu überprüfen hatte, dass auch dem Wohlleben der Soldaten Genüge getan wurde. Da hatten alle alten Lagerbestände an alten Konserven zu verschwinden. So hatten wir eine Grube zu graben, und all die guten Fleisch- und Ham & Eggs- und Butterdosen wurden von uns aufgeschlagen und in die Grube geworfen, mit Benzin übergossen und angezündet. Man hätte heulen können, wenn man an den vielen Hunger um uns herum dachte …

Der Krieg ging nun seinem Ende zu. … Im Lager waren Zeitungen im Umlauf, welche von schrecklichen Gräueltaten der Russen in Ostpreußen berichteten. … Man musste also annehmen, dass bewusst Stimmung gegen ihre bisherigen Kampfgenossen gemacht werden sollte. Wir fragten uns: Will man vielleicht gleich weiter in Richtung Osten marschieren und dafür unsere reiche Russlanderfahrung gewinnen? Es gab viele bei uns, die sich hätten lieber anwerben lassen, um noch mal nach Russland zu gehen, als irgendwo nach dem Krieg in den von uns zerstörten Ländern als Arbeitssklaven zu verkommen. Doch Gott sei Dank, es waren alles Parolen, denn es kam ganz anders …

Es sollte nicht lange dauern und ich war bei den vielen, die plötzlich verladen wurden. … Wir kamen nach Atachi, ein französisches Auffanglager, wie ich es primitiver nie erlebt habe. … Wir wurden hier grob gesiebt und gruppenweise abtransportiert. Es hieß, dass dieselben im Bergbau und in der Landwirtschaft gebraucht würden, einige waren sogar dabei, die sich für die Fremdenlegion hatten anwerben lassen. Wir anderen kamen wenige Tage später in das Stadtlager Metz. … Es gab am Tag für vier Mann einen Laib Kommissbrot, der mit einem besonderen Ritual aufgeteilt wurde. Man hatte mit einem Stock eine Art Schaukel angefertigt, an deren Ende kleine Holzspieße herunterhingen, mit denen man dann die Brotration aufspießte und auspendeln ließ. Da wurde dann noch lange herumgeschnitten, da etwas fort- und dort etwas dazugetan, und all dies wurde von hungrigen Augen überwacht. Unser Mittagessen war sehr einseitig, meistens waren es die verschiedensten Rübensorten von der Zucker- bis zur Runkelrübe …

Wir hatten Mitte März, im Lager war der Boden vom Regen und den vielen, im engen Raum sich bewegenden Menschen zu einer breiigen Masse geworden. Um den Ort zu erreichen, der als Toilette diente, musste man bis ans äußerste Ende des Lagers laufen. Hier war eine zwei Meter tiefe Grube ausgehoben, die in Sitzhöhe mit langen, kräftigen Stangen umgeben war, über die wir unser Hinterteil hängen konnten. Wehe, wer hier die Balance verloren hätte, er wäre ohne fremde Hilfe nicht mehr herausgekommen und in unserer Scheiße, vermischt mit Chlorkalk, erstickt. … Durch den Abzug der Amerikaner, die den größten Teil ihrer Kriegsgefangenen an die Franzosen abgetreten hatten, waren die Lager überfüllt. Man begann daher, alle Kranken und solche, die Prothesen, Zahnersatz und Einlagen brauchten, zu entlassen. Bei der

Untersuchung stellte man … einen starken Spreizfuß bei mir fest. … Ich hätte also Einlagen gebraucht und wurde so mit einigen hundert Glücklichen in ein Entlassungslager in die Nähe von Bad Kreuznach gebracht. …

Dann endlich kam der Tag, an dem man mich in ein Leben entließ, von dem ich noch nicht wusste, wie es weitergehen sollte. Wie ich so dastand mit meinem provisorischen Entlassungsschein …, einer Fahrkarte nach Wildberg im Schwarzwald, der Heimat meiner Frau, und meiner kleinen, in Packpapier gefassten Habe, habe ich erst mal das Gefühl der Freiheit genossen. Nach siebeneinhalb Jahren durfte ich jetzt das erste Mal selber entscheiden, was zu tun sei.

Sonntag, 18. März – Ohnmacht

Der Reichsminister für Rüstung und Kriegsproduktion, Albert Speer, kündigt in einem Gutachten den Zusammenbruch der deutschen Wirtschaft innerhalb kürzester Zeit an. • In Kurland beginnen erneut sowjetische Angriffe gegen die dort eingeschlossenen deutschen Truppen. • Japanische Streitkräfte greifen vor den japanischen Inseln Kiushu und Hondo US-amerikanische Schiffe mit »Kamikaze«-Kommandos an. Dabei werden fünf Kriegsschiffe schwer beschädigt. Der erstmalige Einsatz bemannter Raketensprengsätze durch das japanische Militär schlägt jedoch fehl.

Klaus Lohr hat die Erlebnisse seiner Eltern unter anderem aus deren Briefen rekonstruiert. Kritisch setzt er sich mit der fehlenden Aufarbeitung während der Nachkriegsjahre auseinander.

Seit einem halben Jahr hatten meine Eltern in größter Angst umeinander gelebt. Im Herbst '44 war ihr Briefkontakt plötzlich abgerissen. Mein Vater wurde mit seiner Einheit in Nordfrankreich, wo gerade mörderische Abwehrschlachten tobten, von den vorrückenden Alliierten eingeschlossen. Bei einem wagemutigen Erkundungsgang in der Nacht wurde er angeschossen und gefangen genommen. Meine Mutter war ahnungslos. Plötzlich kam jeder Brief von ihr zurück. Die Briefinhalte wurden verzweifelt: »Gib doch bitte eine Antwort! Lebst du überhaupt noch? Bist du gesund? Ach, alles ist egal, wenn du nur wieder lebend nach Hause kommst, du mein Alles! Die Ungewissheit ist schrecklich«, heißt es in einem Brief.

Meine Mutter wurde durch den ebenfalls harten Alltag in Deutschland abgelenkt. Sie musste sich bei einem Gericht in Zweibrücken durch Berge von Akten arbeiten und abends noch bis zur Erschöpfung Schützengräben ausheben. Hier sollte als letztes Bollwerk vor den anrückenden Alliierten der Westwall entstehen. Fast täglich heulten die Sirenen und dröhnten die anfliegenden Bomber. Angst, Aufruhr, aber auch resignierte Ohnmacht.

Dann, im März '45, bekam meine Mutter eines Tages eine in Englisch vorgedruckte Kurzmeldung: Mein Vater lebte und war in englischer Gefangenschaft. In meiner Mutter keimte eine neue Hoffnung auf: Eine vage Zukunft nach dem Krieg. Die heranrückenden Amerikaner und das zusammenbrechende Reich, das sie so unkritisch angebetet hatten, schienen nicht mehr so wichtig. Nur noch durchhalten und auf das Ende und den Mann warten!

Mein Vater erzählte, dass es ihm in englischer Gefangenschaft sehr gut ging. Was muss er nur auch für Ängste um meine Mutter bei der Zerstörung Deutschlands gehabt haben. Etwa zur gleichen Zeit wurde meine Mutter mit ihrem Gericht wegen der vorrückenden Alliierten ins Hinterland evakuiert. Sie hörten schon das Artilleriefeuer der Amerikaner. Eines Nachts war der Himmel über der benachbarten Kleinstadt hell erleuchtet. Alle standen erschüttert draußen und wussten, dass soeben Pirmasens in Schutt, Feuer und Asche versank. In der Ferne war auch über Zweibrücken ein schwacher Schein zu erkennen. Mit einem tiefen Schmerz in der Brust begriff meine Mutter, dass gerade in diesem Moment ihre Heimatstadt und mittendrin ihr Zuhause zerstört wurde.

Einige Tage danach waren die verhassten Amerikaner auch im Dorf. Meine Mutter erzählte bitter: »Auf leisen Sohlen drangen sie ins Gericht und vergewaltigten mich und alle Frauen.« Sogar die alte Leiterin, die sie heute noch schreien höre »Let me go, I'm an old woman«. Wie konnten da meine Eltern die Amerikaner als Befreier empfinden?

Sie waren allerdings auch sehr unkritisch dem Naziregime gegenüber, das ihnen doch ihre, wie sie sagten, »10 besten jungen Jahre« (mit Arbeits-, Wehrdienst und Gefangenschaft) geraubt hatte.

1946 kam mein Vater krank und gezeichnet nach Hause. Dann, so schien es mir manchmal, war nur noch Überleben und später Geld verdienen und Wohlstand anhäufen. Eine Verarbeitung all dieser furchtbaren Geschehnisse fand nie statt. Sie stecken auch indirekt in mir und in allen Deutschen – tief, tief verborgen und fast nie bearbeitet. Konnten wir so etwas aus diesem furchtbaren Krieg lernen außer hohlen Sprüchen und Bekenntnissen?

Montag, 19. März
Die Heimkehr der Gefangenen

Hitler gibt den Befehl, Deutschland in Schutt und Asche zu legen, den so genannten Nero-Befehl; sämtliche Industrie- und Versorgungseinrichtungen im Reichsgebiet sollen bei Heranrücken gegnerischer Kräfte zerstört werden. • Hanau ist in der Nacht Ziel eines schweren Luftangriffs, durch den große Teile der Innenstadt zerstört werden. • In Brüssel unterzeichnen Vertreter Belgiens, der Niederlande, Luxemburgs und Frankreichs einen Vertrag zur gegenseitigen Wirtschaftshilfe. • Die japanische Regierung verfügt für ein Jahr die Schließung sämtlicher Schulen und Hochschulen des Landes.

Yolanda de Nobile war fünf Jahre alt, als sie die Heimkehr französischer Kriegsgefangener erlebte. »Ich höre noch heute die Stille, die dann jeden ergriff«, schreibt sie.

Am 18. Dezember 1939 bin ich in einer französisch-italienischen Mischehe in Jeumont im Norden Frankreichs geboren. 1959 heiratete ich einen Deutschen und lebe seit 1985 in Frankfurt am Main.

Vom Mai 1940 bis 1943 lebten wir als »Evakuierte« in der Gascogne. Dort wirkte mein Vater, der schon längere Zeit Gewerkschafter war, in dem dortigen Résistance-Netz mit.

1943 kamen wir nach Jeumont zurück. Wir wohnten keine 50 Meter weit von der belgischen Grenze entfernt und direkt an der Eisenbahnlinie Paris – Moskau via Brüssel – Köln – Berlin – Warschau.

Eines Morgens, so März/April 1945, waren alle auf den Beinen. Ich werde nie vergessen, wie plötzlich alle riefen, von Haus zu Haus: »Sie kommen, sie kommen.« Die Straße, an der Bahnlinie entlang gelegen, füllte sich mit Polizisten, Krankenschwestern und Soldaten. Unsere Väter waren auch da und nicht auf der Arbeit. Alle redeten aufgeregt, laut, gaben Anweisungen und besorgten alles Mögliche. Die Mütter kochten eimerweise Zichorienkaffee, organisierten Decken, Wäsche, Brote und Stühle. ... Es war laut und lustig für uns Kinder auf der Straße. Wir genossen die bunte Geschäftigkeit nach den dunklen Jahren in Kellern und Chausseegraben. Es gab kein Mittagessen, sie alle hatten keine Zeit dafür, denn wieder mal wurde eine Verspätung angesagt.

Endlich sahen wir den Zug von weitem ankommen. Alle rannten hin, wollten als erste vorne sein, aber als der Zug langsam einfuhr, wurde es still.

Die Türen aller Güterwaggons wurden aufgemacht. Ich höre noch heute die Stille, die dann jeden ergriff. Männer weinten, Krankenschwestern flüsterten, die Mütter bewegten vorsichtig ihre Kaffeekannen. Stille, nur leise Töne jetzt.

Wir Kinder durften endlich hin. Auf Stroh liegend, in Decken gehüllt, sahen wir sie, die Menschen mit grauen Gesichtern in graugestreifter Kleidung, die uns schweigend zulächelten. Sie sagten nichts. Stille. Wir blieben stumm.

Der Zug musste lange stehen, bis alle Grenzformalitäten erledigt waren. Dann fuhr er langsam weiter, nach Paris Gare du Nord, wo ein großer Empfang organisiert wurde. Alle redeten noch wochenlang über dieses Ereignis.

Später verstand ich die, die in der Résistance aktiv waren und ihr Tun als selbstverständlich verstanden.

Die Helden waren für uns diese Überlebenden.

Mittwoch, 21. März – Bomben auf die Schule

Die US-Luftwaffe beendet eine dreitägige Offensive gegen die japanischen Hauptinseln Hondo und Kiushu. • In Rhein-Hessen halten die Deutschen nur noch den Brückenkopf Mainz. Nach Süden hin stoßen die Amerikaner bis Frankenthal vor. • Britische Bomberverbände greifen Bremen und abermals Berlin an. • In Aachen gibt man die Gründung des Freien Deutschen Gewerkschaftsbundes bekannt. • An der Ostfront konzentrieren die Sowjets ihre Angriffe auf Oberschlesien, die Danziger Bucht, Ostpreußen und Kurland, während es an der Oder-Front einstweilen eine Kampfpause gibt.

Birthe Hansen, Jahrgang 1930, war zehn, als Dänemark von Hitlers Truppen überfallen wurde. Ehe die fünf »dunklen Jahre«, wie die Besatzungszeit in Dänemark heißt, vorbei waren, erlebte Kopenhagen am 21. März 1945 den Tag mit den meisten zivilen Opfern. Beim Angriff der britischen Luftwaffe auf das Gestapo-Hauptquartier kamen rund 50 Deutsche und ebenso viele ihrer dänischen Mithelfer ums Leben, dazu acht Gefangene, die die Gestapo in dem Gebäude hielt. Neun britische Piloten wurden getötet. Doch die irrtümliche Bombardierung der französischen Schule kostete 123 Menschen, davon 87 Kinder, das Leben. Birthe Hansens Erinnerung zeichnete Hannes Gamillscheg auf.

Von der ganzen Kriegszeit hat mich der Tag, an dem die französische Schule zerstört wurde, am meisten aufgewühlt, bis heute kann ich nicht darüber sprechen, ohne dass all der Schrecken wieder hochkommt. Ich war damals 15 und hatte gerade eine Stelle bei einem Bäcker bekommen. Das war ein großes Glück, weil wir immer zu wenig zu essen hatten, obwohl meine Eltern beide in einer Fabrik arbeiteten. Beim Bäcker konnte ich abends altes Brot mitnehmen. Aber ich hatte viel Angst. Einmal war die Gestapo gekommen und hatte den Laden durchsucht. Der Bäcker und seine Frau mussten sich an die Wand stellen, und ich wusste, dass es in einem Schrank eine Geheimtür gab. Aber sie fanden nichts.

Oft schon hatte es Luftalarm gegeben, ohne dass etwas passierte. Jetzt hörte ich Flugzeuge tief über Kopenhagen fliegen, dann das laute Krachen von Explosionen, und wenig später sah ich Rauch hochsteigen. Ich wusste, dass es irgendwo brannte, aber ich wusste nicht, wo. Doch bald kamen Menschen gelaufen mit Kindern im Arm, die schwer verletzt waren oder tot. Dann Fahrräder mit blutenden Kindern drauf, es gab damals Botenräder mit großer Ladefläche, dort lagen die zerfetzten Körper.

Später erfuhr ich, was geschehen war. Der Angriff der britischen Flieger galt dem Shell-Haus, in dem damals die Gestapo saß. Sie hatte dort ihre Archive über die Widerstandskämpfer, und deshalb hatte die Widerstandsbewegung London gebeten, das Haus anzugreifen und zu zerstören.

Das hörten wir natürlich erst nach dem Krieg. Der Angriff kam von drei Staffeln. Die erste erreichte ihr Ziel, und warf ihre Bomben ab, und das Gestapo-Hauptquartier brannte aus. Doch eines der Flugzeuge streifte beim Anflug einen Mast und stürzte ab. Die nachfolgenden Staffeln sahen den Rauch der brennenden Maschine, glaubten, dort sei ihr Ziel, und warfen ihre Bomben ab. Aber es war nicht das Shell-Haus, das sie trafen, es war die französische Schule.

Als der Luftalarm ertönte, waren die Mädchen ganz ruhig in den Keller gegangen. Doch dann fielen die Bomben. Decken und Mauern stürzten ein, und viele Kinder und Lehrer wurden eingesperrt. Aus den zerstörten Wasserleitungen der brennenden Etagen strömte kochend heißes Wasser in den Keller, so dass die Kinder ertranken oder verbrüht wurden. Man erzählte, dass eine Nonne unter einem Balken festgeklemmt lag und versuchte, die Kinder ins Freie zu dirigieren. Mehr als 100 Schülerinnen und Lehrer starben, nochmals so viele wurden verletzt. Und ich stand am Fenster des Bäckerladens und sah, wie die Opfer weggebracht wurden, und ich schrie und schrie und konnte gar nicht mehr aufhören. Bis ein Mann kam, ich weiß nicht, wer, und mir eine Ohrfeige verpasste. Da kam ich wieder zu mir, und ich lief weg aus dem Laden, weil ich nur heim wollte, um zu sehen, dass meiner Familie nichts passiert war. Und Gott sei Dank: Unser Haus war unversehrt.

Donnerstag, 22. März – Der Hitlerkopf

Die Demokratische Volksfront in Finnland kündigt an, den gesamten Staatsapparat systematisch von Faschisten befreien zu wollen. • Bei Oppenheim setzt die 3. US-Armee über den

Rhein und stößt nach Osten auf Frankfurt am Main und Darmstadt vor. • Die deutsche 9. Armee versucht vergeblich, die sowjetischen Oder-Brückenköpfe bei Küstrin zu zerschlagen. Die letzten verbliebenen deutschen Brückenköpfe an der Drau in Ungarn werden geräumt. • Als Oberbefehlshaber der Heeresgruppe Weichsel wird Reichsführer SS Heinrich Himmler von Generaloberst Gotthard Heinrici abgelöst.

Monika Buch erzählt, wie sie als Fünfjährige den Einmarsch der US-Amerikaner in Kaiserslautern erlebte – und die eilige Vernichtung nationalsozialistischer Kennzeichen.

Panzer rollen durch die Straße vor unserem Haus. Sie rasseln und quietschen. Das Haus zittert. Soldaten laufen vorbei. »Das sind Amis«, sagt meine Mutter.

Wir haben die Fensterläden geschlossen und schauen vorsichtig durch die Schlitze. Ich bin fünf Jahre alt. Ich habe Angst. Ich hatte schon oft Angst: vor dem Dröhnen der Flieger, dem Dunkel im Bunker, vor dem riesigen Feuer der brennenden Nachbarhäuser. Jetzt habe ich Angst vor den fremden Männern.

Jemand schlägt an unsere Tür. Meine Mutter nimmt den bronzenen Hitlerkopf vom Schrank und wirft ihn in den Küchenherd. Meine Oma öffnet. Mehrere Soldaten stürmen herein, rufen, schreien. Wir verstehen sie nicht. Sie sind sehr groß. Ich habe noch nie zuvor Neger gesehen. Sie durchsuchen alle Zimmer, wühlen in den Kleiderschränken und finden die Uniformjacke meines Vaters. »Hitler«, schreit einer. »Volkssturm«, sagt meine Mutter. Ihre Stimme klingt irgendwie beschwichtigend. Was soll das heißen?

Im Feuer des Küchenherds schmilzt »Hitler« und tropft durch den Rost in den Aschekasten. Die Soldaten nehmen die Uniformjacke mit. Sie legen sie mit ausgebreiteten Ärmeln vor das Haus. Jeder muss sie sehen. Im Vorbeifahren werden

Geschützrohre auf das Haus gerichtet. Viele Wochen liegt die graue Jacke an der Straßenecke. Wir gehen in großem Bogen vorbei.

Irgendwann leert eine Nachbarin den Aschekasten auf der Jacke aus. Andere tun es ihr gleich. Trümmerreste folgen. Zunächst schauen noch die Ärmel heraus. Schließlich ist alles von einem kleinen Asche- und Steinhügel bedeckt; ein Trümmerhaufen wie viele auf der Straße.

Ich bin erleichtert. Ich hatte auch vor der Jacke Angst.

Freitag, 23. März – Der unbelehrbare Leutnant

Hitler genehmigt die Ausgabe von Handfeuerwaffen und Panzerfäusten an Frauen. • In Belgrad unterzeichnen der stellvertretende Generaldirektor der UNRRA, Roy F. Hendrikson, und der jugoslawische Handelsminister Nikola Petrović einen Vertrag über Hilfslieferungen an Jugoslawien zum Wiederaufbau des Landes; die UNRRA (United Nations Relief and Rehabiliation Administration) hatten 44 Nationen im November 1944 als Wiederaufbau-Organisation für das befreite Europa gegründet. • Die Zahl der Wehrmachtshelferinnen steigt auf nunmehr 500000.

Änne Lochmann erlebte im hessischen Wallerstädten einen Angriff, der ihren Vater das Leben kostete. Sie beschreibt auch, wie ein Leutnant verhinderte, dass das Dorf sich den Amerikanern ergab.

Am 23. März werde ich ganz besonders an die Schrecken des Krieges erinnert. Ich war elf Jahre alt und lebte mit meinen Eltern und meinem achtjährigen Bruder und einer bei uns wohnenden und arbeitenden polnischen Kriegsgefangenen (der »Polenmarie«) in Wallerstädten, einer Gemeinde in der

Nähe der Kreisstadt Groß-Gerau. Die amerikanischen Truppen waren schon bei Oppenheim über den Rhein bis nach Geinsheim, einem Dorf in unserer unmittelbaren Nachbarschaft, vorgerückt. Seit dem frühen Morgen flogen sie Jagdbomberangriffe auf Wallerstädten. Wir waren in unserem Haus, mein Vater war auf dem Weg, zwei deutsche Soldaten, die desertiert waren und bei uns übernachtet hatten, zu wecken und zu warnen.

Gegen 7 Uhr in der Früh schlug eine Luftmine ein: Hinter dem Hoftor stand mein Vater, Philipp Ruckelshausen, und wurde von der Luftmine getötet – er war gerade 47 Jahre alt. Einem Soldaten wurde von einem Bombensplitter der Kopf abgerissen. Ich war glücklicherweise mit meiner Mutter Elisabeth, meinem Bruder Heinz, der »Polenmarie« und zwei Nachbarinnen im Keller des zusammengestürzten Hauses. Wir waren fast fünf Stunden verschüttet, und es war schrecklich – ich hatte Angst und betete, dass wir gerettet werden und mein Vater noch leben sollte. Und vor allem, dass dieser Krieg endlich, endlich zu Ende gehen sollte. Gegen 12 Uhr Mittag konnten uns mein Großvater und mein Onkel endlich rausholen. Mein Wunsch nach dem Ende des Krieges ging nicht in Erfüllung – die amerikanischen Truppen rückten näher, aber auch deutsche Soldaten gingen in Stellung.

Unter dem Eindruck der Bomben wollten einige Bürger dem Blutvergießen ein Ende machen. Am frühen Nachmittag holten Ludwig Kani und Peter Schadt von Peter Lang ein Betttuch und hissten es auf dem Kirchturm – und die Amerikaner stellten sofort das Feuer ein. Die um die Kirche versammelten Bürgerinnen und Bürger waren froh. Vor allem, weil die in Wallerstädten stationierten Soldaten, allen voran ihr Major, keine Anstalten machten, die Fahne herunterzuholen.

Allerdings ordnete am frühen Abend ein Leutnant Kaminzky der im nahen Wald stationierten deutschen Soldaten an, dass die weiße Fahne zu entfernen sei. Kaum war das Betttuch abgehängt worden, setzten die Amerikaner die Bombardierung fort. Die Bomben, der Tod meines Vaters und die mutigen Männer waren noch lange Gesprächsthema – aber bis weit in die 60er Jahre gab es viele, die immer noch den »heldenhaften Kampf der Deutschen lobten« und sogar den Leutnant, der »als einziger versuchte, den Feind aufzuhalten«. (Noch 1961 schrieb die Groß-Gerauer Heimat-Zeitung: »Nur der Leutnant Kaminzky, der noch bis an das MG vordringen konnte, versuchte als einziger durch MG-Feuer den Feind aufzuhalten.«)

Aber der 23. März ist auch der Geburtstag meiner Schwiegertochter, und dies löst ganz ambivalente Gefühle bei mir aus. Natürlich freue ich mich und feiere am liebsten im Kreise meiner ganzen Familie. Und ich bin froh und erleichtert, dass mein Sohn und meine Schwiegertochter sich »frei gewählt« haben: Denn als mein Onkel Heinrich, der Bruder meines umgekommenen Vaters, aus der Kriegsgefangenschaft kam, löste er seine Verlobung und heiratete seine Schwägerin, meine Mutter. Als Versorger und Ernährer der Familie und aus einem Pflichtgefühl heraus. Daran denke ich, wenn ich sehe und mich darüber freue, dass heute Ehen geschlossen und Beziehungen eingegangen werden, die sich auf Liebe und Zuneigung gründen können.

So habe ich an diesem Tage viele Gründe zu trauern, zu feiern und zu hoffen. Vor allem, dass in Deutschland seit 1945 kein Krieg mehr ist und meinen Kindern und Enkelkindern Krieg und Nationalsozialismus erspart bleiben – und auch in der übrigen Welt die Kriege aufhören.

Samstag, 24. März – Der amerikanische Freund

In Tokio gibt der japanische Vize-Kriegsminister, General Yoshida Shibajama, die Aufstellung eines »Volkssturms« zur Abwehr einer bevorstehenden Invasion des japanischen Mutterlandes durch US-Truppen bekannt. • Die Auflösung sämtlicher faschistischer Organisationen ordnet die Regierung in Ungarn an. • Im Westen beginnt die letzte Großoffensive im Kampf um das Reichsgebiet. Beiderseits Wesel überschreitet die 21. britische Heeresgruppe den Rhein, während die 17. amerikanische und die 6. britische Luftlande-Division eine großangelegte Luftlandung nördlich der Lippe unternehmen.

Michael Hunzinger, Pfarrer im Ruhestand, erinnert sich an den Einmarsch der US-Truppen in Wiesbaden. Er erzählt, wie die Begegnung mit einem Besatzungssoldaten die Lage der Familie erleichterte.

Unsere Familie stammt aus Hamburg. Dort bin ich im Jahr 1932 geboren und aufgewachsen. Im Mai 1941 wurden wir in Hamburg ausgebombt. Da meine Mutter einen Teil ihrer Kindheit und Jugend in Wiesbaden verbracht hatte und es noch Beziehungen dorthin gab, zogen wir noch im gleichen Jahr 1941 nach Wiesbaden um und wohnten zunächst bei unseren Bekannten. Als »kinderreiche Mutter« – wir waren damals drei Geschwister – bekam meine Mutter noch im gleichen Jahr eine Wohnung in der Niederwaldstraße 8 zugewiesen, in die wir mit den uns erhaltenen Möbeln einziehen konnten.

Im Luftschutzkeller dieses Hauses erlebten wir den Luftangriff auf Wiesbaden am 2. Februar 1945. Als wir nach der Entwarnung wieder in unsere Wohnung im 2. Stock zurückkehrten, waren alle Fenster mit geschlossenen Fensterläden nach innen gedrückt, so dass die kalte Nachtluft ungehindert in die Wohnung gelangen konnte. Meine Mutter entschloss sich deshalb noch in derselben Nacht, zu unseren Bekannten in der Adelheidstraße 105 zu gehen. Dort war, wie wir erleichtert feststellten, nichts passiert. Bis zum Kriegsende blieben wir im Haus unserer Bekannten und bewohnten eine Wohnung, deren Besitzerin aufs Land geflohen war. Auch das war damals durchaus möglich!

In der Adelheidstraße erlebten wir dann auch den Einmarsch der Amerikaner in Wiesbaden Ende März 1945. Sie kamen mit Panzern den Ring hinauf. Als es in der Nähe unseres Hauses zu einer kurzen Schießerei kam, ging eine ältere Engländerin, die im selben Haus wie wir im Parterre wohnte, unerschrocken auf die Amerikaner zu, sprach sie in bestem Oxford-Englisch an und erkundigte sich, ob wir in den Luftschutzkeller gehen sollten. Die Amerikaner waren darüber so verblüfft, dass sie unser Haus verschonten, während sie in der Nachbarschaft viele Familien aus ihren Wohnungen vertrieben, um sich dort selbst einzuquartieren. Wahrscheinlich verdanken wir der Engländerin in unserem Haus, dass wir nicht vertrieben wurden.

Eines Tages kurz nach Kriegsende stand plötzlich ein amerikanischer Soldat vor unserer Haustür. Mittlerweile waren wir wieder in das Haus in der Niederwaldstraße 8 zurückgekehrt. Natürlich bekamen wir einen gehörigen Schreck! Mein Vater, der bereits aus dem Krieg zurückgekehrt war, erkannte in ihm einen ehemaligen Konfirmanden aus Hamburg. Helmut Sanders – so hieß er – war christianisierter Jude und mit seiner Familie zu Beginn des 2. Weltkriegs in die USA ausgewandert. Nach dem Krieg kam er als US-Besatzungssoldat wieder nach Deutschland und war in Oberursel stationiert. Dort las er in einer Zeitung die Ankündigung eines Kirchenkonzertes in der Bergkirche zu Wiesbaden, in der mein Vater nach dem Krieg als Pfarrer aushilfsweise Dienst tat. Er besuchte dieses Konzert – er war sehr musikalisch und konnte phantastisch Klavier spielen – und stellte dort fest, dass es sich bei jenem Pfarrer Hunzinger um seinen Konfirmator handelte. Er fand unsere Adresse heraus, suchte uns in der Niederwaldstraße auf und blieb uns sehr verbunden, bis er in die USA zurückkehren musste. Und er versorgte uns mit allen Dingen, die es damals für uns nicht gab: Zigaretten für meinen Vater, Seife, Fleischkonserven und vielem anderem mehr.

Dienstag, 27. März – Hitlergruß

Führende Vertreter des polnischen Untergrunds werden nach Moskau verschleppt. • In der Schlacht am Niederrhein stoßen alliierte Fallschirm-Verbände aus dem Raum Bocholt nach Norden vor; die 3. US-Armee besetzt Darmstadt. • Zum letzten Mal setzen die Deutschen V2-Raketen gegen London ein. • Während an den Stadträndern von Danzig und Gotenhafen noch weiterhin schwer gekämpft wird, geht der Abtransport der Flüchtlinge aus Ost- und Westpreußen über See noch immer weiter. • Die letzten japanischen Truppen auf Iwo Jima (Bonin-Inseln) kapitulieren vor den US-Truppen.

Burkhard Heim erlebte als Sechsjähriger den Einmarsch der US-Amerikaner im Westerwald. Und er erfuhr, dass manches, was man ihm beigebracht hatte, schnell nicht mehr galt.

Nachdem ich 1944 eingeschult worden war, galt es als erstes, einen neuen Gruß zu lernen. Nicht »Guten Tag« oder »Guten Morgen« hieß es, wenn die Lehrerin in das Klassenzimmer getreten war, sondern »Heil Hitler!«.

Diesen Gruß korrekt zu lernen fiel uns Erstklässlern zunächst schwer. Stellte die Lehrerin sich vor die Klasse und hob den rechten Arm, hoben wir den linken. Klar: Streckte sie den Arm auf der Fensterseite schräg nach oben, streckten auch wir den Arm auf der Fensterseite schräg nach oben.

Es brauchte viel Geduld und einige Schultage, bis schließlich jeder in der Klasse den »richtigen« Arm zum Gruß erhob. Und nicht nur in der Klasse! Uns war eingeschärft worden, alle Lehrerinnen und Lehrer auch nachmittags, wenn wir sie im Dorf träfen, mit dem Hitlergruß zu grüßen.

In unserer ländlichen Gegend in Marienberg auf dem hohen Westerwald spürten wir wenig von den Kriegswirren und dem Zusammenbruch Deutschlands – wir Kinder schon gar nicht.

Aber im März 1945, am 27. März genau, da waren auf einmal die Amerikaner da. Wir saßen gerade beim Mittagessen, meine Mutter, meine beiden Schwestern und ich, als ein dumpfes Grollen aus Motorengedröhn und einem seltsamen metallischen Gerassel die Luft erfüllte. Wir sprangen auf und liefen an die Straße. Und da sahen wir sie: Lastwagen, Jeeps und Panzer donnerten in einer nicht enden wollenden Kette über die Hauptstraße. Zu unserer Familie hatte sich auch mein Klassenkamerad und Freund Manfred gestellt. Zusammen mit vielen anderen standen wir staunend am Straßenrand: So viele Autos!

Auf einmal sah ich auf der anderen Straßenseite zwei unserer Lehrerinnen stehen, die ebenfalls das beeindruckende Kampfmaterial der Amerikaner bestaunten. Ich stieß Manfred den Ellenbogen in die Seite. Unsere rechten Arme flogen in die Höhe: »Heil Hitler! Fräulein Bartelmann! Fräulein Rüffer! Heil Hitler!« Wir hatten Mühe, uns im Motorenlärm verständlich zu machen.

Manche vorbeifahrenden GIs grinsten, winkten.

»Heil Hitler! Fräulein Rüffer! Fräulein Bartelmann! Heil Hitler!«

Als unsere Lehrerinnen uns endlich wahrgenommen hatten, hatten sie es eilig, sich durch die Fahrzeuge hindurch auf unsere Seite zu schlängeln. Streng verboten sie uns den mühsam erlernten Hitlergruß.

Wir waren verdutzt, dass er auf einmal nicht mehr gelten sollte.

Donnerstag, 29. März – Ende der Demütigungen

Einheiten der 3. US-Armee besetzen Frankfurt am Main, Wiesbaden und Mannheim. • In Frankfurt am Main beschlagnahmen US-Soldaten das Hauptverwaltungsgebäude der IG Farben. • Die deutschen Truppen im Raum Danzig ziehen sich auf die Frische Nehrung zurück. • In Dutchworth in der englischen Grafschaft Kent schlägt das letzte deutsche Raketengeschoß vom Typ V1 ein; insgesamt wurden während des Zweiten Weltkriegs 1050 V1-Raketen gegen Großbritannien abgefeuert. • Sowjetische Truppen haben die Grenze Österreichs erreicht und rücken in das Burgenland vor.

Änne Ortmann, Jahrgang 1922, lebte im hessischen Wächtersbach in einer Familie, die vor Kriegsende Verfolgte versteckte. Mit dem Einmarsch der US-Armee in ihr Dorf endete eine Zeit der »Demütigungen«, die vor allem ihr Vater hatte erleben müssen. Er wurde von den Amerikanern zum kommissarischen Bürgermeister ernannt und musste zunächst für Registrierung und Bestattung der Gefallenen sorgen. »Die 80 Gräber beantworten die Frage, zu welchem Ergebnis die Spiele und die Erziehung der Nazis geführt haben. Man sollte das nicht vergessen«, schreibt Änne Ortmann.

Teils hoffnungsvoll, weil damit der Krieg beendet wäre, teils auch mit Angst verknüpft, weil man ja nicht wusste, wie dieses Ende aussehen würde, erwarteten wir im letzten Drittel des Monats März 1945 den Einzug der Amerikaner. Schon seit Tagen hörte man das dumpfe Rollen ihrer Kettenfahrzeuge auf fernen Straßen, über die sie unweigerlich auch eines Tages zu uns gelangen würden.

Wir, das waren in jenen Tagen in unserem Haus außer mir: meine Eltern, Großmutter, Vaters Schwester, Mutters Schwester aus Frankfurt mit ihrer siebenjährigen Tochter, eine Tante aus Düsseldorf mit ihrem elfjährigen Sohn und außerdem Hella, die 16-jährige Tochter eines Juden und einer Christin. Sie war auf abenteuerliche Weise von ihrer Zwangsarbeitsstelle bei Darmstadt geflohen, um hier bei ihrer Mutter – einer Arbeitskollegin von mir – das Ende des Krieges zu überstehen.

Weil sie bei ihrer Mutter vor einer möglichen Entdeckung nicht sicher war, nahm ich sie mit zu uns. Und dann saß in unserem Strohschuppen noch der Russe Iwan. Er war aus seinem Gefangenenlager im Wald »An der Gartenruhe« geflüchtet. Iwan war in den zurückliegenden Jahren, begleitet von einem Wachmann, öfter in unser Dorf gekommen, um Spielsachen und Körbe, die wohl mit Einverständnis der Wachmannschaft von seinen Mitgefangenen aus Holzabfällen hergestellt wurden, gegen Lebensmittel einzutauschen. Auch wir waren Kunden gewesen.

Am Gründonnerstag, dem 29. März 1945, nachmittags, war es dann so weit. Die ersten Panzer der US-Armee rollten ins Dorf. Kurz zuvor hatte ich noch einige deutsche Soldaten in verschiedene Richtungen in die Dorfmitte laufen sehen. Woher sie kamen, konnte ich mir nicht erklären, denn ich hatte in den Tagen zuvor nur abgerissene und bunt zusammengewürfelte Haufen von älteren Volkssturmmännern und jungen Bürschchen gesehen, die mit ihrer schwersten Waffe, einer einzigen geschulterten Panzerfaust, an unserem Haus vorüberzogen.

Die Tante aus Frankfurt hatte noch geistesgegenwärtig ein weißes Laken aus dem Flurfenster gehängt. Sicherheitshalber liefen wir in den Keller, und nun sahen wir durch dessen Fenster den ersten amerikanischen Panzer vor dem Hof des Nachbarn stehen, das Geschützrohr drohend ausgefahren. Aber es geschah nichts. Wir verließen unseren Keller, und erst am späten Nachmittag erschien ein kleiner Trupp bewaffneter GIs, die vom Keller bis unters Dach alle Räume nach etwa versteckten deutschen Soldaten durchsuchten. Meine kleine Cousine aus Frankfurt erhielt bei dieser Gelegenheit ihren ersten Schokoriegel.

Wir gingen am Abend mit der Überzeugung zu Bett, dass der Krieg und die unselige Naziherrschaft für uns vorüber sei. Wir, insbesondere mein Vater, hatten in den zwölf Jahren manche Demütigung erfahren müssen. Auch Iwan hatte sich ohne unser Zutun rechtzeitig bei seinen »Verbündeten« gemeldet.

Nur unser Nachbar, der alte Johannes Dietz, als der am Abend seine Bettstatt aufsuchen wollte, da fand er darunter einen toten deutschen Soldaten. Wahrscheinlich war er einer von denen, die ich noch kurz vor dem Eintreffen der Amerikaner in die Dorfmitte hatte laufen sehen und der auf seiner Flucht erschossen worden war. Er wurde auf dem Dorffriedhof beerdigt.

Freitag, 30. März – »Vom Sinn des Krieges«

Sowjetische Truppen nehmen Danzig ein. • Während die alliierten Armeen von Westen und Osten immer tiefer in das Reichsgebiet eindringen, hält die alliierte Luftoffensive an. In der Nacht zum 30. März greifen britische Bomber erneut Berlin an. • In Wilhelmshaven sinkt der Leichte Kreuzer »Köln« nach sechs Bombentreffern. • Aus ihrem südlichen Brückenkopf heraus dringt die 3. US-Armee in Heidelberg und Schwetzingen ein. • General Eisenhower ernennt Generalmajor Lucius Clay zum Stellvertreter des Alliierten Oberbefehlshabers für Zivilangelegenheiten in den besetzten deutschen Gebieten.

Elisabeth Spiess erlebte als neunzehnjährige Schülerin der Krankenpflege noch am Karfreitag 1945, dem 30. März, wie ein Pfarrer über den »Sinn des Krieges« predigte.

Der Pfarrer unserer Schwesternschaft war als Soldat in Gardelegen stationiert. Das Krankenhaus »Magdeburg Altstadt« hatte nach dem schwersten Luftangriff am 16. Januar alle Kranken und Verletzten mit Lastautos nach Uchtspringe (nicht weit von Gardelegen entfernt) gebracht. Dort waren

Häuser, in denen früher geistig Behinderte lebten, für unser Krankenhaus schon seit Herbst 1943 genutzt und immer mehr belegt.

Der Pfarrer bot am Karfreitag für uns Schwestern und Schülerinnen am Vormittag Gottesdienst mit Abendmahl an und am Nachmittag einen Vortrag: »Vom Sinn des Krieges«. Dazu kamen dann aber nur noch die Stationsschwestern in den großen Esssaal. Sieben von uns Schülerinnen wohnten im Zimmer hinter dem Saal und hörten durch die schlecht schließende Tür zu – und feixten. Niemand redete ein Wort, aber alle fühlten wir: Das kann mit dem Dritten Reich nicht mehr lange dauern!

Die Amerikaner kamen noch vor dem 8. Mai. Sie belegten eines unserer Notkrankenhäuser mit Elendsgestalten aus dem KZ (es war wohl Buchenwald). Wir erfuhren zum ersten Mal, was dort geschehen war.

Samstag, 31. März – Wie besessen

Der Oberbefehlshaber der alliierten Expeditionsstreitkräfte in Europa, General Eisenhower, befiehlt dem britischen Feldmarschall Montgomery, den Vormarsch seiner Truppen auf Berlin zu stoppen. Die Eroberung der Reichshauptstadt wird damit Einheiten der Roten Armee überlassen. • In Hersfeld dringen amerikanische Panzer ein und weiter bis zur Werra vor. Am Main liefern sich deutsche und alliierte Soldaten zwischen Miltenberg und Wertheim Kämpfe. • Die Regierung in Tokio gibt die Eingliederung Koreas und Formosas in das »japanische Mutterreich« bekannt.

Als Zehnjährige hatte Erika Ullrich »keine Ahnung, wie es sein wird, wenn kein Krieg mehr ist«. Während sie erwartungsfroh den Einmarsch der Amerikaner verfolgte, brach bei ihrer fünf-

zehnjährigen Schwester das von den Nazis geprägte Weltbild zusammen.

Das Kriegsende fiel bei uns in Michelbach, einem kleinen, von viel Wald umgebenen Dörfchen im Hintertaunus, wohin wir aus Frankfurt evakuiert worden waren, auf den 31. März 1945, den Karsamstag.

Seit Tagen hört man ununterbrochenes dumpfes Kollern und Rumpeln von weither über den Wald rollen. Man vermutet, dass in Gräfenwiesbach das Munitionslager gesprengt wird, aber es könnte auch das Rollen der Panzer sein. Nur eins ist gewiss, die Amis kommen! Frankfurt ist schon besetzt. Trotzdem wird frühmorgens das Backhaus hinter der Schule angeschürt, und nun kommen die Bäuerinnen mit ihren riesigen Backblechen und schieben sie ein. Morgen ist Ostern und der Krieg ist aus! Die Mütter und Großmütter wirken erleichtert, ja, beschwichtigt. Am Dorfeingang haben sie große weiße Betttücher aufgehängt, für den Fall, dass sich doch ein Ami-Panzer in unser Dorf verirren könnte.

Plötzlich erschallt großes Geschrei! Das hört sich ja immer noch nach dem verhassten zackigen Gebrüll der SS an! Tatsächlich steht oben an der Straße in einem Geländewagen ein SS-Offizier und verlangt gebieterisch, dass die weißen Tücher entfernt werden. Oben im Wald steht eine Einheit deutscher Soldaten. Die werde die anrückenden Feinde wie einst Hermann die Römer im Teutoburger Wald vernichten. Er werde das ganze Dorf wegen Wehrzersetzung an die Wand stellen lassen. Vor dem hysterischen Gelächter und dem wütenden Fauchen all der Frauen, die ihm zu Leibe rücken, setzt er sich schnell in die andere Richtung ab und lässt im Davonbrausen nur seine emporgereckte Faust noch sehen. Allen ist klar, das war sein vorläufig letzter Auftritt als Mächtiger, im Wald zieht er Zivilkleidung an und versucht unterzutauchen.

Als nun doch amerikanische Fahrzeuge oben am Waldrand gesichtet werden, empfiehlt meine Mutter uns, ihren drei

Töchtern, fünf, zehn und fünfzehn Jahre alt, uns vor die eichene Aussteuertruhe zu setzen, für den Fall, dass geschossen werden sollte. Sie selbst beobachtet das Geschehen vom Fenster aus. Meine sonst so souveräne große Schwester kauert, am ganzen Leib zitternd, neben mir. Sie hat seit Tagen kaum geschlafen noch etwas gegessen. Während wir vor der Truhe hocken, flüstert sie mir immerzu beschwörend ins Ohr: »Hab keine Angst, sei ganz ruhig! Unser Führer lässt uns nicht in Feindeshand fallen. Er hat genug Gas bereitstellen lassen. Er lässt uns nicht in Feindeshand fallen!« Ich selbst habe eigentlich keine Angst! Ich weiß nur, dass jetzt der Krieg aus ist und keine Flugzeuge mehr Bomben werfen und keine Tiefflieger mehr auf uns schießen werden. Dass sich meine Schwester den Tod herbeiwünscht, ist mir überhaupt nicht bewusst. Die gespannte Fröhlichkeit der Frauen, verbunden mit Angst und Unsicherheit, erfüllt mich mit Neugier, denn ich habe keine Ahnung, wie es sein wird, wenn kein Krieg mehr ist. Auch meine kleine Schwester harrt nicht lange vor der Truhe aus. Auch sie ist von der Aufregung der Erwachsenen angesteckt. Als meine Mutter und die Kleine triumphierend den ersten amerikanischen Jeep melden – noch nicht mal einen Panzer hatten sie zur Einnahme unseres Dörfchens abgeordnet – verstummt und erstarrt die Große.

Bald klopft es an der Tür, herein kommt ein dunkelhäutiger Soldat und fragt in undeutlichem Deutsch: »Hier Mann? Hier Soldat? Hier Waffen?« Er inspiziert freundlich grinsend die beiden kleinen Räume unseres Behelfsheims, streichelt die blonden Locken meiner an den Türrahmen gelehnten kleinen Schwester, drückt ihr einen Riegel Cadbury in die Hand und verschwindet mit einem fröhlichen »Bye«.

Kaum ist die Tür geschlossen, schießt Leben in meine große Schwester, sie reißt der Kleinen die Schokolade aus der Hand, wirft sie auf die Erde und trampelt wie besessen schreiend darauf herum. Wenn mir in späteren Jahren das Wort Furie begegnete, so hatte ich sofort dieses Bild meiner

Schwester vor Augen. Alles, was man ihr in der Schule und bei der Hitlerjugend als das richtige Weltbild vermittelt hatte, lag jämmerlich in Trümmern. Die verteufelten Todfeinde lächeln uns freundlich zu und die »grausame« Feindeshand verschenkt Schokolade!

APRIL 1945

Sonntag, 1. April – Der gerettete Geburtstag

Die deutsche Heeresgruppe B unter dem Befehl von Generalfeldmarschall Walter Model wird mit 340000 Mann im Ruhrgebiet von US-amerikanischen Streitkräften eingeschlossen. • Über den Rundfunk meldet sich erstmals eine deutsche Widerstandsbewegung, die sich »Werwolf« nennt und zum Kampf gegen die feindlichen Besatzungsarmeen aufruft. »Werwolf« gibt sich eine eigene Gerichtsbarkeit, um »über die Verräter an unserem Volk« zu entscheiden. • Einheiten der US-amerikanischen Marine-Infanterie landen auf der zu den japanischen Ryukyu-Inseln gehörenden Insel Okinawa.

Hannelore Rahlwes erinnert sich an einen beinahe enttäuschenden Geburtstag, der durch ein besonderes Geschenk gerettet wurde.

Der 1. April 1945 war mein elfter Geburtstag – kein erster Ostertag wie mein Geburtstag 1934 –, dafür wurden auch nicht fröhlich Hakenkreuzfahnen aufgezogen wie bei meiner Geburt. Das alte Haus an der Fulda und auch die Straße davor lagen wie verlassen da. Die Bewohner hielten sich fast ständig im Keller auf – hin und wieder wagte sich eine der Frauen zum Herd, um warmes Essen zu bereiten.

Worauf warteten wir? Würden Flugzeuge auftauchen, für Kassel bestimmt oder – versehentlich, wie wir damals noch glaubten – auch für unsere kleine Stadt? Wo war »die Front«? Wann würden fremde Soldaten bei uns erscheinen, und wie würden sie sein? Eine ständige Spannung lag in der Luft, die auch wir Kinder spürten, obgleich wir uns eigentlich nur wie in einem großen Abenteuer fühlten – »Räuber und Gendarm« war ja unser liebstes Spiel!

Ein bisschen enttäuscht war ich schon, weil mein Geburtstag nicht die gebührende Aufmerksamkeit fand, wie mir vorkam. Da stand plötzlich meine »beste Freundin« in der Tür: Wie mutig, die halbe Straße musste sie zu uns entlanggelaufen sein! Und in der Hand hielt sie ein eigens für mich bemaltes Spanholzdöschen – vermutlich war Camembert darin gewesen, ich könnte es heute noch nachzeichnen mit seinem orangenen Deckel – und drinnen in Stanniol selbst gemachte Schokolade – ein Traum!

Hat je ein Geburtstagskind ein solch wundervolles Geschenk bekommen?

Montag, 2. April – »Have you chocolate?«

Reichsführer SS Himmler gibt den Befehl aus, Bewohner von Häusern mit weißer Fahne sofort zu erschießen. • SS-Obergruppenführer Sepp Dietrich übernimmt die Leitung der Verteidigung der österreichischen Hauptstadt Wien gegen die Rote Armee. • An der adriatischen Küste nimmt die 8. britische Armee nach mehrwöchiger Kampfpause ihre Angriffe gegen die 14. Armee an der Landbrücke am Comacchio-See wieder auf und dringt in die deutschen Linien ein. • 700 Bomber der US-amerikanischen Luftwaffe fliegen einen schweren Angriff auf den Kieler Hafen.

Arno Fielenbach erlebte den Einmarsch alliierter Truppen in Niedersachsen. Damals sprach er seinen ersten englischen Satz – mit Erfolg.

1945 war ich vier Jahre alt, aber ich erinnere mich noch sehr genau an das Kriegsende. Ich war mit meiner Mutter aufs

Land evakuiert und bei einem Bauern im Dorf Rannenberg bei Rehren (Kreis Rinteln, Niedersachsen) einquartiert. Dort fand das Kriegsende mit dem Einmarsch alliierter Truppen statt. Das Datum kenne ich nicht.

Eine endlose Kolonne von Panzern, Lastwagen und Jeeps zog die Landstraße entlang. Und dabei ereignete sich mein großer Auftritt. Er begann mit langem Einüben der Frage: »Have you chocolate?« Ich hatte keine Ahnung, was das bedeutete. Eine Erklärung hätte mir auch nichts genützt, denn kriegsbedingt kannte ich keine Schokolade.

Nach dieser Übungsphase kam der Einsatz. Meine Mutter stellte mich an den Rand der Landstraße, ging in Deckung, und ich krähte lauthals: »Have you chocolate?« Ich rief nur einmal, und schon stellte sich der Erfolg ein. Aus der Luke eines Panzers ragte ein Soldat heraus, griff in seine Jackentasche und warf mir etwas zu. Ich stürzte mich auf das Täfelchen und lief stolz mit dieser Beute meiner Mutter entgegen. Jeden Abend durfte ich dann als Betthupferl ein Kästchen essen.

Mittwoch, 4. April – Der Opportunist

Die französische 1. Armee unter dem Befehl von General Jean de Lattre de Tassigny besetzt auf ihrem Vormarsch in Süddeutschland Karlsruhe. • In der Kampfmoral der NSDAP-Führung treten erhebliche Mängel auf. So vermerkt Goebbels in seinem Tagebuch: »Das Verhalten unserer Gau- und Kreisleiter im Westen hat zu einem starken Vertrauensschwund innerhalb der Bevölkerung geführt.« Die Partei habe daher »im Westen ziemlich ausgespielt«. • Amerikanische Truppen befreien das thüringische Lager Ohrdruf und erfahren dabei etwas über das Ausmaß nationalsozialistischer Todeslager.

Luise Ahlers erlebte als Kind in Kulmbach am Beispiel des Gauleiters, was Opportunismus und »Kriechertum« bedeuten. Sie lebt heute als Medizinerin und Professorin in den USA.

Herr Steinbruch war der Gauleiter des Städtchens Kulmbach, wohin meine Familie nach den Bombenangriffen auf Hamburg 1943 evakuiert war. Er war ein charakterloser Mensch, hatte aber etwas Kumpelhaftes an sich bei all seiner Prinzipientreue gegenüber dem Führer. Mein Vater war im Krieg. Herr Steinbruch wohnte in unserer Nähe. Wir trafen ihn oft. Meine Mutter versuchte aber immer, ihm aus dem Weg zu gehen, auch wenn er sich ihr anbiederte. Es war bekannt, dass ein Bild des Führers prominent hinter seinem Schreibtisch angebracht war.

Er übte seine Pflichten redlich aus, war aber ein Opportunist. Herr Steinbruch hisste die Fahne seines Denkens und Handelns nach dem Wind des politisch Opportunen. Er war also kein passionierter, nur ein angetünchter Nazi. Meiner Mutter war weder das eine noch das andere lieb, sie hasste besonders das Kriechertum. Er war immer schnell bei der Sache, wenn ein Verstoß gegen das Gesetz vorgefallen war. Er kannte sich im Verfahrenskatalog gegen Gesetzesverstoß hervorragend aus. Wobei es ihm durchweg an Verständnis und Herz für die Betroffenen fehlte.

Meine Mutter hatte eine erstaunlich klare politische Ausrichtung. Ihre Äußerungen, getrieben durch Überzeugung und Sinn für den Wert des Menschen, kamen oft an die Grenzen der Klugheit. Herr Steinbruch kannte ihre Haltung genau, aber er wusste sehr wohl von seinen eigenen Schwächen und dass sie ihn durchschaut hatte. Sie war auch nicht gefährlich für ihn. Im Gegenteil: Sie war für ihn eine Gelegenheit ganz anderer Art. So war sie relativ sicher.

Es war wohl April 1945. Die »Katastrophe« kam. Die alte Ordnung fiel rasch in sich zusammen. Die alten Würden und Ämter wurden zur Gefahr. Besonders Nazi-Uniformen und

-Abzeichen verschwanden wie über Nacht. Draußen plünderten schon und schikanierten freigelassene Inhaftierte und »Polacken« bestimmte Häuser.

So geschah es, ich erinnere mich deutlich, dass es bei uns stürmisch anklopfte. Herr Steinbruch trat hastig in unsere Wohnung ein – mit einem Bündel unterm Arm. Er war in Zivil. Er bat meine Mutter inbrünstig, doch bitte seine Naziuniform in ihrem lodernden Herd zu verbrennen. Jetzt, sofort! Meine Mutter: »Nix, nix! Die Uniform wird nicht verbrannt. Sie sind wohl verrückt! Meine Kinder haben nichts anzuziehen, und Sie wollen die herrliche Uniform verbrennen?«

Herr Steinbruch hatte keine andere Wahl. Er überließ meiner Mutter gern seine aus herrlichem Stoff geschneiderte Uniform, obwohl er sie am liebsten verbrannt hätte. Meine Mutter sah sie sich sorgfältig an. Es dauerte gar nicht lange, da war diese Hose für meinen Bruder und jener Rock für mich fertig.

Donnerstag, 5. April
»... ein recht rasches Ende«

Johann Georg Elser, der im Bürgerbräu ein Attentat auf Hitler versucht hatte, wird auf Befehl des Reichskanzlers hingerichtet. • In der slowakischen Stadt Košice bilden Exilpolitiker eine provisorische tschechoslowakische Regierung. • In der Nacht zum 5. April richten sich schwere britische Luftangriffe gegen die Leuna-Werke, Naumburg sowie gegen Hamburg und Berlin. • Einheiten der 3. Ukrainischen Front der Roten Armee unter dem Befehl von Marschall Tolbuchin erreichen die Stadtgrenze von Wien. • Die Deutschen stellen ihre V2-Raketenangriffe auf Ziele in Belgien und Großbritannien ein.

Alexandra Stolze, Jahrgang 1930, lebte seit den Bombenangriffen auf Frankfurt am Main 1943 mit Mutter und Schwester in Karbitz im Sudetenland. Ihr Vater war noch 1944 als Soldat eingezogen worden. Am selben Tag, an dem ihre Mutter den unten zitierten Brief schrieb, schickte auch sie eine Mitteilung an den Vater: »Ich wäre jetzt gern bei Dir und würde mich mal richtig satt essen. Ich hungre jetzt nur. Mutti gegenüber getraue ich mich nicht, meinen Wunsch zu äußern; aber das lässt sich auch ertragen. Es wird ja bald der Krieg aus sein.«

Nach dem ersten Großangriff durch alliierte Bomberverbände am 4./5. Oktober 1943 auf meine Geburts- und Heimatstadt Frankfurt am Main ließ sich meine Mutter mit meiner Schwester (damals zehn Jahre alt) und mir in ihre Geburtsstadt Karbitz/Kreis Aussig/Elbe evakuieren. Meinen 13. Geburtstag erlebte ich zehn Tage nach Ankunft in dieser Kleinstadt am Fuße des Erzgebirges im damaligen NS-Gau Sudetenland. Wir wohnten bei Tante Olga, in einem etwa 16 qm großen Zimmer, in dem sogar ein richtiger kleiner Küchenherd mit Backröhre stand. In der »Deutschen Hauptschule« hatte ich mich bald eingelebt. Aber von Anfang an wollten wir, sobald der Krieg zu Ende war, wieder nach Frankfurt zurück!

Ich selbst sehe mich gemeinsam mit meiner Mutter am kleinen Tisch in unserem winzigen Domizil sitzen. Wir zeichnen mit dem Finger auf der Landkarte sehr genau die Rückzugsmärsche der deutschen Armee und den Vormarsch der alliierten Streitkräfte nach. Und wir überlegen, ob und auf welchen Wegen wir vor der Front in Richtung Nordhessen/Ostheim und nach Frankfurt flüchten könnten oder ob wir uns einfach überrollen lassen sollen. Wir blieben! Denn die Lage auf Deutschlands Straßen und Schienenwegen war ziemlich chaotisch und wurde immer chaotischer.

Aus dem mir vorliegenden letzten Brief vom 5. 4. 1945, den meine Mutter an meinen Vater schrieb, möchte ich zitieren, denn er gibt meines Erachtens die damalige Lage und Stimmung am besten wieder. Es heißt zum Beispiel: »Helga (in Bromskirchen) und die Ostheimer sind nun schon überrannt; und wenn es so weitergeht, dann sind die Amerikaner eher bei uns als die Russen. Ich wünsche von Herzen, es käme so, denn die Letzteren sind mir doch nicht sehr sympathisch. Die Hauptsache wäre ein recht rasches Ende. Durch das schnelle Vordringen ist es vielleicht besser, Du sendest vorläufig nichts mehr (gemeint ist etwas zum Essen), damit es nicht verloren geht. Da ist es schon besser, Du isst alles selber, da hat wenigstens einer etwas (...).

Am besten ist, man macht sich gar keine Gedanken mehr und nimmt jede frohe Stunde wahr, da man nie weiß, ob es die letzte sein wird. Wir gehen in jedes Kinostück. Die Kleinen sind eben in ›Pat und Patachon schlagen sich durch‹, das ich mir morgen Abend mit Bertl ansehen werde.

Zu Ostern hatten wir unsere zwei Karnickel geschlachtet, und so sind wir ganz annehmbar über die Feiertage hinweggekommen. Ab Montag gibt's neue (Lebensmittel-)Karten. Und was in drei Wochen sein wird, wissen wir noch nicht. Vielleicht hat bis dahin alle Not ein Ende, so oder so. Nur wie es jetzt ist, möcht's nicht lange dauern. Dann lieber ein rasches Ende ... Auch von Bertl, Olga und Otti soll ich dich grüßen.«

Dass man auch andernorts Klarschiff machte, geht aus folgender PS-Mitteilung hervor: »Pichlmann (Firmenchef meines Vaters) hat per Einschreiben vorsichtshalber die Papiere mit einem sehr schönen Zeugnis geschickt.«

Freitag, 6. April – In den Tod getrieben

US-amerikanische Luftstreitkräfte versenken vor der Insel Okinawa das japanische Schlachtschiff »Yamato«, das größte Schlachtschiff der Welt. • Partisanen unter dem Befehl von

Marschall Tito besetzen die kroatische Stadt Sarajevo. • Bei den Kämpfen zur Einengung des Ruhrkessels nimmt die 9. US-Armee Hamm, während die 3. US-Armee ihren Einbruchsraum in Thüringen vertieft. • In Ostpreußen tritt die sowjetische 3. Weißrussische Front zum Großangriff gegen Königsberg an und stößt anschließend westlich der Stadt erneut bis zum Frischen Haff durch.

Gudrun Herrche erfuhr erst nach dem Krieg, warum ihr Vater im April 1945 so plötzlich gestorben war: Ein Nazi hatte ihn mit Drohungen in einen Herzinfarkt getrieben.

6. April 1945 im Nordosten Hamburgs. Ich bin zwölf Jahre alt. Es war ein wunderschöner Frühling. Unsere Schule war Lazarett geworden, wir spielten im Wald, geschützt vor Tieffliegern, die im Nachbarstadtteil die Eisenbahn beschossen. Ich werde zum Mittagessen gerufen. Mein Vater ist unheimlich nervös. Meine Mutter sagt immer wieder beschwichtigend: »Er tut es nicht!« Mein Vater: »Er tut es.« – »Was?« Ich bekomme keine Antwort. Werde wieder raus zum Spielen geschickt.

Irgendwann holt mich unser Hausarzt nach Hause, sagt mir, dass mein Vater plötzlich gestorben ist.

Es gibt in Hamburg keine Särge, nur große Papiertüten. Keiner will den Toten zum Friedhof bringen (fünf Kilometer, Luftalarm, Fahrverbot für private Fahrzeuge). Draußen ist es warm, mein toter Vater liegt schon 13 Tage im Haus, meine Mutter will ihn im Fahrradanhänger zum Friedhof bringen, da findet sich ein Beerdigungsunternehmer bereit, den Toten abzuholen. Wir sammeln Schlüsselblumen und Anemonen im Wald, die Nachbarn bringen Blumen … Kriegsende, Einmarsch der Briten.

Sommer 1945. Ein Nachbar hat Selbstmord begangen. Jetzt erfahre ich: Dieser Nachbar war Nazi, hat am 6. April 1945 meinen Vater aufgefordert, doch endlich in die NSDAP einzutreten. Meine Eltern wussten von den Nazi-Gräueln (u. a.

wurde ein Bruder meiner Mutter 1933 von Nazis totgeprügelt; mein abgelegtes Zeug bekam ein kleines Mädchen, dessen Vater im KZ gequält wurde), und mein Vater sagte: »Der Krieg ist doch verloren.« Und daraufhin drohte der Nachbar, meinen Vater ins KZ zu bringen, und mein Vater hat sich so aufgeregt, dass er einen Herzinfarkt bekam.

Mein Vater wäre nicht der Erste gewesen, der Nachbar hatte zumindest einen anderen Nachbarn wegen »Abhören von feindlichen Sendern« ins KZ gebracht. Er schlich nachts unter den Fenstern der Häuser, um zu hören, was die Leute im Radio hörten.

Die Frau des Nazi ist mit ihrem Kind dann fortgezogen.

Samstag, 7. April – »German Fraulein«

Die US-amerikanische Luftwaffe fliegt einen schweren Angriff auf die japanische Hauptstadt Tokio. • Der tschechoslowakische Ministerpräsident Fierlinger stellt das Programm seiner Volksfront-Regierung vor. • Deutsche Truppen geben Bad Pyrmont und Hofgeismar auf; westlich von Hannover baut man einen Sperrriegel auf. • Sowjetische Truppen dringen in die Außenbezirke Wiens ein. »Ein Teil der Wiener Bevölkerung hat seine Haltung verloren«, vermerkt das Lagebuch des Wehrmachtsführungsstabes. • 1300 Flugzeuge der US-Luftwaffe greifen die Stadt Dessau an der Elbe an.

Rainer Stoll, geboren im März 1939, erlebte als Kind in Regensburg die US-Besatzungstruppen als freundliche Befreier. Was sie bei dem »German Fraulein« im Haus seiner Eltern taten, verstand er noch nicht.

Die Amerikaner würden wohl mit ihren Panzern beim Vormarsch von Nürnberg her geradewegs auf das weithin sichtbare, markant-große Mietshaus an der Hauptkreuzung in Steinweg zukommen, von der aus sie dann direkt zur Steinernen Brücke Richtung Regensburger Altstadt würden abbiegen können – wir wohnten oben im 3. Stock.

Um einer Angriffsgefahr zu entgehen, wurde von einem Stadtbauern ein Pferdefuhrwerk organisiert, mit dem dann unsere Familie mit dem nötigsten Sack und Pack auf einen großen Gutshof oberhalb Bad Abbachs übersiedelte. Ich weiß noch, dass es am 1. April, Ostersonntag, war, denn ich Sechsjähriger und Jüngster merkte gleich im Stadtteil Kumpfmühl, dass die Turmuhr an dem Tag noch nicht auf Sommerzeit umgestellt worden war.

Dort auf dem Land waren wir dann endlich den täglichen und nächtlichen Aufenthalten im Luftschutzbunker entgangen. Dafür erlebten wir jetzt sehr bedrohliche Tiefflieger, die uns auf dem Feld erschreckten und die auch schon mal Autos auf der nahen Überlandstraße in Brand schossen.

Während aber in unserem Regensburger Stadtteil das Kriegsende relativ friedlich abgelaufen sein musste, meinten welche, ausgerechnet Bad Abbach verteidigen zu müssen, weshalb sich dann Granaten bis in das Geviert des großen Bauernhofs mit dem Taubenschlag in der Mitte verirrten.

Die Amerikaner biwakierten neben dem Gut, waren nett zu mir und meinen beiden Schwestern – mein Bruder mit seinen 17 Jahren war an der Rückzugsostfront schwer verwundet worden –, und als sie abzogen, fanden wir auf dem Feld Packungen mit Erdnüssen, Keksen, Schokolade – es war für uns Kriegskinder wie ein Traum.

Als wir nach Wochen nach Regensburg zurückkehrten, wurden wir mit wackeligen Booten über die Donau befördert, denn alle Brücken waren gesprengt worden. Amerikanische Soldaten regelten den Verkehr an der Kreuzung bei uns; von Osten kommende Flüchtlingstrecks irritierten mich unten auf der Straße ziemlich.

In unserer großen Wohnung waren jetzt Siebenbürger mit

einquartiert und ein Zimmer durch die Amerikaner für ein »German Fraulein« beschlagnahmt, das häufigen Besuch von freundlichen Soldaten bekam, welche auch uns immer etwas mitbrachten.

Ich weiß nicht, was meine Eltern davon hielten – für mich war es jedenfalls sehr schön, wie die netten Amerikaner uns den Frieden brachten!

Sonntag, 8. April – Opfer als Befreier

SS-Wachmannschaften bringen sämtliche jüdische Häftlinge des KZ Buchenwald bei Weimar in das oberpfälzische KZ Flossenbürg, weil US-Streitkräfte näher rücken. • Bei einem britischen Luftangriff auf den Hamburger Hafen werden sechs deutsche U-Boote versenkt. • Der griechisch-orthodoxe Metropolit in den Vereinigten Staaten hält der katholischen Kirche vor, mit den Faschisten kollaboriert zu haben. • Während deutsch-ungarische Verbände den sowjetischen Vorstoß in Richtung Graz zum Stehen bringen können, wird in den Außenvierteln von Wien weitergekämpft.

Erika Roswitha Jentzsch-Hinz, Jahrgang 1924, beschreibt Begegnungen mit US-Soldaten in Göttingen: »Es geht dabei um die Darstellung der menschlichen Basis.«

Viele Menschen fürchten Gewitter. Ich liebe sie seit dem 8. April 1945, dem Tag, an dem die Amerikaner mit ihren Panzern in Göttingen einmarschierten. Der Kanonendonner hatte in der Nacht kräftig zugenommen, und am südlichen Horizont sah man in der tiefschwarzen Nacht das Geschützfeuer wie Wetterleuchten aufblitzen. Ich saß am offenen Fenster, 19 Jahre alt, noch frei von Furcht vor dem, was der nächste Tag bringen würde. Keine Bombennächte mehr!

Nicht mehr täglich um das Leben zittern, das ich noch nicht gelebt hatte.

In diese Gedanken brach plötzlich das erdbebende Dröhnen eines in den Friedberger Weg eingebogenen Panzers ein, der direkt vor unserem Haus anhielt. Wir hörten Stiefelgetrampel auf der Kellertreppe, die Tür wurde aufgerissen, und drei Amerikaner stürmten mit schussbereiten Maschinenpistolen in den Raum. »Hands up!« – eine Aufforderung, die jeder auch ohne Englischkenntnisse verstand. Während zwei der Soldaten in der Türöffnung stehen blieben, kam der Dritte direkt auf uns sitzende Frauen zu und durchsuchte unsere Koffer und Taschen nach Waffen. In diesem Moment fiel draußen auf der Straße ein Schuss. Uns blieb einen Augenblick das Herz stehen. Welcher Idiot mochte dort wohl den todbringenden Helden spielen? Wir haben es nie erfahren. Aber wir hatten unwahrscheinliches Glück. In anderen derartigen Fällen, von denen wir später hörten, schossen in solchen Augenblicken die Soldaten befehlsgemäß ihr Magazin leer. Unsere drei Besatzer rasten jedoch die Kellertreppe hoch zur Straße, ohne uns weiter zu beachten.

Eine Woche nach dem Einmarsch der Amerikaner wurde unser Haus als Besatzerquartier beschlagnahmt. Vier Militärs gingen von Etage zu Etage und notierten die Zahl der Räume und ihre durchs Mobiliar festgelegte Nutzung. Dann gaben sie uns Bewohnern eine Stunde Zeit zum Einpacken von Bekleidung und einigen sonstigen persönlichen Gegenständen. Ich hatte schon Kopfkissen und Federbett, Haushaltswäsche und Bekleidung ins Haus nebenan getragen, als unvermutet ein junger amerikanischer Offizier mein Zimmer betrat, sich grußlos umsah und dann auf einen der Stühle setzte. Ich stand gerade vor meinem bis in den letzten Winkel gefüllten Bücherregal, unschlüssig, was und wie viel ich in der verbleibenden halben Stunde noch in meine neue Bude mitnehmen könne. Noch hatte ich knapp 30 Minuten offizielle Packzeit.

Der junge Offizier sah mich distanziert, und ohne eine Miene zu verziehen, an. Nichts von der Freundlichkeit der Amis, von der in diesen Tagen so viele Deutsche berichteten. Er zog ein Päckchen »Lucky Strike« aus der Tasche, riss die Packung auf und nahm betont langsam eine der Zigaretten heraus, wobei er mich abschätzend ansah und plötzlich in akzentfreiem Deutsch fragte: »Rauchen Sie?« Auf mein verwundertes Kopfnicken hin sagte er mit deutlich ironischem Tonfall: »Ach, sieh an, ich dachte, deutsche Frauen rauchen nicht.« Und dabei zündete er sich eine Zigarette an, die für mich betäubend süß und fremd duftete. Ohne mir eine Zigarette anzubieten, forderte er mich zum Sitzen auf. Wieder der abschätzende kühle Blick und eine Anzahl Fragen, mehr inquisitorisch als neugierig interessiert. Wie alt? Aha, 19. Beruf? So, Studentin. Daher die vielen Bücher. Erneut griff er in seine Brusttasche, aus der er vorhin die Zigaretten holte. Diesmal legte er eine Tafel Schokolade auf den Tisch. Für mich? Ich konnte es nach dem bisherigen Gesprächsverlauf kaum glauben. Der Offizier brach die Tafel in der Mitte durch, entfernte Teile des Silberpapiers und hielt mir das sahnig hellbraune Karree entgegen mit den Worten: »Nur zum Angucken! Deutsche bekommen von mir keinen einzigen Bissen zum Essen. Und nun nehmen Sie Ihre Bücher und machen Sie, dass Sie fortkommen.«

Ich flüchtete mit den wenigen bereitliegenden Büchern aus dem Zimmer, nicht begreifend, was mir da soeben geschehen war. Dabei lief ich auf dem Flur beinahe einen anderen Uniformierten um, der offensichtlich an der Tür gelauscht hatte. Er schob mir eine Tafel Schokolade zwischen die Bücher und sagte entschuldigend: »Versuchen Sie, ihn zu verstehen. Er ist Jude, und seine Eltern sind in einem deutschen Konzentrationslager ermordet worden.«

Mit der Eroberung Göttingens durch die Alliierten begann andererseits zunächst das große Hungern. Hungrig beobachtete ich vom Dachfenster meiner neuen Bude, wie an dem gegenüberliegenden beschlagnahmten Haus jeden Mittag und Abend Tüten mit Küchenabfall in die vor dem Zaun stehenden Tonnen geworfen wurden. Hin und wieder sah ich auch, dass ein Arm voll langer Weißbrote hineinversenkt wurde. Bei Einbruch der Dunkelheit zog ich meine alte schwarze Strickjacke zur Tarnung über, nahm allen Mut zusammen und schlich mich gebückt am Zaun entlang zu den Mülltonnen. Den Mut brauchte ich, da bei Androhung von Strafe und der Gefahr von sofortigem Beschuss der deutschen Bevölkerung das Verlassen ihrer Häuser zwischen 18 Uhr abends und acht Uhr morgens verboten war. »Curfew« hieß diese Verordnung der ersten Tage und Wochen, deren Übertretung für manchen Leichtsinnigen zum Verhängnis wurde. Ich hatte Glück und angelte mir über eine Woche lang jeden Abend eine Riesenportion Weißbrot aus der Tonne. Manche Stücke waren etwas angeschmutzt von anderem Abfall wie Teeblättern, Soßenresten oder auch Zigarettenasche mit Kippen – ich nahm, was ich greifen konnte, und sortierte später auf der dämmerigen Fensterbank die saubersten Teile heraus. Marmeladenaufstrich, noch von der Vorjahresernte aus dem Garten meiner Mutter, machte das trockene Weißbrot essbar. Von einer Nachbarin mit Ziege erhielt ich einen großen Becher frische Milch, in der ich die harten Brotscheiben einweichen konnte, um sie dann in der Pfanne mit ein paar Tropfen Rapsöl goldbraun in »arme Ritter« zu braten. Darauf wieder einen Klecks von Mutters Kirschmarmelade – köstlich!

Was ich nicht wusste: Meine abendlichen Schleichgänge zu den amerikanischen Mülltonnen wurden von den Hausbesetzern beobachtet. Als ich gerade wieder mit beiden Armen in die Tonne langte, wurde ich mit hartem Griff von hinten festgehalten. Grelles Taschenlampenlicht blendete mich. »Damned, what are you doing here?« Ich sah als erstes den weißen Helm mit der Beschriftung »Military police« und darunter ein schwarzes Gesicht mit großen, weiß blitzenden Augen, die mich kritisch von oben bis unten betrachteten.

»We did see you every day. You are hungry, isn't it?« Ich nickte nur und ließ dann einen englischen Wasserfall über mich ergehen, von dem ich im Wesentlichen nur die Worte »curfew« und »forbidden« verstand. Dann knipste mein Bewacher endlich die grelle Taschenlampe aus und rief etwas für mich Unverständliches zum Haus hin. Einen Augenblick später tauchte ein Soldat in einem weißen Küchenkittel auf und übergab meinem Bewacher eine große braune Papiertüte. Der drückte sie mir in die Hand, gab mir einen leichten Schubs vom Zaun weg mit einem kurzen »Scram – don't come again!«.

Der Inhalt der Tüte schien direkt aus dem Schlaraffenland zu stammen: eine Dose Corned Beef, zwei kleine Käsestücke, ein Zipfel Dauerwurst, ein Päckchen Ölsardinen – das waren neben einer Tüte trockener Kekse die Lebensmittel, an die ich mich noch heute, 60 Jahre später, deutlich erinnere. Mit den Weißbrotportionen war es allerdings von dem Abend an vorbei. Kurze Zeit später buken die Göttinger Bäcker wieder Brot mit Zutaten, die sie von den Amerikanern erhalten hatten: zitronengelbes Maisbrot, wie wir es in Deutschland noch nie gesehen, geschweige denn je gegessen hatten.

Dienstag, 10. April – Mit Handkuss

Im Konzentrationslager Flossenbürg werden der evangelische Theologe Dietrich Bonhoeffer und der ehemalige Chef der deutschen Abwehr, Admiral Wilhelm Canaris, hingerichtet. • Britische Truppen unternehmen in Italien eine Großoffensive gegen die deutschen Stellungen im Raum von Argenta und Ferrara. • Die japanische Armee startet in China eine Großoffensive mit dem Ziel, die Luftwaffenbasis Chikiang in Zentralchina zu erobern. • Die am 3. Januar ernannte griechische Regierung unter General Nikolaos

Plastiras tritt zurück; Nachfolger wird der Oberbefehlshaber der Flotte, Petros Vulgaris.

Ingolf Spickschen, geboren 1935, erinnert sich gut an die Flucht aus Ostpreußen, die im März in Salzgitter-Bleckenstedt endete. Dort erlebte der Zehnjährige auch den Einmarsch der US-Amerikaner.

19. Januar: Gegen Abend marschiere ich los vom elterlichen Hof in Woydiethen, Kreis Samland, Ostpreußen, um in der Volksschule im Nachbardorf Weidehnen mit ein paar Klassenkameraden in die DJ, die Deutsche Jugend, Vorstufe der Hitlerjugend (HJ), aufgenommen zu werden. Bei Kerzenschein werden uns feierlich der Ausweis und ein Fahrtenmesser überreicht – wir sind sehr beeindruckt und kommen uns bedeutend vor.

20. Januar: Mein 10. Geburtstag. Wie jedes Jahr feiern wir mit mehreren FreundInnen bis abends und bringen sie mit dem Pferdeschlitten nach Hause. Nach dem Waschen und Beten eröffnet unsere Mutter mir und den 4 jüngeren Geschwistern, dass der Krieg uns erreicht hat und die Russen nicht mehr weit sind. Wir müssten flüchten. Alle weinen bitterlich.

27. Januar: Letzte Mahlzeit zu Hause: Klopsfleisch aus dem Weckglas. Ich sehe draußen die Gänse rumlaufen und frage, warum wir nicht Gänsebraten essen, wenn doch die Russen bald hier seien. Antwort: »Wir kommen doch bald wieder.« Wir sind 17, dazu noch 1 Arbeiterfrau mit 1 Kind, die Männer müssen bleiben: Volkssturm. Mehrere Frauen wollen nicht ohne Mann weggehen, einer wird später auf dem Weg nach Hause von der Feldpolizei wegen Fahnenflucht erschossen. Wir starten gegen 18.00 Uhr gen Pillau, der ca. 30 km entfernten Hafenstadt. Bei einem längeren Stopp springe ich vom Wagen und sehe im Straßengraben große, dunkle

»Gegenstände« liegen, so weit man im Mondschein blicken kann. Ich untersuche sie und stelle mit Entsetzen fest: Es sind steif gefrorene, tote Menschen. Links auf den Jacken haben sie Abzeichen: Sterne. Die ersten Toten meines Lebens, für lange Zeit. Auf dem Wagen kriege ich auf meine Fragen nur die Antwort: Das sind Juden.

10. April: Ich höre in Richtung Nordosten eine laute Detonation und klettere auf eine Linde an der Toreinfahrt. Dort sehe ich bei sonnigem Wetter eine riesige Rauchwolke aufsteigen. Die abziehenden deutschen Truppen hatten eine Brücke über den Stichkanal gesprengt, der die Reichswerke »Hermann Göring« mit dem Mittellandkanal verband. Im leeren Kuhstall, in dem deutsche Soldaten genächtigt hatten, finden wir einen »Luftballon«. Stolz blasen wir ihn auf, und ich führe ihn meinen großen Schwestern vor, die aber zu unserer Enttäuschung mit lautem Ekelgeschrei verlangen, das Ding sofort auf den Mist zu schmeißen. Abends hören wir im Westen Geschützdonner näher kommen. Es heißt: »Die Amis kommen.« Im Beton-Luftschutzkeller, direkt am Haus mit Zugang durch den Keller, versammelt sich abends eine bunte Gesellschaft aller Hausbewohner und einiger Nachbarn, u. a. ein älterer Brauereibesitzer mit Frau und Tochter, der 2 Kästen Braunbier mitgebracht hat. An Schlafen ist nicht zu denken: Die Einschläge kommen immer näher, wir hören Bomben und Granaten singend und dröhnend heranfliegen und beten, dass sie über uns weiterfliegen möchten. Manchmal wackelt der ganze Bunker, das Licht geht aus, wir können aber Petroleumlampen anmachen, weil die Luftzufuhr gesichert ist. Dann zittert der Boden von vorbeifahrenden Panzern. Der Krach wird schwächer. Plötzlich donnert es an die Stahltür: »Open the door!« Wir öffnen die Tür und erstarren zu Salzsäulen: Im Schein einer Taschenlampe steht ein »Schwarzer Mann« mit Maschinenpistole und winkt unsere Arme mit seiner Maschinenpistole laut brüllend blitzschnell in die Höhe.

Als er sieht, dass sich kein Soldat bei uns versteckt hat, scheucht er uns nach oben. Dort stehen mehrere Soldaten. Meine Mutter geht auf den Anführer zu, sagt etwas auf Englisch, dieser antwortet auf Deutsch und küsst ihr die Hand. Da wissen wir: Es wird gut.

Und es wurde gut. Dank meiner Mutter, die unser aller Leben wunderbar organisierte, meiner großen Schwestern, die bis 1947/48 als Landarbeiterinnen arbeiteten, und der Dorfgemeinschaft, die uns von Anfang an mit offenen Armen aufnahm.

Jetzt, am Ende meines Lebens, bin ich hierher zurückgekehrt. In Woydiethen und Ostpreußen war ich schon 3-mal seit 1991. Damals habe ich endgültig Abschied von der »Heimat« genommen. Heute heißt es »Listowoje« – »Blätterdorf«, liegt in Russland und wird von Russen bewohnt. So soll es bleiben. Dabei, dass sie dort wirklich Heimat finden, wollen wir ihnen helfen. Unsere Heimat dort haben Eltern und Großeltern in ihrem nationalsozialistischen Größenwahn für immer verspielt.

Mittwoch, 11. April – Falscher Mut

Bewaffnete KZ-Häftlinge in Buchenwald übernehmen das Lager und übergeben es den anrückenden US-Truppen. • In Moskau unterzeichnen Jugoslawiens Ministerpräsident, Marschall Tito, und der sowjetische Außenminister Molotow einen Freundschafts- und Beistandspakt. • Britische Flugzeuge werfen 1139 Tonnen Bomben auf Eisenbahnanlagen in Plauen. Außerdem werden Leipzig, Dessau und Berlin angegriffen. • Beim Kampf um den Ruhrkessel ist bereits ein großer Teil des Industriegebietes verloren gegangen. Wanne-Eickel und Bochum fallen in die Hand des Gegners.

Klaus Lüderssen aus Frankfurt am Main hat diesen Text seinem unveröffentlichten Manuskript »Das unklare Gewissen« entnommen. Der Jurist Lüderssen, geboren 1932, hat sich mit zahlreichen rechtssoziologischen und -philosophischen Veröffentlichungen in der Bundesrepublik einen Namen gemacht. Hier reflektiert er anhand seiner Erfahrungen im »Jungvolk« die Beweggründe von Jugendlichen in der Nazi-Zeit.

Als am Vormittag des 11. April 1945 klar war, dass in wenigen Stunden die Amerikaner da sein würden, rief uns der oberste Jungvolkführer der Stadt, Rochus Meilicke, zusammen. Er schritt vor uns, einer kleinen Gruppe vertrauter Unterführer, auf und ab, blieb dann bei jedem Einzelnen stehen und überreichte Eierhandgranaten. »Was wirst du damit machen?«, fragte er den Ersten. Keine Antwort. »Die haltet ihr dem Gegner, wenn es so weit ist, unter die Nase, nachdem ihr den Zünder abgezogen habt.« Wie man das machen musste, wussten wir. Henner Odenthal hatte während eines Lehrgangs, der Ende März 1945 einberufen worden war (weil der »Reichsjugendführer« angesagt war – wohl eine Legende, es schien vielmehr um einen Rekrutierungsversuch der letzten Stunde zu gehen), einige Übungen veranstaltet. Keineswegs kam es aber zu der von Meilicke imaginierten Konfrontation. Aber wussten wir das, als er so vor uns stand? Ich glaube schon. Wir hatten zwar verstanden, was Meilicke direkt meinte, ein eindeutiger Tatbestand. Wir hatten auch die Vorbedingungen seiner letzten Vision, ohne mit der Wimper zu zucken, akzeptiert; doch als es ernst zu werden drohte, versank sie, mehr noch, es zeigte sich, dass wir nur als »Schauspieler seiner Ideen« aufgetreten waren. Keineswegs täuschten wir Meilicke; aber wir ahnten, dass nicht eintreffen würde, wozu er uns einlud, der Gegner und die angeordnete Aktion blieben ganz gestaltlos. Die Erinnerung hatte schon begonnen.

Nach einem »Geländespiel« im Herbst 1944 hatte uns Meilicke gefragt, was das Schlimmste sei, dessen man sich schuldig machen könne. Ich war fasziniert von der Absolutheit dieser Frage; wir alle versuchten zu antworten, aber keiner erfüllte die Erwartung. »Die Feigheit«, sagte Meilicke; er sprach das Wort aus, als ob mit seinem Klang schon tiefste Verachtung verbürgt sei. Dann starrte er, leidenschaftlich, aber auch mit einem – durch Trotz etwas aufgesteiften – Anflug von Unglück in den Wald. Wir schwiegen zunächst. Nach einer Weile versuchte ich, so etwas wie einen Einwand zu machen. Es fehle, wenn man so denke, doch die Unterscheidung von Gut und Böse. Diese Bemerkung schien ihn zu überraschen, wurde jedoch in wenigen Sekunden ein ihm willkommener Punchingball für eine Steigerung seiner Theorie ins Abgründige; zugleich allerdings hob er sein Gesicht nach oben, die grimmige Anspannung seiner Züge wich einer freudigen Fixierung von etwas ebenso nah wie unendlich weit Scheinendem, einer absurd-unverbindlichen Gewissheit, vergleichbar dem Ausdruck des Mannes auf dem Bild »The Long Engagement« von Arthur Hughes. Dieser Gegensatz, meinte er, sei überholt. Ich hatte das Gefühl von etwas Ungutem oder gar leicht Verrücktem; trotzdem konnte ich mich der Suggestion nicht entziehen, war enttäuscht und irritiert. Wenig später sah ich klarer.

Nahe der früheren Volksschule für Mädchen, einem Backsteinbau mit asphaltiertem Hof, auf dem manchmal – statt an der Bertastraße – »angetreten« wurde, befand sich ein unmittelbar jenseits der Straße steil ansteigendes, durch ständige Benutzung vom Schulhof her wie leer gefegtes und doch eigentümlich wildwüchsig erscheinendes Waldstück, in dem ich eines Tages mit zwei, drei anderen – kurz nach Beendigung des Dienstes – auf eine Gruppe älterer, vielleicht vierzehn- bis fünfzehnjähriger Jungen stieß. Ihr Anführer war Willy Ruchow. Er entstammte einer der in der schräg hinter der Kirche liegenden Gegend ansässigen Arbeiterfamilien, die sich passiv abweisend gegenüber der Nazi-Wirklichkeit verhielten, keineswegs durch offene Distanzierung oder gar

Widerstand auffielen. Sein Vater war ein Invalide, der in einer Wohnküche finster, aber auch etwas eingeschüchtert vor sich hin blickend den »Dienstbefehl« entgegennahm, den ich für den jüngeren Sohn zu überbringen hatte. Er sprach gar nicht, sondern hauchte, den Zettel unterschreibend, mir unwillig die Bestätigung des Empfangs zu; ich nahm das – auch in Verbindung seiner in sich gekehrten Haltung (in der aber auch etwas von einer mich durchaus ängstigenden Drohung sichtbar wurde) – damals als ein Zeichen seiner durch Krankheit gereizten Erschöpfung; später begriff ich, dass ihn – jedenfalls auch – stärkster politischer Widerwille gegen den ganzen Vorgang und die Furcht, das zu offenbaren, erfüllt haben mussten.

Die Feindseligkeit, mit der mich der Sohn betrachtete, war unverhohlen, und er ging auch sofort, ohne die üblichen einer Schlägerei vorausgehenden Beschimpfungen und Provokationen, ja wortlos, in gleichmütiger Entschlossenheit zum Angriff über, indem er zu einem gewaltigen Fußtritt ausholte. Plötzlich stand Meilicke da. »Ah, der Willy Ruchow.« Das war nicht nur eine Begrüßung, sondern gleichzeitig eine Vorstellung. In der Freude oder doch deren Demonstration, ihn zu sehen, klang eine Respektbezeugung mit. »Ja, das ist einer, vor dem man sich wirklich in Acht nehmen muss«, hieß das, und »er hat seine Gründe, wenn er sich nichts bieten lässt«. Wir hatten ihm freilich gar nichts geboten. Meilicke, offenbar bestrebt, Ruchow an dem, was dieser gerade tun wollte, zu hindern, benutzte diese – unausgesprochene, aber von Ruchow durchaus verstandene – Unterstellung, um in ihm jenen Zustand von Selbstgefälligkeit zu erzeugen, der das Handeln betäubt. Und dann führte Meilicke eine Art Charakterbild vor. Mir fiel, als ich das hörte, ein, was ich mit dem alten Ruchow erlebt hatte. Meilicke, so lakonisch er sprach, feierte in der Person des jungen Ruchow den Protest gegen das »Bürgerliche«, das er vielleicht bei mir spürte. Denn eines Tages war er zusammen mit Holger Nienstedt, dem Fähnleinführer,

Sohn eines Arztes, der in der Hansa-Allee – in einer schönen, im Stile der dreißiger Jahre gehaltenen Villengegend – ein Haus besaß, bei uns erschienen. Nienstedt, ein dunkeläugiger, blasser Sechzehnjähriger mit dichten, fast zusammengewachsenen Augenbrauen, melancholisch und befehlshaberisch zugleich – er fiel siebzehnjährig in Pommern, nachdem er beim Abschied zu seiner Mutter gesagt hatte: »Ich komme nicht wieder« –, und Meilicke wollten meine Mutter überreden, ihre Zustimmung für meinen Eintritt in eine nationalsozialistische Bildungsanstalt zu geben, was sie ebenso würdig wie vorsichtig, aber eindeutig (zu meiner stillen Erleichterung) abgelehnt hatte. Meilicke schien das zu begreifen. Als er Ruchow sah, verbündete er sich mit ihm (was für ihn – bei ähnlicher Herkunft – ganz leicht war), um mich sozusagen zu retten. Das war nur möglich, indem er mich ein Stück weit preisgab. Damit hatte er die Basis für die Ankündigung einer Partnerschaft gewonnen, in die – nach seiner Strategie – das Rencontre zu verwandeln war. Keine Vereinigung bürgerlicher Konvention und proletarischer Kraft war gemeint, sondern eine Vereinigung geläufiger Tugenden – aus beiden Lagern – zu etwas Unbekanntem. Der antinazistische Hintergrund der Ruchow-Familie muss Meilicke klar gewesen sein, er kannte den Stadtteil in- und auswendig, und er versuchte nicht, Ruchow direkt für die sozialistische Seite der NS-»Revolution« zu werben, machte aus der Situation eher ein eitles Geheimnis, das zwischen ihm und Ruchow bestand und in das ich nur insoweit einbezogen wurde, als es für die momentane Friedensstiftung erforderlich war, das er aber nicht vollständig lüften wollte, wahrscheinlich in der unklaren Empfindung, dass das Politische seine Spannung und Potenz steigert, wenn das Zusammenspiel von Gefühl, Überlegung und historischer Konstruktion nicht ganz überschaubar ist.

Es war kein Dialog. Nachdem Meilicke gesprochen hatte, lachten beide, Ruchow, linkisch-einlenkend, geduckt das überlegene Management akzeptierend, mit einem unbestimmten Bodensatz verbleibender Heuchelei – Meilicke forciert-schallend und doch abgemessen, unbeirrt seine offensive Diplomatie fortsetzend, keine Sekunde sich der Situation überlassend. Sie verbargen beide etwas, spürten und genossen den Kompromiss, den sie auf meine Kosten untereinander eingingen. Ich war jetzt nicht mehr der Angegriffene und Verteidigte, sondern das Medium einer nicht erst durch den Vorfall ausgelösten, sondern seit langem schwelenden, das Gemeinsame suchenden und ihm zugleich misstrauenden Auseinandersetzung, die für diese Sekunde einen neuen, vitalen Punkt der Übereinstimmung erreicht hatte. Sie waren sich einig in dem, wogegen sie sein mussten, und dass man da nicht zimperlich sein durfte. In dem Bündnis mit Ruchow gelang es Meilicke, seiner mir so fremden, abstoßenden Ethik der erbarmungslosen Durchsetzung eine Erfahrung zu unterlegen und sichtbar zu machen, die nicht im Hochmütig-Anmaßenden wurzelte, sondern in der Welt der Schwachen. Hätte ich Buñuels Film »Die Verlorenen« gekannt, wäre in mir vielleicht damals schon eine Ahnung von dem aufgestiegen, was ich jetzt glaube sagen zu können. Gemeint war mit jener Verdammung der Feigheit die Überzeugung, dass man der eigenen, mit vielen geteilten Lage schulde, auf Mitgefühl nicht nur zu verzichten, sondern es als Tugend zu leugnen, so dass gar nicht mehr wichtig war, es etwa im Keim ersticken zu müssen. Das war dem zum Nationalsozialismus übergegangenen Tagelöhnersohn genau so gegenwärtig wie dem im – durchaus noch abgrenzbaren – Milieu einer linken Arbeiterbewegung Gebliebenen. Mir machte das auf eine vage Weise Eindruck. Das Vage bestand darin, dass eine direkte Parteinahme für diesen Rigorismus nicht in Frage kam; wohl aber konnte ich verstehen, wie er zustande kam.

Vielleicht hat selbst Meilicke aber nur »agiert«, denke ich jetzt manchmal, und das sogar an dem Nachmittag, an dem wir ihn zum letzten Mal sahen. Meine Mutter hatte, als ich ein paar Tage nach dem Einmarsch der Amerikaner ohne weiteres ankündigte, ich ginge gerade eben einmal zu Meilicke, das nicht wie früher halb abgelenkt und mäßig interessiert zur Kenntnis genommen, sondern mit großer Eindeutigkeit erklärt, das müsse nun vorbei sein. Einmal sollten wir noch hingehen, uns dabei aber verabschieden. Ich widersprach nicht; war ich so vernünftig, oder hatte das Unternehmen seinen Reiz verloren? – Gleichviel, mein Freund Manfred Caesar und ich wandelten in die Salminstraße. Meilicke saß in einem abgedunkelten, unendlich niedrigen kleinen Schlafzimmer zu ebener Erde mit angewinkelten Knien im Bett und blickte düster vor sich hin, nicht wegen des »Zusammenbruchs«, sondern weil, wie er erzählte, auf der Eberstraße ein »Herr« den Fahrdamm überquert und ihn vor den Augen nicht weniger Passanten geohrfeigt hatte. Sein Sohn – er hatte entfernt auch zu denen gehört, die unter Meilickes Einfluss geraten waren – musste ihn über Meilickes Funktion informiert haben, und das war nun die Quittung. »Er wird sterben«, sagte Meilicke, seine Stimme hatte eine Art Theaterton, war aber besonders leise und zitterte – vor Wut, oder war es noch etwas anderes? Je mehr ich darüber nachdenke, umso deutlicher meine ich mich zu erinnern, dass er weinte. Am Ende hat uns dieser absurde Vorgang die Trennung leicht gemacht. Wir redeten ihm gut zu, schon mit dem Selbstbewusstsein derer, die – wiewohl doch nichts mehr stimmte – in alte Orientierungen zurückgekehrt waren, deren Sicherheit sie immer gespürt hatten, als ein langes, aber verlässliches Band, das nie zerschnitten worden war – wie sich spätestens jetzt zeigte. Meilicke sagte nichts, wir gingen, mussten nichts abschütteln und waren doch frei.

Donnerstag, 12. April – Himmelfahrtskommando

In Warm Springs im US-Bundesstaat Georgia erliegt der 63 Jahre alte US-Präsident Roosevelt einer Gehirnblutung. Bei der Nachricht von seinem Tode spricht Goebbels von einem »Wunder der Vorsehung«. Nachfolger Roosevelts wird Vize-Präsident Harry Spencer Truman. • Zwischen Ems und Weser beziehen Fallschirmtruppen eine Abwehrstellung am Küstenkanal, während eine amerikanische Kampfgruppe bis Wittenberge vorstößt; auch Stendal geht verloren. • Hitler verleiht dem Gauleiter Hanke von Breslau das Goldene Kreuz des Deutschen Ordens.

Helmer Boelsen beschreibt, wie er den Befehl zu einem sinnlosen »Himmelfahrtskommando« umging. Zu seinem späteren Leben schreibt der Offizierssohn, der im Krieg während der »Frontbewährung« in Italien verwundet worden war: »Im Januar 1947 lernte ich den Journalisten Peter Steinbach kennen. Er ebnete mir den Weg in meinen Traumberuf als Sportjournalist. Für die Frankfurter Rundschau schrieb ich mit kleinen Unterbrechungen bis 2003, also 56 Jahre lang. Wenn man diesen ›Tagebuch‹-Artikel des inzwischen Achtzigjährigen mit einbezieht, sind es sogar 58 Jahre.«

Am 12. April 1945 jagten mir meine Vorgesetzten in der Kaserne meiner Garnisonsstadt Erfurt einen gehörigen Schrecken ein. Sie unterstellten mir, dem 20-jährigen Fahnenjunker-Unteroffizier der Reserve, einen »Kompaniezug« mit 25 Jungens im Alter von 15 und 16 Jahren und erteilten den Auftrag, die Einnahme der Stadt Erfurt durch die amerikanischen Truppen zu verhindern. Ein Himmelfahrtskommando! Unverantwortlich!

Ich hatte miterlebt, wie die halbwüchsigen Jungens als auch eine Gruppe älterer Männer vom so genannten »Volkssturm« im Schnelldurchgang ausgebildet wurden. Doch jetzt lud man mir diese Verantwortung auf, der ich mich nicht gewachsen fühlte. Die Jungens steckten in viel zu großen Uniformen, waren lächerlich simpel bewaffnet. Es war verbrecherisch. Aber das durfte man nicht laut sagen. Denunzianten lauerten überall, und Kriegsgerichtsverfahren im Schnellverfahren mit Todesurteilen waren immer noch an der Tagesordnung.

Ich konnte mir auch nicht sicher sein, ob unter diesen mir unbekannten Jungens einige den Helden spielen wollten. Sie waren ja so erzogen, waren vollgepropft mit den Phrasen, die die Propagandamaschine der NSDAP erfunden hatte.

Mein Vorgesetzter war ein junger Leutnant, kaum älter als ich, dem als Kompaniechef drei solcher »Züge« unterstanden. Er verabschiedete sich von mir mit der Ausrede, nach den anderen Zügen schauen zu müssen, mit einem Augenzwinkern: »Mach das Beste draus.«

Aber wie? Wir marschierten hinaus in die ländliche Umgebung von Erfurt. Wir erreichten ein Dorf. Als wir an einem großen Bauernhof vorbeikamen, hatte ich die rettende Idee. »Wir verstecken uns dort in der Scheune und warten den Verlauf der Kampfhandlungen ab«, beschied ich meine unreifen Schützlinge. Es mag Stunden gedauert haben, bis ich Geräusche von Panzern hörte, vereinzelte Schüsse, dann Stimmen auf dem Hof. Ich montierte mein Taschentuch an meine Gewehrspitze und streckte sie aus dem Scheunentor. »Come on!« oder »Come out!« hörte ich.

Ich legte mein Gewehr auf den Boden und forderte auch die »Kindersoldaten« auf, Gleiches zu tun. Beim Blick in die Mündungen der Schnellfeuergewehre gehorchten sie. Es war bis zuletzt meine große Sorge, dass einer der verführten Jungens schießen könnte.

Ich nahm die erste Gelegenheit wahr, mir den kalten Schweiß aus dem Gesicht zu wischen, der mir während des ganzen Tages, der ganzen Stunden auf der Stirn stand. Ich war rundherum erleichtert.

Dann aber erlebte ich doch noch sehr schlechte Zeiten. Auf

einem Lastwagen zusammengepfercht, fuhren wir über die Autobahn an Gießen vorbei, wo ich 1934 bis '36 gewohnt hatte, an meiner Geburtsstadt Frankfurt vorbei, in die ich 1941 zurückgekehrt war, und an Wiesbaden, wo ich meine Mutter wusste, die in Frankfurt ausgebombt war und in Wiesbaden bei einer befreundeten Familie Unterschlupf gefunden hatte.

Die Reise endete in Bad Kreuznach. Auf einem großen, freien Gelände über der Stadt wurden wir zu Tausenden interniert. Wochenlang lebten wir im Freien, und es war wohl ein Glück, dass der April 1945, wenn ich mich recht erinnere, relativ mild und nicht so wechselhaft war, wie es sonst diesem Monat nachgesagt wird.

Ich hatte eine Gruppe von sechs Mann gefunden, wir hoben ein quadratisches Loch aus, in dem wir auf Zeltplanen und mit einigen Decken die Nächte verbrachten. Die Verpflegung war kärglich. Wir hatten schrecklichen Hunger. Alle Wachträume drehten sich um gutes und reichliches Essen. Das Interesse an allen anderen schönen Dingen des Lebens war erloschen.

Am 8. Mai schossen unsere Bewacher in die Luft und riefen lautstark: »The war is over!« Endlich! Ende Mai oder Anfang Juni wurde ich als »Erntehelfer« entlassen, fuhr aber erst nach Wiesbaden, wo meine Mutter Mühe hatte, mich wieder zu erkennen. Meine Erntehilfe absolvierte ich dann in einem Dorf im Westerwald namens Roth, wo eine Tante von mir mit meinem damals fünf Jahre alten Cousin evakuiert war. Ich half mehr schlecht als recht, kam aber wieder zu Kräften, was wohl in der Stadt mit den mageren Rationen der Lebensmittelkarten viel länger gedauert hätte.

Freitag, 13. April – Der Weg in die Freiheit

Die sowjetische 4. Gardearmee schließt die Eroberung der österreichischen Hauptstadt Wien ab; die entscheidende Offensive hatte am 7. April begonnen, als die Armee die Stadtgrenze erreicht hatte. • Britische Bomber greifen in der Nacht erneut Berlin an; am Tage richten sie Angriffe gegen Oldenburg und Neumünster. • Der Schwerpunkt der Offensive aus dem Westen liegt in Mitteldeutschland, wo die 3. US-Armee Jena und Gera nimmt und bis Halle vorstößt. • Hermann Brill, Ernst Thape, Benedikt Kautzky und andere veröffentlichen das Widerstandsdokument »Buchenwalder Manifest«.

Pater Paulus Engelhardt, geboren 1921 und seit 1939 Mitglied des Dominikanerordens, war als knapp Achtzehnjähriger mit anderen »Halbjuden, jüdisch Versippten und Kriminellen« zur Zwangsarbeit für die »Organisation Todt« eingesetzt. Er beschreibt seine Befreiung im Ruhrgebiet.

Wir waren eingesetzt in einer »geschlossenen Arbeitsgruppe« der »Organisation Todt« (OT) in der Ruhrstadt Bergkamen. »Wir«, das waren »Halbjuden, jüdisch Versippte und Kriminelle«. Zur Erklärung: »Halbjuden« waren Menschen mit zwei jüdischen Großeltern; »jüdisch Versippte« waren »Arier« mit jüdischen Ehepartnern; »Kriminelle« waren (überwiegend) Männer, die mindestens zwei Jahre Zuchthaus hinter sich hatten. Viele dieser »Kriminellen« gaben sich als »Politische«, weil das ehrenhafter war. Aber die »Politischen« hatte man in Konzentrationslagern zu suchen.

September 1944 wurden wir aus Furcht vor den in Aachen anrückenden Amerikanern von Paffendorf/Erft in kleinere Gruppen aufgeteilt und Richtung Osten verlegt. Fast alle »jüdisch Versippten« benutzten die unübersichtliche Situation, um illegal zu ihren Frauen zu fliehen und mit diesen unterzutauchen.

Als wir uns in einem kleinen Barackenlager in Bergkamen wiederfanden, waren wir in der Minderzahl »Halbarier« und in der Mehrzahl »Kriminelle«, von deren Menschlichkeit ich überrascht war. Wir sollten eine zerbombte Anlage zur Herstellung von synthetischem Benzin wieder aufbauen – und taten das so langsam wie möglich. Unsere kleinen Arbeitsgruppen waren mit IMIS (italienischen Militärinternierten des Badoglio-Regimes), die nicht als Kriegsgefangene im strengen Sinn galten, gemischt und bald freundschaftlich verbunden. Unser Lager gehörte zum inneren des von den Amis umzingelten Ruhrkessels, der nur schwach verteidigt wurde. Das Osterfest am 2. April 1945 feierten wir Katholiken in einer Schusterwerkstatt, da die letzten Teile der katholischen Kirche zerstört waren. Wahrscheinlich nahm der in Bergkamen geborene katholische Theologe Eugen Drewermann als knapp Fünfjähriger mit seinen Eltern teil. Arbeiten konnten wir nicht mehr: In vier Bombenangriffen hatten die Alliierten bereits im Januar den funktionsfähigen Teil des Werks total zerstört. Wir konnten aber unsere Unterkünfte abdichten. An warmem Essen gab es warmes Wasser mit Kartoffelschalen. Wir warteten …

Am 10. April kamen – fast unbemerkt – die »Amis«. Sie waren sich wohl klar darüber, dass es hier keine Kriegsgefangenen zu machen galt. Doch es musste noch verhandelt werden. Wir ließen uns durch einen mennonitischen »Halbjuden« aus Krefeld vertreten, der fließend Englisch sprach. Am Freitag, 13. April (doppelter Glückstag!), marschierten wir in kleinen Gruppen ab. In den Zwischentagen feierten wir mit unseren ebenfalls befreiten italienischen Freunden. Um uns eine besondere Freude zu machen, versprachen sie uns einen Kaninchenbraten. Ob es ein solcher oder nur Katze war, haben wir nicht untersucht. Wir verhandelten mit den Italienern, wie mit den zurückgebliebenen kleinen »Führern« – die »größeren« Tiere hatten sich unter Mitnahme von Alkoholika aus dem Staub gemacht – umzugehen sei. Sie wollten einigen eine Tracht Prügel verabreichen – mehr nicht. Nur bei einem waren wir uneins: Nach unseren Beobachtungen hatte er sich stärker für die Italiener eingesetzt, als diese wahrgenommen hatten. Sie fügten sich unserem Urteil und verschonten ihn. Am Abend des 13. 4. schien der Weg in die Freiheit beendet. Eine kanadische Einheit nahm uns zunächst fest. Als sie erfuhren, wer wir waren, wollten sie uns bewaffnen, um plündernde Russen einzufangen. Doch das erschien uns nicht als unsere Aufgabe. So ließen uns die Kanadier am nächsten Morgen weitermarschieren.

Samstag, 14. April
Potsdam: eine Kindergeschichte

In Norditalien startet die US-Armee eine Großoffensive gegen die deutsche 14. Armee, die sich daraufhin auf das Nordufer des Po zurückziehen muss. • Kommunisten, Linkssozialisten, Sozialdemokraten und Vertreter der Agrarpartei in Finnland veröffentlichen ein gemeinsames Aktionsprogramm. • In einem Funkbefehl weist Reichsführer SS Heinrich Himmler die Kommandanten sämtlicher Konzentrationslager an, vor dem Eintreffen der alliierten Truppen die Häftlinge zu ermorden. • Der »Ruhrkessel« wird durch Angriffe der 9. US-Armee von Norden und der 1. US-Armee von Süden aufgespalten.

»Potsdam, 14. April 1945: eine Kindergeschichte« nennt die Schriftstellerin und Filmemacherin Erika Runge ihren Beitrag. Mit ihrer Familie erlebte die damals Sechsjährige einen Bombenangriff. »Und ich habe nie wieder geweint!«, schreibt sie. Erika Runge lebt in Berlin.

Wenn die Bomber aus Berlin wiederkamen, war hinter ihnen der Himmel rot. Eine Stadt in Flammen, alles leuchtet, und man kann im Feuer Fangen spielen – das war schön! Ich war nur noch zu klein ... Wir sind fast nie in den Luftschutzkeller gegangen. Mein Vater war ein Held des Ersten Weltkriegs. Er hatte keine Beine mehr, und bis er die Prothesen an seine Stümpfe geschnallt hatte, gab's meist Entwarnung.

An dem Abend hörten wir die Flieger wie immer. Doch dann donnerte es, polterte und wackelte, überall platzte was. Ich musste mich schnell anziehen, das geflickte Kleid, den Matrosenmantel, den meine Brüder schon getragen hatten, die Schuhe durfte ich nicht mehr zubinden. Meinen Teddy habe ich aber noch unter die Bettdecke gesteckt, damit er nicht friert, bis ich wiederkomme.

Weil eine Familie mit drei Kindern im Luftschutzkeller keinen Platz mehr hatte, saßen wir in unserem Verschlag, wo die Kartoffeln und Äpfel und Einweckgläser aufbewahrt wurden. Wenn's kalt war, krochen meine Brüder und ich in die eichene Bettkiste, die mein Vater noch von seinen Vorfahren hatte. Die Betten waren klamm und rochen muffig. Ich glaube, Christian hat auch reingepinkelt. Peter ja nicht, der war schon 15 und war im Krieg. Das Toben hörte nicht auf, eine Explosion nach der anderen, viel lauter, als wenn meine Mutter schimpfte. Christian heulte, nur deswegen habe ich angefangen. Ich wusste: »Die Bombe, die trifft, hört man nicht.« Und genau so war es! Auf einmal lagen überall Steine, um mich herum, auf mir drauf, schwer, es tat weh, Staub, Husten, ich sah nichts, und dann dachte ich: »Jetzt sterb' ich.« Aber Vati hatte eine Taschenlampe, der Lichtstrahl kam durch! Mutti hat mich aus den Trümmern gewühlt, mein einer Schuh blieb stecken. Und ich habe nie wieder geweint! Die Wände waren eingestürzt, eine wurde noch von der Bettkiste gehalten. Die Tür zum Luftschutzkeller konnte man nicht aufkriegen. Jemand schrie: »Luft«, leise, erstickt. Das war Gerda, die Tochter der Hauswirtin, die war immer nett. Ich sagte: »Da schreit jemand.« Meine Mutter schüttelte den Kopf, und mein Vater blieb sitzen, er konnte sowieso nicht laufen. Später sah ich einen von Peters Stiefeln, er war doch Hitler-Junge und bei der Reiter-HJ! Ein Wunder, genau wie in der Bibel: Ich hatte für beide Füße Schuhe! Im Kindergottesdienst hatte ich gelernt, was Wunder sind.

»Lebt da noch jemand?«, riefen sie später von draußen. Und dann haben sie nach uns gegraben. Christian und ich und meine Mutter konnten durch das Loch krabbeln. Mein Vater musste gehoben und geschoben werden. Christian wäre fast in den Krater gefallen, der war voll Wasser, die Linde lag daneben. Erst habe ich sie nicht gesehen, weil ich geblendet war. Das Eckhaus brannte, und links gegenüber das auch. Das Haus, in dem wir gewohnt hatten, war ganz kaputt. Aber keiner sagte was, nicht mal meine Mutter hat geschimpft. Und wen hätte sie verhauen sollen? Die im Luftschutzkeller konnte man nicht mehr retten; alle waren tot.

Sonntag, 15. April – Die zweite Rettung

Hitler erlässt eine Anordnung für den Fall einer »Vereinigung der Ost- und West-Alliierten in Mitteldeutschland«, durch die für »den Nordraum« Großadmiral Dönitz, für »den Südraum« Generalfeldmarschall Kesselring als Oberbefehlshaber eingesetzt werden, sofern sich Hitler nicht selbst in einem dieser Räume befinden sollte. • In Bergen-Belsen werden 60000 Häftlinge des Konzentrationslagers befreit. • In Köln beschlagnahmen die Alliierten Akten des »Himmler«-Kreises; aus ihnen wird offensichtlich, dass die Industrie am Programm der Zwangsarbeit aktiv beteiligt war.

Berthold Boldes wurde am 21. November 1923 in Marl (Westfalen) in eine jüdische Familie geboren. Als Zehnjähriger musste er erfahren, wie Schulkameraden, ehemalige Freunde und Lehrer ihn beleidigten, schikanierten und isolierten. Zur Reichs-

pogromnacht 1938, als er die Synagogen und jüdischen Geschäfte brennen sah, sagt Boldes: »Da wusste ich zum ersten Mal als 15-jähriger Junge, hier endet das Leben.« Seine Eltern wurden im Konzentrationslager ermordet, wovon er erst nach dem Krieg erfuhr. Berthold wurde mit Hilfe seines Schwagers nach Dänemark in Sicherheit gebracht, im Oktober 1943 aber von den deutschen Besatzern ins KZ Theresienstadt deportiert. Weil er einem dänischen Transport angehört hatte, kam er 18 Monate später frei und erreichte am 15. April 1945 das sichere Schweden. Berthold Boldes lebt, 81-jährig, in Vejle, Dänemark. Die Erinnerungen hat er seinem Neffen Lorenz Beckhardt erzählt, der sie übermittelte.

Was mir damals gut tat war die Rede des dänischen Königs an sein Volk: Wir sollten Ruhe bewahren, die politische Hoheit verbleibe bei den Dänen und er habe das letzte Wort. Nur die militärische Besatzung, die müssten wir nun dulden. Dänemark blieb also in Teilen selbstständig bis zum Oktober 1943.

Zuvor war der dänische Widerstand stetig angewachsen. Es gab Sabotage und Ähnliches. Die Antwort der Wehrmacht waren Geiselerschießungen von zufällig ausgesuchten Zivilisten. Der Widerstand ging jedoch weiter. Also haben die Deutschen schließlich die dänische Regierung und den König auch politisch entmachtet. Die gesamte dänische Polizei wurde verhaftet und die meisten ins KZ Neuengamme deportiert. Dadurch fielen den Deutschen die gesamten Akten der Polizei in die Hände. Hitler hatte mir ja die deutsche Staatsbürgerschaft entzogen. Also war ich bei der dänischen Fremdenpolizei als Staatenloser registriert. Das war unser großer Nachteil, als die Deutschen im Oktober mit den Judenrazzien anfingen. Vorher hatten sie schon verlangt, dass wir mit Judensternen rumlaufen sollten. Da hat der König widersprochen und gesagt: »Wenn ihr das erzwingt, dann trage ich den ersten Stern.« Das hat er auch gemacht.

Dann kam die Nacht vom 5. auf den 6. Oktober. Ich wurde von meinem Bauernhof abgeholt und auf einen offenen Lastwagen verfrachtet, bewacht von Militär mit Maschinenpistolen. Ich durfte nur einen kleinen Koffer packen, aber sie befahlen mir ausdrücklich, alles an Geld, Schmuck, Uhren mitzunehmen. Das war ein Befehl! Aber Kleidung, nur das Nötigste. Wir sind dann nach Vejle auf die deutsche Feldgendarmerie gebracht worden und wurden dort festgehalten bis nachmittags um 3 Uhr. Plötzlich gingen die Sirenen los: Fliegeralarm. Das war zu der Zeit ganz ungewöhnlich, doch wir hatten eine kleine Hoffnung: Wenn Vejle bombardiert würde, vielleicht können wir dann fliehen? Doch es kamen keine Flugzeuge. Die SS hatte den Fliegeralarm ausgelöst, damit die Straßen leer waren. Und auf diesen menschenleeren Straßen hat man uns dann zum Bahnhof gebracht und in einen Zug mit lauter Viehwaggons gesperrt. Wir wussten nicht genau, wohin es gehen sollte, doch wir ahnten: Jetzt geht es ins KZ. Nach drei Nächten und vier Tagen kamen wir in Theresienstadt an. Das war der 9. Oktober 1943.

Nach 18 Monaten im Lager erhielten wir Skandinavier ein Schreiben vom Lagerältesten, darin stand: »Es wird Ihnen mitgeteilt, daß Sie in die voraussichtlich noch heute von Theresienstadt abgehende Reisegruppe eingeteilt wurden. Sie werden daher ersucht, sich zuverlässig unter Mitnahme Ihres Gepäcks im Gebäude Bäckergasse 2 noch heute, Freitag, den 13. 4. 45 beginnend ab 20 Uhr bis längstens 22 Uhr einzufinden.« Darüber steht meine Anschrift im Lager; eine Zahl, das war meine Gefangenennummer, Jahrgang 1923 und Seestraße 2, das war ein Haus, wo alle wohnten, die mit Pferden zu tun hatten.

Wo es hingehen sollte, stand ja nicht drin. Da haben wir gedacht, jetzt sind wir an der Reihe. Dann waren wir in dieser Kaserne eingesperrt, gegenüber von den Eisenbahnschienen, dort, wo immer die Transporte abgingen. Und wir hatten Angst, waren unruhig und nervös, aber es passierte nichts.

Am Morgen war immer noch nichts. Wir bekamen unsere tägliche Brotration, sogar eine bessere als sonst. Erst nachmittags gegen zwei Uhr rief einer von uns: »Guckt mal alle aus dem Fenster!« Wir sahen raus, und da standen elf weiße Omnibusse mit rotem Kreuz. Da kam in uns eine ganz helle Hoffnung auf, dass wir nicht nach Auschwitz gehen würden. Das war – ja, ich weiß nicht, das kann ich gar nicht ausdrücken.

Wir waren etwa 450 Leute und wurden auf die elf Rot-Kreuz-Omnibusse verteilt. In jedem Bus saß ein SS-Mann mit Maschinenpistole, aber es waren zwei Chauffeure in jedem Bus. Und die waren Schweden. Die sagten gleich zu uns auf Schwedisch: »Habt keine Angst. Jetzt seid ihr auf schwedischem Boden. Der hier ist nur zum Schein da und froh, dass ihr ihm nichts tut.« Der hat das ja nicht verstanden, der Deutsche.

Dann ging es ab aus Theresienstadt, nachmittags gegen drei Uhr. Und da sehe ich Menschen, alle die Alten, die nicht arbeiteten, die liefen hinter unseren Bussen her. Wir fuhren ja ganz langsam raus. Die wussten natürlich, für uns scheint es in die Freiheit zu gehen, und sie selbst wussten ja noch nicht, wann der Krieg zu Ende sein würde. Davon war noch nichts zu bemerken. Das war fürchterlich, diese Leute zu sehen, wie die uns nachgeschaut haben. Obwohl wir selbst glücklich waren.

Von Theresienstadt sollte unsere Reiseroute durch Berlin gehen, aber wir schafften es nicht mehr durchzukommen, bevor es dunkel wurde. Man wusste, dass Berlin jede Nacht bombardiert wurde, die Chauffeure erzählten uns das. So sind wir in einen Wald vor Berlin gefahren und haben dort die ganze Nacht gestanden. Dann kamen die Bomben. Wir waren vielleicht 10 bis 15 Kilometer von Berlin entfernt, und unsere Busse sind bei jeder Bombe 10, 20 Zentimeter hochgehüpft. Das war unglaublich. Wir dachten: Mensch, Theresienstadt haben wir überlebt und müssen vielleicht hier unser Leben lassen? Mein Gott, wurde da bombardiert. Innerlich hat es uns gefreut, aber wir waren schon wieder ängstlich, wieder ängstlich.

Am nächsten Morgen ging es dann nach Berlin rein, und alle Straßen lagen voller Mauerschutt. Dann ging es ruck, zuck über Flensburg nach Dänemark, das ja immer noch von den Deutschen besetzt war. Plötzlich standen die Dänen an der Straße mit der dänischen Fahne in der Hand und schrien ununterbrochen Hurra. Die warfen Lebensmittel und Schokolade zu uns rein. Das war, als wenn du neu geboren wirst. Auf Fünen in Odense haben wir in einer alten Schule übernachtet. Das waren die ersten Betten nach 18 Monaten. Wir schliefen wie die Murmeltiere, und am Morgen gab es ein richtiges Frühstück, Haferflocken und so was. Die hatten ja Angst, dass wir das nicht vertragen. Wir hatten Hunger auf ganz was anderes.

In Kopenhagen war am Hafen alles vom deutschen Militär abgeriegelt. Kein Däne durfte uns begrüßen. Wir wurden auf ein Schiff verladen und ab nach Schweden. Da kamen wir erst mal in Quarantäne und wurden ärztlich untersucht, Blutproben und alles. Wir hofften derweil nur auf eine Portion Fleisch, auf Beefsteak, aber es gab nur gekochten Fisch. Doch wir konnten das auch verstehen, obwohl wir 18 Monaten nur von Beefsteak gesprochen hatten. Das war am 15. April.

Am 5. Mai hörten wir, dass sich die Deutschen in Dänemark ergeben hatten. Aber wir wurden noch nicht entlassen. Als wir dann endlich rauskamen, erhielten wir Taschengeld, damit wir die Reise nach Dänemark selbstständig machen konnten.

In Kopenhagen hatte ich dann ein Erlebnis, das ich auch nie vergessen werde. Auf dem Rathausplatz gab es Zeitungskioske, bei denen man auch telefonieren konnte. Gezahlt wurde bei den Zeitungsverkäufern. Von dort hatte ich meine allerersten Pflegeeltern angerufen. Die wohnten ja bei Kopenhagen, und ich fragte, ob ich kommen könne. Die haben sich gefreut, dass ich überhaupt noch am Leben war, und natürlich sollte ich kommen. »Nimm dir ein Taxi. Wir bezahlen, wenn du ankommst.«

Ich wollte also das Gespräch bezahlen, doch die Frau am Kiosk ließ mich warten. Die verkaufte weiter ihre Zeitungen, und immer, wenn ich sagte: »Jetzt bin ich doch dran«, hieß es: »Noch einen Moment.« Auf einmal gehen die Türen auf, und Leute vom dänischen Widerstand in Uniform und mit Waffen kommen rein. »Wer sind Sie? Haben Sie Papiere?« Ich habe ihnen erklärt, warum ich keine Papiere hatte. »Können Sie das beweisen?« Da habe ich ihnen meine Papiere aus Theresienstadt gezeigt. Die umarmten mich sogar: »Entschuldigen Sie, aber wir müssen hier wachsam sein. Viele Deutsche haben die Uniform ausgezogen und sind in Zivil noch in Dänemark. Und die Zeitungsfrau hier sagte uns, hier steht ein Mann, der spricht Dänisch mit Akzent.« Dann fragten die mich, wo ich hinwolle. Ich sagte, ich will eine Taxe nach da und da. Sagten die: »Kommt gar nicht in Frage. Wir fahren Sie hin.« Das war ein wirklich schönes Erlebnis.

Im Nachhinein ist mir klar, dass über uns, den dänischen Lagerinsassen, die ganze Zeit eine schützende Hand war, so dass wir nicht nach Auschwitz kamen. Ich weiß nicht, woher die kam, vom dänischen König vielleicht, aber das hat uns gerettet.

Einmal waren wir schon in einen Transport eingereiht. Doch dann hieß es plötzlich: »Die Dänen, die dürfen nicht mit.«

Dass ich mich im Übrigen immer wieder im Lager freiwillig gemeldet habe, hat auch einen Grund. Ich dachte, je mehr ich arbeite und je müder ich abends auf die Pritsche falle, umso weniger Zeit habe ich zum Nachdenken. Mein Grundsatz war: Je mehr du arbeitest, je weniger grübelst du über dein Schicksal nach. Da hatte ich gar keine Zeit mehr, an die Situation zu denken, an die Gefahr, in der ich mich in Wirklichkeit befand. Ich glaube, das hat mir auch geholfen, die Zeit im Lager besser zu überstehen. Ich hatte mich buchstäblich rausarbeiten wollen. Obwohl über dem Lager stand: »Arbeit macht frei«. Damit hat das nichts zu tun.

Insgesamt aber war mein persönliches Glück, zu diesem dänischen Transport gehört zu haben. Denn ich und die 20 anderen von der Jugend-Aliyah waren ja gar keine dänischen Staatsbürger. Doch wir kamen mit dem dänischen Transport und wurden deshalb auch mit befreit. Da haben wir den Dänen sehr viel zu verdanken.

Und jetzt Schluss damit!

Montag, 16. April – »Danke!«

Die Berliner Philharmoniker geben ihr letztes Konzert vor Kriegsende. • Reichsführer SS Heinrich Himmler wendet sich an die deutschen Frauen mit dem Appell, sie sollten »Drückeberger« mit dem Scheuerlappen an die Front scheuchen. • Das britische Foreign Office hält es für möglich, dass Europa in Ost und West zerfällt. • Im Ruhrgebiet kapitulieren deutsche Truppen; 325000 Soldaten geraten in US-amerikanische Kriegsgefangenschaft. • General Clay wird zum Stellvertreter des Oberbefehlshabers der US-Militärregierung in Deutschland, General Eisenhowers, ernannt.

Alfred Sturm, geboren 1924, lernte schon bei der Gefangennahme durch die Amerikaner, wie freundlich das Wort »Herren« klingen kann – ganz anders als von den angeblichen »Herrenmenschen« gewohnt.

»Meine Herren, legen Sie Ihre Waffen ab!«

Wir schauten uns alle erschrocken an. Was wir da hörten, das klang so unwahrscheinlich. Und wieder »Meine Herren …«. Es war keine Täuschung, es war Wirklichkeit. Ein amerikanischer Offizier redete uns auf Deutsch mit »Meine Herren …« an. Er sprach das laut über eine Art von Megaphon. Wir alle, Soldaten des verlorenen Krieges, wurden von unseren siegreichen Gegnern als »Meine Herren …« begrüßt!

Hier im Harzgebirge, eine der letzten Inseln des Krieges, hatten wir uns den Amerikanern ergeben. Zugegeben, wir waren froh, dass für uns der Schrecken zu Ende war. Unsere Gewehre hatten wir schon weggeschmissen, begeistert in einen Teich versenkt. Und waren auf der Suche nach den Siegersoldaten, denen wir uns ergeben konnten. Und jetzt diese Überraschung: »Meine Herren …«, wie ein Befehl klang das nicht, eher wie eine freundliche Aufforderung. Eine neue Welt tat sich vor uns auf, keine Welt der »Herren«. Eine Welt der Freunde. In meinem Kopf klang plötzlich Glenn Miller auf, durch unseren Volksempfänger habe ich diese Musik einige Male gehört. Für mich unvergessliche Melodien, so unvergesslich wie dieses: »Meine Herren, legen Sie Ihre Waffen ab. Danke!«

Auch dieses »Danke!« klang – gut verständlich – durch das scheppernde Megaphon.

Mittwoch, 18. April – Heldenspiele

Die spanische Regierung in Madrid verbietet allen deutschen Flugzeugen die Landung auf spanischem Gebiet. • Die britische Luftwaffe fliegt schwere Angriffe gegen Helgoland und wirft 4994 Tonnen Bomben über der Insel ab. • Nach Auflösung des Ruhrkessels besetzt die 1. US-Armee Düsseldorf. • Im Westen kommt der deutsche Widerstand zunehmend zum Erliegen; in Leipzig erscheint das Flugblatt »Frieden–Freiheit–Brot!« des Nationalkomitees Freies Deutschland. • Einheiten der US-amerikanischen 3. Armee dringen in Westböhmen gegen Pilsen und Budweis vor.

Für den damals zehnjährigen Peter Brendel war die Trümmerstadt Leipzig ein großer und gefährlicher Spielplatz. Und er erfuhr, wie schnell man bei den Nazis zum »Helden« werden konnte.

Am 18. April 1945 – ich war damals knapp zehn Jahre alt – war für uns in Leipzig der Krieg zu Ende. Nach elf fürchterlichen Luftangriffen blutete die Stadt wie ein großes Tier aus vielen Wunden. Meine Eltern, mein jüngerer Bruder und ich wohnten im Stadtzentrum, nahe dem Hauptbahnhof – wichtiges Ziel der Angriffe. Ich erinnere mich, nie etwas Schrecklicheres als diese Bombennächte im Keller bei Kerzenlicht erlebt zu haben. Durch die Bombeneinschläge und Detonationen flackerte jedes Mal das elektrische Licht, die Decken und Wände erzitterten, Putz fiel herab, Frauen schrien, Kinder heulten angsterfüllt.

Wenn aber dann alles ruhig wurde, warteten wir Jungen nicht stundenlang auf das lang gezogene Entwarnungssignal der Luftschutzsirenen, wie es vorgeschrieben war. Die Straße, ausgebrannte Häuser, die Trümmer und Ruinen – das waren unsere verlockenden Spielplätze mit all ihren oft tödlichen Gefahren. Es gab Hobbys, die nur wir damaligen Kinder hatten, zum Beispiel Granatsplitter sammeln.

Bei einem unserer Erkundungszüge entdeckten mein Freund und ich im vierten Stockwerk unseres Hauses eine Stabbrandbombe, die sich in die Dielen gebohrt hatte und schon brannte. Ängstlich rannten wir in den Keller und meldeten das dem »Blockwart«, einem strammen Nazi. Der Brand wurde mit Sand erstickt, und unser Haus war gerettet. Der propagandistischen Großtuerei der damaligen Zeit entsprach es, dass wir beide als »Helden« auf ein imaginäres Podest gehoben wurden. Wäre der Krieg eine Woche später für Leipzig nicht endgültig vorbei gewesen – vielleicht hätten wir noch einen Orden bekommen!

Am 18. April 1945 zogen nämlich von Westen her die

ersten US-Panzer in Leipzig ein. Meine Großeltern, die im Westen von Leipzig (Lindenau) wohnten, kamen keuchend zu uns ins Zentrum. Sie riefen: »Die Amerikaner kommen! Ihr müsst weiße Fahnen hissen!« Das war wieder so ein Signal für meinen Freund Harry und mich. »Los gomm, das mach'n mor!«, sagte er und zog mich ins Treppenhaus. »Na, wie denn?«, fragte ich. »Mensch, mir nähm ä Nachthämde von meiner Mudder und spieß'ns uff ä Einreißhagn«, antwortete er in seiner draufgängerischen Art. In der Tat hing sofort in der Löhstraße 11 eine riesige, weithin sichtbare weiße »Fahne« aus dem vierten Stock. Keiner hatte was gemerkt, vor allem Harrys Mutter nicht. Bis plötzlich der »Blockwart« erschien und wie ein Wilder rumschrie. Wir standen vor dem Kerl wie vor dem Kriegsgericht. Nur unsere Heldentat vor einer Woche rettete uns vor dem Schlimmsten. Oder waren es die mutigen Worte meiner Großmutter, deren liebster Sohn noch am 29. Januar 1945 als Panzerkommandant in Ungarn für Führer, Volk und Vaterland den »Heldentod« gestorben war?

Bald hörte man auch die ersten amerikanischen Panzer. Die Vorhut postierte sich mit ihren Jeeps vor unserem Haus, das die Offiziere für sich in Beschlag nahmen. Aber das ist eine andere Geschichte. Drei Monate später kamen dann die Russen. Das ist wieder eine andere Geschichte. Und jetzt ist Leipzig endlich wieder eine schöne Stadt! Das ist die schönste Geschichte!

Donnerstag, 19. April – Leben im Schutt

Kurt Schumacher beschließt mit Parteimitgliedern, die SPD neu zu gründen. • In Norddeutschland stößt die 2. britische Armee über Lüneburg hinaus weiter vor und erreicht die Elbe bei Lauenburg. • Am Vorabend von Hitlers 56. Geburtstag hält Goebbels eine Rundfunkansprache, in der er den Führer den »Mann dieses Jahrhunderts« nennt. • Die britische Luftwaffe fliegt in der Nacht zum 19. April wieder einen Angriff gegen Berlin. • In Italien erzielen die alliierten Armeen weitere tiefe Einbrüche in die deutsche Front und versuchen, den Durchbruch auf Bologna zu erzwingen.

Jupp Derwall, geboren am 10. März 1927 im rheinischen Würselen, wurde als Fußballspieler und Bundestrainer (1978 bis 1984) bekannt: Mit der bundesdeutschen Mannschaft wurde er 1980 Europameister und 1982 Vize-Weltmeister. Hier erzählt Derwall, wie er als achtzehnjähriger Soldat aus der Kriegsgefangenschaft floh und in seine zerstörte Heimatstadt zurückkehrte. Petra Mies hat Jupp Derwalls Erinnerungen aufgezeichnet.

Ich erkannte meine Heimatstadt nicht wieder. Das ist Würselen in der Nähe von Aachen und nicht St. Ingbert bei Saarbrücken, wo ich heute wohne. Mein Bruder und ich sind in Würselen aufgewachsen, mein Vater arbeitete bei der Reichsbahn und meine Mutter war Hausfrau. Als ich im April 1945 nach zwei Jahren als Soldat bei der Luftwaffe und kurzer Gefangenschaft im Harz zu Fuß in Würselen ankam, war mein Schrecken groß. Unvorstellbar. Die kleine Stadt lag am Boden, es war grausam, sie anzuschauen. Ob Kirche, ob Geschäftsstraßen, ob Privathäuser, alles war zertrümmert. Ich war achtzehn Jahre alt und völlig schockiert.

Würselen war aufgrund seiner Nähe zur niederländischen und belgischen Grenze während des Krieges ein wichtiger Punkt des Westwalls. Es ging ständig hin und her: Mal eroberten die Deutschen und dann wieder die Amerikaner das Städtchen. Das wechselte dreißigmal und war ein typischer Häuserkampf. Die Minen und Handgranaten hingen quasi an den Türklinken. Dauernd ging eine Mine hoch. Es war furchtbar für mich, das zu sehen. Noch viel schlimmer als die

Zerstörungen war allerdings, dass viele Freunde tot oder schwer verletzt waren. Manchen waren zum Beispiel die Beine abgerissen worden.

Weil alles kaputt war, konnte von Aufbau zunächst überhaupt keine Rede sein. Die Leute waren schlichtweg froh, wenn sie sich irgendwie zwei, drei Räume in all dem Schutt zimmern konnten. Die Männer mussten beim Friseur praktisch den Anzug ausziehen, weil so viel gestohlen wurde in der Not damals. Als es wieder losging mit dem Fußballspielen in Würselen, mussten wir erst einmal die vielen Splitter auf dem Sportplatz aufheben. Sport wurde später mein Leben, im Fußball fühlte ich mich nicht nur als Bundestrainer zu Hause, sondern auch in meinen anderen Funktionen.

Aber das war nach dem Krieg. An der Front war ich als Soldat nicht gewesen, zum Glück, ich war lediglich in der Pilotenausbildung für die ME 110 beim Jagdgeschwader A 52 in Braunschweig und in Goslar. Wir saßen hinten in den Maschinen und bekamen gesagt, wann was zu tun sei. Nur Schulung, aber kein Einsatz. Als dort immer weniger deutsche Truppen waren, sind wir in den Harz abgezogen worden. Ich geriet in Gefangenschaft der Amerikaner. Wir lagen mit fast 30000 Männern im Lager in der Nähe von Kassel. Ich habe mich freiwillig gemeldet, um in einem Bergwerk in Frankreich zu arbeiten. Vom Bergwerk verstand ich etwas. Als wir in offenen Güterwaggons dorthin gebracht werden sollten, bin ich mit zwei Freunden in Frankfurt abgesprungen. Wir ließen uns eine Böschung herunterrollen und versteckten uns in einem Schrebergarten. Dort brannte Licht, und die alte Dame in diesem Schrebergarten half uns. Wir wechselten unsere Kleider und sind losmarschiert.

Sechs Wochen lang bin ich in Richtung Oldenburg gelaufen, wohin meine Eltern evakuiert worden waren. Einer meiner Freunde zweigte in Hagen ab, weil er nach Köln wollte, der andere zweigte in Osnabrück ab, weil er nach Hamburg wollte. Dann bin ich alleine weiter. Es dauerte so lange, weil wir immer nur nachts gehen konnten und möglichst durch Wälder gelaufen sind, um uns zu verstecken. Wir waren schließlich aus der Gefangenschaft entflohene Soldaten.

In Oldenburg holte ich meinen Bruder aus dem Lazarett und meine Eltern ab, dann sind wir zusammen nach Würselen zurückgekehrt. Ich kann wirklich nicht sagen, dass das Leben einfach weiterging. Es hat nach meiner Heimkehr sehr lange gedauert, bis die Stadt, die meine Heimat war, wieder stand.

Freitag, 20. April – Gespenstische Feier

Im Bunker der Reichskanzlei in Berlin findet zu Hitlers Geburtstag eine Feier statt, an der auch Reichsmarschall Göring, Großadmiral Dönitz, Generalfeldmarschall Keitel, Reichsaußenminister von Ribbentrop, die Reichsminister Goebbels und Speer sowie Reichsführer SS Himmler teilnehmen. Reichsjugendführer Axmann übermittelt Hitler »das Bekenntnis der ganzen deutschen Jugend zum Führer«. • In der Hamburger Schule Bullenhuserdamm werden 18 jüdische Kinder und mehr als 30 Gefangene ermordet. • In den Niederlanden sprengen deutsche Soldaten Nordseedeiche.

Wolf Angebauer musste als Sechzehnjähriger gegen die sowjetische und die US-Armee kämpfen – und sich anhören, wie »der Führer« noch Tage vor Kriegsende an dessen 56. Geburtstag gefeiert wurde.

Am 20. April 1945 befand sich unsere Einheit irgendwo zwischen Wittenberge und Parchim. Wir hatten am Vortage den Befehl erhalten, unsere Kampfhandlungen gegen die amerikanischen Verbände an der Elbe einzustellen und uns in Richtung Nordosten in Marsch zu setzen.

Unsere von Wehrmachtsoffizieren geführte Kampfgruppe

bestand im Kern aus RAD-(Reichsarbeitsdienst-)Angehörigen, die zu Panzervernichtungstrupps ausgebildet worden waren. Unser Ziel war jetzt der Einsatz gegen die von Osten heranrückenden russischen Panzerverbände.

Am Abend des 20. April machten wir auf freiem Feld Rast, und man hieß uns, einen Kreis zu bilden. Während wir noch darauf warteten, dass man Schnapsflaschen kreisen ließ, was vor einem anstehenden Kampfeinsatz nicht unüblich war, wurde uns stattdessen ein Feldgottesdienst angekündigt. Ein uniformierter Feldgeistlicher sprach zunächst ein Gebet und ließ dann eine Predigt folgen, die voll von solchen christlichen Botschaften war wie zum Beispiel der Gewissheit, dass Gott mit uns sei, wenn wir denn in Kürze dem bolschewistischen Erzfeind todesmutig entgegentreten würden, um unser Vaterland gegen die teuflische Bedrohung aus dem Osten zu verteidigen. Und auf dieser Linie ging es dann unentwegt weiter, bis uns und unseren Waffen schließlich so etwas wie ein kirchlicher Segen zum Töten erteilt wurde.

Ich musste derweil die ganze Zeit daran denken, welche starke seelische Unterstützung der christliche Glaube meiner Mutter in den Jahren seit der Verkündung der so genannten Nürnberger Gesetze stets gewesen war und welchen Halt sie in ihrer Kirche gefunden hatte. An der Predigt dieses Gottesmannes hätte sie jedoch wohl kaum irgendwelchen Gefallen finden können, wie dessen Worte denn auch mein eigenes Verhältnis zu meinem Glauben auf so lange Zeit belasten sollten.

»Heil Hitler!«, sagte leise mein Kumpel Säckchen Gintauth zu mir, der wie ich aus Berlin stammte. »Meinste nich, detta jetz nich ooch noch ›Heil Hitler!‹ hätte sagen können. Schließlich ham wa heute ja Führers Jeburtstach.«

Ich war an jenem 20. April 1945, dem 56. und damit letzten Geburtstag Adolf Hitlers vor seinem Selbstmord ganze zehn Tage später, 16 Jahre alt. 16 Jahre und 88 Tage, um es ganz genau zu sagen.

Samstag, 21. April – Heilig Vaterland …

In Berlin führt man das Sirenensignal »Feindalarm« ein; die Stadt liegt an diesem Tag erstmals in Reichweite der sowjetischen Artillerie. • Die norditalienische Stadt Bologna wird von US-amerikanischen Truppen eingenommen. • Die britische Luftwaffe greift auch in der Nacht zum 21. April noch einmal Berlin an. • Auf Gut Hartzfelde bei Berlin findet eine Begegnung zwischen Reichsführer SS Himmler und Vertretern des World Jewish Congress statt, anschließend werden 1000 jüdische Frauen aus dem Konzentrationslager Ravensbrück freigegeben.

Gisela Brandt erlebte als Dreizehnjährige, dass die Kampfparolen, die man ihr in der Hitlerjugend eingebläut hatte, bei Ankunft der »Feinde« nichts mehr galten.

Noch vor wenigen Tagen hatten wir Hitlerjugend-Mädel gesungen »Heilig Vaterland in Gefahren, deine Söhne sich um dich scharen« und »Wenn der Fremde deine Krone raubt, Deutschland, fallen wir Haupt bei Haupt«. Wir waren von unserer Führerin aufgefordert worden, beim Bau von Panzersperren mitzuhelfen, Nägel auf die Straße zu streuen und Barrikaden zu errichten, um Widerstand gegen den Feind zu leisten, der sich unserer Stadt näherte. Zwar war der HJ-Dienst mir immer lästig gewesen; ich hätte lieber gespielt oder gelesen, anstatt zweimal in der Woche durch die Stadt marschieren zu müssen, Völkerball zu spielen oder Hitlers Lebenslauf auswendig zu lernen. Aber nun, in der Stunde der Gefahr, wollte ich dabei sein, all die Heldengeschichten taten ihre Wirkung, und ich war mit meinen 13 Jahren natürlich bereit, »Haupt für Haupt« zu fallen, obwohl mir bei diesem Gedanken auch etwas beklommen zumute war.

Die Amerikaner kannte ich nur aus der Nazipropaganda. Das waren für mich eine Art kriegslüsterne Untermenschen, die mit Hunderten von Flugzeugen kamen, um Bomben auf unschuldige Kinder und Frauen zu werfen, die dann als lebendige Phosphorfackeln grässlich schreiend aus den Häusern liefen. Ich hatte die Panik im Schul-Luftschutzkeller miterlebt, als eine Mine das Dach des Gebäudes abrasierte, und war auf der Beerdigung einer Schulkameradin gewesen, die von Tieffliegern in einem engen Tal verfolgt und erschossen worden war. Nach diesen Erfahrungen erwartete ich von dem Einmarsch der Alliierten nichts Gutes.

Tagelang hatte es Granateinschläge in der Nähe der Schule gegeben, wo wir eine Lehreretage bewohnten, die nun als Lazarett umfunktioniert war. Dann plötzlich Stille – die seltsame, angespannte Stimmung, die zwischen zwei Fronten herrscht, wenn das eine Heer bereits abgezogen, das andere im Anmarsch ist. Wir krochen aus dem Luftschutzkeller, in dem wir tagelang mit mehreren Nachbarn gehaust hatten, ins Freie. Es war ein herrlicher, warmer Apriltag, die Bäume blühten, die Vögel jubilierten, als sei nie etwas Schreckliches geschehen, als gäbe es nicht überall an den Straßenrändern die schnell zusammengezimmerten Holzkreuze mit den darüber gehängten Helmen der Soldaten, die in letzter Minute gefallen waren.

Noch war der Feind nicht da. Ich erwartete nun, dass der angekündigte Widerstand von unseren städtischen Parteigrößen angeführt würde. Aber was passierte? Es passierte – nichts. Ich fragte die Leute, die aus der Stadt kamen, um Suppe aus der Gulaschkanone zu erbetteln, wo der Treffpunkt für die Verteidiger denn nun sei. Sie wussten von nichts. Ich wollte wissen, was der Bürgermeister unternahm und die HJ-Führer. Sie lachten nur und meinten, die könne ich ja mal suchen gehen. Da ging mir langsam ein Licht auf. War ich vielleicht die Einzige, die treudoof geglaubt hatte, was die Erwachsenen ihr erzählten, und die bereit gewesen war, all diese hehren Ideale zu verteidigen? Das Gefühl einer unaussprechlichen Enttäuschung und ohnmächtigen Wut stieg in mir hoch, und ich beschloss bei mir, nie wieder irgend jemandem irgendwas zu glauben, vor allem keinem Politiker.

Und was machten die Sanitätsoffiziere, das Personal und die wiederhergestellten Soldaten aus unserem Lazarett? Sie hatten sich über die Vorratskeller hergemacht, in denen Wein und alle möglichen Delikatessen lagerten, die natürlich nicht in die Hände der Feinde fallen durften. Die Helden der Nation torkelten weinselig, wehmütig sentimental gestimmt im Sonnenschein auf dem Schulgelände herum. Ich schämte mich für sie mit der ganzen Radikalität meiner Jugend. Was sollten bloß die Feinde von den Deutschen denken, wenn ihnen solche Waschlappen in die Hände fielen? Einige schenkten uns all ihre Geldscheine, die sie in der Gefangenschaft doch nicht mehr brauchen würden.

Einige Stunden später durften wir dann, während meine Mutter und meine Oma in panischer Hast Hitlers »Mein Kampf« und andere naziverdächtige Literatur im Küchenherd verbrannten, vom Kinderzimmerfenster aus mit ansehen, wie die Feinde einmarschierten; aber sie marschierten gar nicht, sondern schlichen gebückt mit vorgehaltenen Gewehren in einer langen Reihe am Straßenrand entlang. Wir fanden das ziemlich lächerlich, wenn wir an unsere kampfunfähige Lazarettmannschaft dachten und an all die weißen Bettlaken, die nun statt der Hakenkreuzfahnen aus den Fenstern hingen. Die Feinde schienen sich trotzdem zu fürchten. Also schon wieder Feiglinge! Aber was konnte man von denen schon anderes erwarten? Immerhin sahen sie aus wie Menschen.

Sonntag, 22. April – Rettung durch den »Feind«

In Moritzburg bei Dresden stirbt die 1867 geborene Grafikerin und Bildhauerin Käthe Kollwitz. • Während man in Mitteldeutschland noch an verschiedenen Stellen hinhaltend kämpft, setzen die Westalliierten ihren Vormarsch in Süddeutschland zügig fort: Die 1. französische Armee erobert Stuttgart, während die 7. US-Armee bis Donaueschingen vordringt. • In Italien haben die alliierten Armeen den operativen Durchbruch erzwungen und stoßen über Modena und Bologna in die Po-Ebene vor. • Hitler äußert vor seinen Mitarbeitern erstmals die Ansicht, dass der Krieg verloren sei.

Lotti Buchwald berichtet von der Rettung ihres Vaters durch einen russischen Soldaten. »Auch im Krieg kann es Momente geben, in denen auf Unterschiede zwischen Freund und Feind verzichtet wird«, schreibt sie.

Bis Ende 1943 lebte ich mit meinen Eltern in Berlin, dann wurde ich mit meiner Mutter evakuiert. Ich war damals fünf Jahre alt. Mein Vater, Jahrgang 1903, war nicht zum Militär eingezogen worden, da er als Technischer Prüfer kriegswichtige Arbeiten ausführen musste. Er testete Instrumente, die in Kampfflugzeugen zum Einsatz kommen sollten.

Die Nacht, in der unser Haus vollständig ausgebombt wurde, verbrachte er in einem Berliner Luftschutzkeller. Es war bereits Ende April 1945; russische Soldaten sah man an allen Ecken, und die Häuserkämpfe waren im vollen Gange. Von den Dächern, aus den Fenstern, überall wurde geschossen. Trotz allem versuchte mein Vater, sich am nächsten Tag mit seinem Fahrrad im Schutze qualmender Ruinen über Leichen, Trümmerberge und zerschossene Straßenbahnschienen aus dem Chaos zu retten. Weit kam er nicht! Ein Pfeifen, ein Ruck im Oberschenkel und ein Klicken in der Brusttasche seiner Jacke waren die Signale fürs Aus. Er stürzte vom Rad und blieb im stärksten Kugelhagel auf der Erde liegen. Es pfiff und ratterte von allen Seiten um ihn herum. Mein Vater versuchte, mit seinem blutüberströmten Bein an den Straßenrand zu robben, aber bald verließen ihn die Kräfte.

Da erschien in einem Hauseingang ein russischer Offizier,

der zu meinem Vater hinübersah. Plötzlich spurtete er los, riss meinen Vater hoch und trug ihn auf den Armen in einen Keller, wo sich viele verwundete Soldaten aufhielten. Dort wurde ihm von russischen Sanitätern ein Notverband angelegt, denn Vater hatte einen Oberschenkeldurchschuss erlitten. Das Klicken, das er in seiner Brusttasche vernommen hatte, stellte sich als Schuss heraus, der durch eine Ecke seines silbernen Zigarettenetuis gegangen war. Nie zuvor hatte er dieses in seinem Jackett aufbewahrt, denn eigentlich trug er das Futteral immer in der Gesäßtasche seiner Hose. War es Intuition? Das Schussloch in der Ecke des Etuis war ihm stets Mahnung daran, dass ein Schutzengel neben ihm gestanden haben musste.

Den hatte es sicher wirklich gegeben, denn mein Vater wurde mit den russischen Leidensgenossen in ein Lazarett transportiert und dort – soweit es damals eben möglich war – bestens versorgt und behandelt. Bis zum Spätsommer 1945 war er so weit wieder auf die Beine gebracht worden, dass er einen wochenlangen Fußmarsch in Richtung Westen antreten konnte. In Tangermünde überquerte er die Notbrücke über die Elbe (die alte Brücke war kurz vor Kriegsschluss noch gesprengt worden). Dort konnten meine Mutter und ich ihn nach der langen, ungewissen Zeit wieder in die Arme schließen. Meine Eltern blieben in der DDR, ich bin 1955 nach Westdeutschland gegangen. Obwohl das Verhältnis zwischen den Deutschen und der russischen Besatzung nicht zum Besten stand, ließ mein Vater nie etwas auf die Soldaten der Roten Armee kommen, und immer wieder hat er mir die Geschichte vom russischen Offizier erzählt, der nicht Freund oder Feind, der nur einen verwundeten Menschen sah.

Dienstag, 24. April – Der kleine Befreier

Hitler entlässt Göring, nachdem dieser zuvor in einem Telegramm angeboten hatte, Hitlers Ämter zu übernehmen. • In Berlin erscheint die erste Ausgabe der Zeitung »Panzerbär«, ein »Kampfblatt für die Verteidiger von Groß-Berlin«; sie wird bis zum 29. April herausgegeben. • Sowjetische Truppen rücken in Berlin ein. • Reichsführer SS Heinrich Himmler lässt durch den Präsidenten des Internationalen Roten Kreuzes, Folke Bernadotte, Graf von Wisborg, ein Kapitulationsangebot übermitteln. • Die britischen Truppen setzen für das Gebiet des Landes Braunschweig eine deutsche Verwaltung ein.

Ingeborg Petzsch erlebte den Einmarsch der sowjetischen Armee in Kleinmachnow. Die »Russen« begegneten der 15-Jährigen in Gestalt eines zitternden »schmächtigen Kerlchens«.

Kleinmachnow, damals Berlin-Zehlendorf 4, heute Bezirk Potsdam: Seit dem 20. 4. 1945 saß meine Mutter mit uns drei Kindern und den in Berlin-Charlottenburg ausgebombten Großeltern im Keller unseres Hauses, da draußen gekämpft wurde.

Genau wie die Verwandten im Nachbarhaus hatten wir Angst um Muttis Schwager, der als Volkssturmmann eigentlich eine Brücke über den Teltowkanal bewachen sollte, aber nach Hause zurückgekehrt war.

Als es am 24. 4. '45 plötzlich still war, ging mein Großvater nach draußen, kam aber schnell wieder in den Keller und fragte uns, ob wir einen Russen sehen wollten. Im ersten Moment dachten wir, dass er einen seiner Witze machte, folgten ihm aber.

Da stand vor der Gartentür ein schmächtiges Kerlchen, kaum größer als ich 15-jähriges Mädchen, wahrscheinlich auch kaum älter. Er war ostasiatischer Herkunft, die Uniform war schlammgrau, das Gewehr zitterte in seinen Armen. Ich empfand eigentlich nur Mitleid. Stumm starrten wir uns an, dann ging er langsam weiter. Gut, dass das Ersatzheer des General Wenck bei Ferch festgehalten wurde, so war für uns der Krieg schon jetzt, am 24. 4., zu Ende.

Es war ein sonniger, warmer Frühlingstag.

Donnerstag, 26. April – Die Kraft der Dora Love

Für die US-amerikanischen Truppen wird unter der Bezeichnung »JCS-1067« eine Direktive zur Besatzungspolitik in Deutschland erlassen, in der es unter anderem heißt, Deutschland sei nicht zum Zweck der Befreiung, sondern als besiegter Feindstaat besetzt worden. Man wolle das Land »wirtschaftlich abrüsten«. • Hitler übermittelt Jodl einen Befehl, nach dem die 12. Armee unter General Wenck zu einem Entsatzangriff auf Berlin anzutreten habe. • In Italien erobert die 5. US-Armee Verona, während Verbände Titos aus Dalmatien heraus Fiume erreichen.

Dora Love, geboren als Dora Rabinowitz im litauischen Klaipėda (damals Memel), erlebte im Konzentrationslager den Tod ihrer Schwester und ihrer Mutter mit. Sie selbst überlebte die Befreiung, die bei ihr auf besonders dramatische Weise verlief, schwer krank und geschwächt. Nach dem Krieg kümmerte sie sich um die Kinder ermordeter Juden. 1949 ging sie mit ihrem Mann, den sie als britischen Offizier im Lazarett kennen gelernt hatte, über London nach Südafrika. Sie bekam drei Kinder, von denen das erste, eine Tochter, bei einem Badeunfall starb. Die zweite Tochter schloss sich dem ANC, der südafrikanischen Befreiungsbewegung, an. Johannes Dieterich hat ihre Erinnerungen notiert.

Der 26. April 1945 war ein kalter Tag. Wir wurden beim Morgengrauen vom Gebrüll der deutschen Aufseher geweckt, die immer nur »Raus, raus, raus!« riefen und uns zum Tor trieben. Die schwer bewaffneten Wärter hinter dem Stacheldrahtzaun waren verschwunden, und das Tor war offen. Die KZ-Aufseher trieben uns runter ans Meer, wo sieben Kutter auf uns warteten. Das Ganze war offenbar gut vorbereitet worden: Die Deutschen wollten die Spuren ihrer Verbrechen tilgen – später versuchten sie offenbar auch das ganze Lager abzubrennen, allerdings ohne Erfolg. Ein paar Motorboote zogen uns in den Kuttern aufs offene Meer hinaus und verschwanden dann.

Wir trieben siebeneinhalb Tage lang auf der Ostsee. Ohne Essen, ohne Trinken. In jedem Boot saßen vielleicht 40 Personen. Wenn jemand starb, wurde er über Bord geworfen. Unter uns war Einar Hjellmo, ein wunderbarer Norweger, der etwas vom Segeln verstand. Er schrie von Boot zu Boot: »Keiner trinkt! Trinken bedeutet den Tod.« Auf diese Weise wurden viele gerettet. Am achten Tag rief Einar plötzlich: »Ich sehe Land.« Gemeinsam mit einem Dänen – die beiden hatten im KZ Pakete vom Roten Kreuz bekommen und waren deshalb wesentlich fitter als wir – schwamm er zur Küste und kam mit zwei kleinen Booten zurück. Ich wurde gleich ins erste Boot geladen, weil ich nicht mehr stehen konnte.

Später stellten wir fest, dass uns der starke Wind bis an die holsteinische Küste getrieben hatte. Nicht weit von uns entfernt lagen an jenem 3. Mai zwei Schiffe vor Anker, die »Deutschland« und die »Kap Arcona«, auf denen sich rund 10000 Überlebende aus verschiedenen KZ befanden. Der britische Geheimdienst hatte eine Nachricht falsch interpretiert und glaubte, dass es sich bei den Überlebenden um flüchtige SS-Leute handele. Sie bombardierten die Schiffe, alle 10000 Menschen kamen ums Leben. Davon erfuhren wir allerdings erst später.

Als wir an Land kamen, fand jemand einen Schubkarren, auf den sie mich setzten und in Richtung nächster Stadt marschierten: das war Neustadt in Holstein. Auf dem Weg begegneten wir deutschen Soldaten, die noch Waffen trugen. Doch als wir uns der Stadt näherten, warfen sie plötzlich ihre Gewehre weg und rannten davon. Von der anderen Seite kamen kurz später die ersten britischen Soldaten. Sie fragten uns, ob jemand Englisch spreche. Einer deutete auf mich, aber ich hatte ganz andere Probleme. Ich sah ein Gewehr auf dem Boden liegen, und da mein größter Wunsch war, wenigstens noch einen Deutschen zu erschießen, bevor ich sterbe, versuchte ich das Gewehr hochzuheben. Ich schaffte es allerdings nicht. Der britische Offizier sagte: »We are British.« Ich fragte: »Und was sind wir? Gefangene?« Undeutlich hörte ich ihn noch etwas sagen, das wie »free« klang. Dann fiel ich in eine tiefe Bewusstlosigkeit.

Ich war ein knappes Jahr im KZ Stutthof eingesperrt gewesen. Unser Lagerkommandant hieß Obersturmbannführer Krause. Er pflegte morgens auf dem Pferd ins Lager zu reiten und mit der Pistole auf Kinder zu schießen. Einmal hörte ich ihn sagen: »Ich schieße nie zweimal. Wenn ich sie nicht mit dem ersten Schuss treffe, dann können sie gehen.« Er war offenbar stolz darauf, ein fairer Mensch zu sein. Eines Tages fand jemand ein ziemlich kaputtes Klavier. Ich konnte ihm ein paar Töne abringen und spielte »Hänschen klein ging allein«. Als Krause das hörte, sagte er: »Oh, wie schön! Das sind die Lieder meiner Kindheit.« An diesem Morgen ging er nicht zum Schießen. Da war mir klar, was ich tun musste. Jeden Morgen, wenn Krause auf seinem Pferd auftauchte, versammelte ich ein paar Kinder, mit denen wir »Kommt ein Vogel geflogen« oder eben »Hänschen klein« sangen. Dann wurde kein Kind erschossen.

Wer wie ich Deutsch sprach, bekam einen so genannten privilegierten Job im Lager: etwa die Räume der Wärter reinigen. Wenn wir fertig waren, kamen die Aufseher, um zu prüfen, ob auch alles sauber war. Dabei kam es immer wieder vor, dass dich einer mit zur Toilette nahm, hineinpinkelte, deinen Kopf hineinsteckte und sagte: »Das wird dich nach Rosen riechen lassen.« Diese Erniedrigung war schlimmer als Schwerstarbeit.

Wir wurden aber auch zum Ausheben von Panzersperrgräben abkommandiert. Diese Gräben sollten 4,50 Meter tief sein: Erst musste die Erde mit Spaten und Pickeln gelockert, dann über mehrere Etagen nach oben geschaufelt werden. Eigentlich kein Job für Frauen, geschweige denn für völlig ausgehungerte. Die Aufseher schlugen uns mit ihren Gewehrkolben auf den Rücken und die Nieren – Jahre später kollabierte wohl deshalb eine meiner Nieren. Damals starben viele vor Erschöpfung in den Gräben. Sie wurden vom Totenkommando auf Holzkarren geladen und zum Krematorium geschafft. Dessen Schornsteine rauchten die ganze Zeit. Wir wussten das. Aber es machte uns kaum noch etwas aus. Wir waren völlig abgestumpft.

Dann kam der Winter, mit viel Schnee. Bevor man sie ins Krematorium karrte, wurden die Toten morgens auf Haufen geschichtet. Wir verteilten die Leichname dann auf dem Boden, damit wir wie auf einem Teppich auf ihnen laufen konnten und nicht mit unseren bloßen Füßen in den Schnee treten mussten. Heute fällt es mir schwer, daran zu denken, wie wir nur so etwas Unmenschliches tun konnten. Aber damals hielten wir uns für schlau. Vielleicht ging es auch manchem Deutschen so: Sie hatten zu diesem Zeitpunkt schon so viele Grausamkeiten gesehen, dass sie gar nicht mehr wussten, was sie taten.

Meine Schwester, die körperlich immer schon schwächer war als ich, wurde förmlich von Läusen aufgefressen. Ihr ganzer Körper war von den Tieren bedeckt. Eines Tages hörte sie einfach auf zu atmen. Ich sah ihr zu. Sie war 17. Ich schämte mich, dass ich immer noch am Leben war. Andererseits war ich wild entschlossen, am Leben zu bleiben, um diese schreckliche Geschichte erzählen zu können. Ich war in Memel aufgewachsen, einer deutschen Stadt, die der Versailler

Vertrag Litauen zugesprochen hatte. Die deutsche Bevölkerung dort fühlte sich schlecht behandelt. Deshalb fiel es den Nazis später leicht, sie auf ihre Seite zu ziehen. Meine drei Geschwister und ich wuchsen mehr als komfortabel auf. Unsere Eltern hatten zwei Häuser, zwischen denen wir einmal im Jahr wechselten, damit es »den armen Kindern« nicht langweilig wurde. Mein Vater war Alleinrepräsentant für edles Porzellan, Glas und Besteck in den baltischen und skandinavischen Staaten.

Für uns begann der Krieg am 21. März 1939 mit dem Einmarsch der SS im Memelgebiet – also gut sechs Monate vor dem eigentlichen Kriegsbeginn. Ich hatte im Alter von 14 Jahren und zehn Monaten gerade mein Abitur am deutschen Lyzeum bestanden: Während meiner Schulzeit übersprang ich drei Klassen. »Wir sprachen zu Hause Deutsch und Russisch. In der Schule lernten wir außerdem Litauisch und Englisch, Polnisch konnte ich zumindest verstehen.« Als die SS einmarschierte, war mein Vater gerade im Ausland und meine Mutter nach einem Schlaganfall im Krankenhaus. Plötzlich tauchte Dr. Kurt Selwig, der Buchhalter meines Vaters, bei uns auf und rief: »Kinder, Kinder, schnell in meinen Wagen.« Wir fragten: »Wohin und für wie lange?« Er sagte: »Weiß nicht.« Wir durften jeder einen uns wertvollen Gegenstand mitnehmen: Ich packte ein Album aus der Schulzeit ein. Dr. Selwig brachte uns an die Grenze nach Litauen, wo wir von einem anderen Freund meines Vaters abgeholt wurden, der uns im litauischen Schaulen in ein Haus einquartierte.

Nach dem Nichtangriffspakt zwischen Hitler und Stalin marschierten die Russen im Juni 1939 in Litauen ein. Im Frühjahr 1941 kamen dann die Deutschen, die Russen flohen. Die Litauer halfen den Deutschen, indem sie jedes Haus markierten, in dem Juden lebten. Später ging dann die SS von Haus zu Haus, sammelte die Männer ein und sperrte sie in die Synagoge. Danach wurde die Synagoge mitsamt den Menschen darin angezündet. So geschah das fast überall in Litauen. Unter den Leuten, die an unsere Tür kamen, war ein gewisser Hans Elmer, in SS-Uniform. Hans war oft bei uns zu Hause in Memel gewesen, unsere Väter waren befreundet. Als er mich in der Tür sah, erstarrte er. Er sagte kein Wort, drehte sich um und rief den Leuten hinter ihm zu: »Keine Männer hier im Haus.« Dann ging er weg, ohne sich noch einmal umzudrehen. Nach dem Krieg versuchte ich ihn zu finden, weil ich wissen wollte, wie er dazu kommen konnte, Männer für ihre Ermordung auszusondern. Ich habe ihn aber nie wieder gesehen.

Kurz vor diesem Zwischenfall war mein zweitältester Bruder Michael nach Hause gekommen und hatte gesagt: »Ich gehe. Ich werde nicht warten, bis mich die Deutschen erschießen.« Er sprang auf den nächsten Zug, der voller russischer Soldaten war. So kam er nach Russland, wo er zunächst sehr skeptisch behandelt wurde, weil sein Deutsch wesentlich besser als sein Russisch war. Er trat dann aber der Armee bei und kämpfte fünf Jahre lang im Krieg. Als er die Armee verließ, wurde er wieder verdächtigt, ein Spion zu sein, und nach Sibirien verbannt. Dort war er über ein Jahr lang im Straflager. Als er entlassen wurde, kehrte er nach Memel (inzwischen Klaipėda genannt) zurück. Dort fand er keinen Einzigen mehr von unserer Familie. Ich wusste bis 1964 nicht, dass mein Bruder überhaupt noch am Leben war. Ende 1964 durfte er mit seiner Familie nach Israel ausreisen, nachdem mein Vater eine Ablösesumme von 16000 US-Dollar bezahlt hatte.

Nach dem Einmarsch der Deutschen wurden wir ins Ghetto in Schaulen gebracht. Dort lebten wir mit acht Familien in einem Haus, meine Eltern und wir zwei Schwestern waren in ein Zimmer gepfercht. Zum Essen gab es meist wässrige Suppe. Um unsere Brotration zu erhalten, mussten wir oft stundenlang anstehen. Wir bekamen alle Arbeit zugeteilt: Ich musste die Straßen im deutschen Viertel putzen, meine Mutter sollte beim Bau des Flugplatzes helfen. Da sie aber zu schwach war, um auch nur einen Stein zu heben, übernahm ich auch ihre Schicht.

Eines Tages kamen Lastwagen ins Ghetto. Sie luden einige hundert Frauen und Männer auf. Es hieß, wir gingen zum Torfstechen – davon hatte ich noch nie zuvor gehört. Wir wurden in ein Moorgebiet gebracht, wo wir bis zur Hüfte im Wasser stehend arbeiten mussten. Es wurde Winter, und wenn die Leute vor Erschöpfung umfielen, ließ man sie einfach im eiskalten Wasser zurück. Morgens fuhren meist drei Lastwagen zur Arbeit hinaus, abends kam oft nur einer mit den Überlebenden zurück. Wir schliefen in Baracken in unseren nassen Kleidern auf dem Boden, weil wir nichts zum Wechseln hatten. Erst als es so kalt geworden war, dass der Boden fror und wir keinen Torf mehr stechen konnten, wurden wir ins Ghetto zurückgebracht.

Am 1. Juni 1944 holte uns die SS für den Transport ins KZ ab. Es gab eine Menge Prügel, viele von uns brachen zusammen. Am Eingang zum Ghetto standen Galgen, an denen am Tag zuvor zwei Männer, die Brüder Maserowski, erhängt worden waren. Sie hatten angeblich Brot ins Ghetto geschmuggelt. Auf dem Weg zum Bahnhof mussten wir unter den Galgen an den toten Maserowskis vorbei. Dieses letzte Bild vom Ghetto Schaulen hat sich tief in mein Gedächtnis eingebrannt.

Wie wir den Transport in den Viehwaggons überlebten, ist mir noch heute völlig schleierhaft. Es dauerte Tage, bis wir in Stutthof ankamen. In den Waggons gab es weder Wasser noch Toiletten, noch sonst etwas, nicht einmal Luft. Ich war mit meinem Vater, meiner Mutter und meiner jüngeren Schwester im selben Waggon. Aber als wir in Stutthof ankamen, verloren wir meinen Vater aus den Augen. Man brachte uns in eine riesige Halle, in der wir uns nackt ausziehen mussten. Im Gegensatz zu den Gefangenen in Auschwitz wurde uns keine Nummer auf die Haut gebrannt – unsere Nummern waren auf den Häftlingskleidern aufgenäht. Ich war Nummer 53 799.

Das ist etwas, das man erst einmal lernen muss: keine Person mehr zu sein, sondern nur noch eine Nummer.

Schließlich brachte man uns zu den Baracken, in denen dreistöckige hölzerne Bettgestelle standen. Auf jedem Bett lagen je drei Frauen: Zwei in eine Richtung, die in der Mitte in die Gegenrichtung. Wir bekamen Decken, wie ich sie zuvor nie gesehen hatte: Es waren wohl Decken, die man sonst Pferden auf den Rücken legt. Wir schliefen auf Stroh.

Jemand sagte mir, am Zaun zum Männerteil des Lagers warte mein Bruder. Moses war bereits zuvor nach Stutthof gebracht worden. Er war erwischt worden, wie er Leute aus dem Ghetto schmuggelte. Zur Strafe hatte ihm die SS in beide Knie geschossen. Er konnte nur noch mit Krücken – das heißt: zwei umgekehrten Besen – gehen. Krüppel wurden im KZ normalerweise als Erste erledigt. Doch seine Freunde konnten Moses in der ersten Nacht verstecken. Als er hörte, dass der Transport aus Schaulen angekommen war, kam er an den Zaun und fragte nach Dora Rabinowitz. Als ich kam, sagte er zu mir: »Diese Nacht konnten mich noch meine Freunde verstecken, das wird mir aber nicht wieder gelingen. Sag Mama, dass ich Arbeit in einer Fabrik bekommen habe, weil ich so gut Deutsch spreche. Ab morgen werde ich nicht mehr hier sein.«

Ich erzählte meiner Mutter, was mir Moses aufgetragen hatte, sie glaubte aber kein Wort. »Ja, ja, ich war eine glückliche Mutter«, sagte sie nur: »Ich hatte vier wunderbare Kinder. Und Moses war der Beste.« In den kommenden Wochen wurde sie schwächer und schwächer. Eines Tages sagte meine Mutter zu mir: »Ich fühle mich so schrecklich müde.« Ich legte meinen Arm um sie, kurz danach war sie tot. Sie starb auf eine sehr unsentimentale Weise, ohne Abschied, ohne eine letzte Botschaft.

Als ich nach der Kapitulation der Deutschen im Landeskrankenhaus von Neustadt/Holstein aus der Bewusstlosigkeit aufwachte, war ich alles andere als glücklich. Man sagte mir, dass ich offene Tuberkulose hätte und das Zimmer nicht verlassen dürfte. Wieder war ich eingesperrt, hatte nicht meine eigenen Kleider, und um mich herum wurde nur Deutsch gesprochen. Ich hörte sie sagen: »Die ist sehr krank. Die ist nicht weit vom Tod.« Immer wieder fiel ich in die Bewusstlosigkeit zurück. Mein Körper sah aus wie ein Skelett, und mein Gesicht war aufgedunsen.

Weil das deutsche Pflegepersonal nicht wusste, wie sie mit mir umgehen sollten, fragten sie den britischen Sanitätsdienst, ob die nicht mal mit mir reden könnten. So kam eines Tages ein britischer Sanitäter auf Besuch, der von einem Offizier namens Frank Love begleitet war. Ich weiß nicht, was dieser unglaublich gut aussehende Mann – sechs Fuß groß, sehr klug, sehr kompetent, überall respektiert – damals an mir fand. Doch von da an besuchte mich Frank jeden Tag im Krankenhaus, und ein gutes halbes Jahr später heirateten wir.

Meine britischen Besucher redeten mir ins Gewissen, ich solle mit dem deutschen Pflegepersonal kooperieren, und fragten mich, ob ich noch Angehörige habe. Ich sagte Nein, weil ich damals nicht wusste, dass mein Vater noch am Leben war. Er war nach unserer Ankunft in Stutthof in einen Zug nach Dachau verfrachtet worden, wo er im KZ den Krieg überlebte. Als bei Kriegsende zwar die Wärter verschwanden, die Überlebenden aber weiter im Lager bleiben mussten, lief mein Vater mit 17 jungen Männern einfach in Richtung Italien los. Dort suchte mein Vater alle Listen der Überlebenden nach uns durch. Weil ich jedoch im Krankenhaus und nicht in einem Auffanglager war, fand sich mein Name auf keiner dieser Listen. Erst ein halbes Jahr später erfuhr ich, dass mein Vater noch lebte.

Nach sechs Wochen wurde ich endlich aus dem Krankenhaus entlassen. Der britische Nachrichtendienst stellte mich ein, um Dokumente für ihn zu übersetzen, später arbeitete ich für die Relief and Rehabilitation Administration der Vereinten

Nationen (UNRRA) und wurde schließlich vom American Joint Distribution Committee kontaktiert, einer der wichtigsten jüdischen Flüchtlingsorganisationen. Sie wollten, dass ich mich um die Überlebenden aus den KZ kümmere, die teilweise selbst ein Jahr nach dem Kriegsende noch in den Konzentrationslagern lebten, weil man keinen anderen Platz für sie fand und kein Land sie aufnehmen wollte. Diese Leute waren meist völlig verstört. Sie wussten nicht, was sie den ganzen Tag im Lager tun sollten, und verloren allmählich vollends den Verstand.

Ich hatte mir aber selbst noch eine andere Aufgabe gestellt. Ich hatte gesehen, dass viele jüdische Familien aus dem Ghetto ihre Kinder litauischen Familien gaben und sie baten, sich um sie zu kümmern, gegen Bezahlung, versteht sich. Den Familien wurden alle möglichen Belohnungen versprochen und dass die Kinder nach dem Krieg wieder abgeholt würden. Die meisten der Eltern überlebten den Krieg jedoch nicht. Sie waren meist jung und mussten schwerste Zwangsarbeit verrichten. Was sollte aus den Kindern werden? Ich fragte den Chef des American Joint Committee, ob er mir erlauben würde, diese Kinder zu finden. Er stimmte zu.

Nun brauchten wir Unterkünfte für diese Kinder und erfuhren, dass die jüdische Familie Warburg in Blankenese sechs Häuser hatte, die vom Krieg wie durch ein Wunder völlig verschont geblieben waren. Ich reiste nach Stockholm, um Erich Warburg zu fragen, ob er uns die Häuser zur Verfügung stellen würde. Er war sofort einverstanden. Wir schalteten Anzeigen in Tageszeitungen: und zwar in Deutschland, Polen, Russland, aber auch in Ungarn und der Tschechoslowakei. Bald hatten wir 178 Kinder zusammen, die in vielen Fällen wie kleine Sklaven behandelt worden waren. Sie waren zwischen fünf und 13 Jahre alt. Die meisten von ihnen hatten niemals eine Schule von innen gesehen. Ich bestand darauf, dass wir alle Eltern für ihre »Pflegedienste« vergüteten, und zwar nicht schlecht.

Dann waren wir mit dem Problem konfrontiert: Wohin mit diesen Kindern? In den meisten Fällen hatten wir zwar bald irgendwelche weitläufigen Verwandten ausfindig gemacht, doch wir durften die Kinder nicht außer Landes bringen. Schließlich gaben uns die Briten die Erlaubnis, sechs Kinder pro Monat über die Grenze zu nehmen. Wir brachten sie in Kleinbussen in ein Aufnahmelager in Schweden. Oft quetschte ich statt der sechs Kinder zwölf in den Bus. Ich hatte an der dänischen Grenze den Chef der dortigen Beamten, Bill Jago, kennen gelernt, der mir sagte: »Nehmen Sie in Zukunft so viele Kinder mit, wie Sie wollen. Ich werde sie nicht zählen.« Er war ein wunderbarer Mann.

Erst 1949 verließ der letzte Transport von Kindern Hamburg, um über Frankreich nach Palästina zu reisen, das zu diesem Zeitpunkt bereits Israel war. Endlich wurden Juden in einem Land mit offenen Armen empfangen. Das war für mich das Ende meiner Aufgabe in Deutschland.

Freitag, 27. April – Zeuge Jehovas

In Wien bildet der Sozialdemokrat Karl Renner eine provisorische Regierung für Österreich. • Der italienische Ministerpräsident und Duce Benito Mussolini wird mit Gefolgsleuten bei Dongo nahe der Schweizer Grenze von italienischen Partisanen gefangen genommen und einen Tag später erschossen. • US-Streitkräfte besetzen die italienische Hafenstadt Genua. • Der Verbindungsmann Himmlers im Führerhauptquartier, SS-Gruppenführer Fegelein – ein Schwager Eva Brauns, der den Bunker der Reichskanzlei verlassen hatte –, wird in Zivilkleidung in seiner Wohnung in Charlottenburg aufgespürt.

Josef Niklasch wurde nach zweijähriger Flucht vor den Nazis quer durch Europa am 12. Juni 1940 in Wien verhaftet. Dort hatte er eine Untergrunddruckerei betrieben, von der aus die heimlich gedruckten »Wachtürme« der Zeugen Jehovas und Abschiedsbriefe hingerichteter Kriegsdienstverweigerer in ganz Österreich verteilt wurden. Nach der Verurteilung durch das Sondergericht in Wien kam Josef Niklasch ins berüchtigte Moorlager Börgermoor. Von dort brachte man ihn ins Zuchthaus Brandenburg, wo er die Befreiung am 27. April 1945 durch die Rote Armee erlebte. Seine Erinnerungen an diesen Tag erzählte er Erika Krämer, die sie übermittelte.

Eigentlich wäre heute wieder Hinrichtungstag im Zuchthaus Brandenburg gewesen. Jede Woche einmal wurden zum Tode verurteilte Regimegegner hingerichtet. Die letzte Hinrichtung vor einer Woche, am 20. April, forderte noch 27 Opfer. Doch heute sollte es anders kommen.

Am Vormittag rollte ein russischer Panzer auf den Hof. Der Hof war im berüchtigten Zuchthaus Brandenburg. Alle Gefangenen mussten antreten. Der russische Kommandant befahl, dass keiner das Zuchthaus verlassen darf. Da im Osten die Rote Armee stand, im Westen noch die Truppen der Nazis, wäre es für die Gefangenen zu gefährlich gewesen, das Zuchthaus auf eigene Faust zu verlassen. Wer ohne Dokumente angetroffen würde, würde Gefahr laufen, erschossen zu werden.

Zuerst sollten die Akten aller Gefangenen geprüft werden, danach würden wir entlassen. Ich hatte Glück. Ich hatte eine niedrige Gefangenennummer – etwa 300 –, so bekam ich noch am 27. April meine wenigen Habseligkeiten und meine Zivilkleidung, in der sich auch meine Anklageschrift befand, zurück.

Warum war ich überhaupt 5 Jahre bei den Nazis eingesperrt, zuerst im Moorlager Börgermoor, danach im Zuchthaus Brandenburg? In meiner Anklageschrift stand es:

»Unter den von Niklasch hergestellten Bibelforscherschriften befinden sich insbesondere solche, die Abschiedsbriefe hingerichteter Kriegsdienstverweigerer wiedergeben. Der Angeklagte gibt den vorstehenden Sachverhalt zu und bekennt sich noch heute als Zeuge Jehovas. Er erklärt, dass er nie Kriegsdienst mit der Waffe oder Arbeit in einer Waffen- oder Munitionsfabrik leisten würde.«

Die Nacht verbrachten alle etwa 5500 Gefangenen im Keller, nur mit dünnen Decken zugedeckt. Im Keller suchten wir etwas Schutz, denn die Rote Armee und die Nazis lieferten sich Gefechte über das Zuchthaus und über unsere Köpfe hinweg.

In der Nacht hörten wir lautes Poltern und Getöse. Wir wurden davon geweckt. Was war geschehen? Einige Gefangene versuchten die mit einer Stahltür gesicherte Aktenkammer zu stürmen. In der Aktenkammer befanden sich die Freiwilligenmeldungen von 48 Gefangenen, die sich vor etwa vier Wochen gemeldet hatten. 50 Gefangenen war die Chance geboten worden, »wieder ein echter deutscher Volksgenosse« zu werden, wenn sie sich freiwillig im Kampf gegen die russische Armee melden, nur die beiden Bibelforscher hatten sich geweigert, die Aufforderung zu unterschreiben. Die anderen 48 Gefangenen hatten nun große Sorge, dass den russischen Befreiern des Zuchthauses diese Freiwilligenmeldungen in die Hände fallen. Die Aktenprüfung wäre wohl nicht positiv ausgefallen, deshalb die Anstrengungen in der Nacht, schnell die Akten zu vernichten. Schließlich ist dies auch gelungen.

Am nächsten Morgen mussten wir antreten und wurden aus dem Zuchthaus evakuiert, da die Nazis gedroht hatten, das Zuchthaus in die Luft zu sprengen. Nach 3-tägigem Marsch kamen wir in Berlin-Spandau an, von wo aus ich die Heimreise antrat, nach 5 Jahren Haft unter den Nazis wegen meiner Glaubensüberzeugung.

Samstag, 28. April – Der Tod der Freifrau

Der Oberbefehlshaber der sowjetischen 5. Stoßarmee, Generaloberst Bersarin, wird zum ersten sowjetischen Stadtkommandanten Berlins ernannt. • US-amerikanische Truppen befreien die letzten Insassen des Konzentrationslagers Dachau bei München. • Die deutsche 12. Armee muss ihren Entsatzangriff auf Berlin in der Nähe von Ferch bei Potsdam abbrechen. • Reichskanzler Adolf Hitler setzt im Bunker unter der Reichskanzlei sein Testament auf. • Östlich von Berlin trifft unter Leitung von Walter Ulbricht eine Initiativgruppe der Kommunistischen Partei Deutschlands aus dem sowjetischen Exil ein.

Roland Wagner begegnete in der Nacht nach seinem 13. Geburtstag zum ersten Mal dem Tod. Er schreibt, dass »mich persönlich das Schicksal der mir leider bis heute unbekannt gebliebenen ›Freifrau‹ noch immer bewegt«.

Das Haus steht wie auf dem Präsentierteller. Heute noch genau so wie vor 60 Jahren: Allgäu-typischer Bauernhof, in Holzschindeln gehüllt, vorne der Wohntrakt, zweistöckig, dahinter die Scheune für Heu und Vorräte, direkt über dem ganz in Weiß gekalkten Kuhstall. Mit leichtem Schwung führt eine Auffahrt zur Tenne. Es ist ein Haus Luginsland, gut 800 Meter über dem Meeresspiegel, zu Füßen der Nagelfluhkette, die sich von Immenstadt bis zur Grenze nach Österreich zieht. 1945 ist der Hof im Weiler Schindelberg, gegenüber von Oberstaufen, praktisch nur zu Fuß erreichbar, über den schmalen und steilen Karrenweg direkt vom Tal der Weissach herauf.

Schindelberg – das sind einige ähnliche Bauernhöfe, winzig die Kapelle, urig-karg das Wirtshaus, daneben die kleine Sennerei für bescheidene Butter- und Käseherstellung. Und Schindelberg beherbergt 1944/45 außer den wenigen Einheimischen – fast nur Frauen, Kinder und Alte – einige Flüchtlinge »aus dem Reich«. Werktags sind auch noch einige Kriegsgefangene da, Zwangsarbeiter. Die müssen Bäuerinnen und Mägden bei der Arbeit in Scheuer und Stall, auf satten Wiesen und kargen Feldern zur Hand gehen. Derweil deren Männer irgendwo fernab geschunden werden – »für Führer, Volk und Vaterland«.

Der 27. April ist mein Geburtstag. Ich werde 13. Glückszahl oder nicht? Gefeiert wird nicht. Es gibt ein Stück Brot mit Bauernkäse, hausgemachter, der mit den großen Löchern drin. Dazu ein Glas Milch, kuhwarm aus dem Stall. Der Schauspieler ruft uns alle an die Fenster zum Tal: »Die Amis sind da!« Tatsächlich, da drüben rollen Panzer auf der Straße von Oberstaufen nach Weissach hinunter. Der Karrenweg herauf zu uns ist jetzt voll von deutschen Landsern. Sie keuchen den steilen Hang herauf, schmeißen unterwegs die Waffen weg. Die Männer ziehen am Hof vorbei, immer weiter hinauf in die Berge, Richtung Hochhädrich. Gleich dahinter ist Österreich.

Wir schauen und staunen. Bis plötzlich ein gewaltiger Donnerschlag den ganzen Hof in den Grundfesten erschüttert. Die Panzer im Tal schießen auf unser Luginsland! Wir rennen die Treppe hinunter, zur Bäuerin mit ihren Zwillingen und der kleinsten der drei Töchter, wollen mit denen in den Keller. Doch da stürmt der Kriegsgefangene in die große Bauernstube, jener Mann, der werktags immer für den Hof arbeitet. Er ist selber Bauer, wissen wir von ihm. Daheim in Jugoslawien. »Ich heiße Sveterlić«, sagt er. Oder so ähnlich. Wir nennen ihn »Schmetterling«.

Der »Schmetterling« hebt mich an der Hinterfront des Hauses zum Fenster raus, über Holzstapel auf die Wiese. Dorthin sieht niemand von unten aus dem Tal. Auch nicht die Panzerschützen. »Schmetterling« reicht mir die Mädchen der Bäuerin heraus, dann meinen kleinen Bruder. Die Hausfrau und unsere Mutter kraxeln hinterher. Im nahen Wald suchen alle Schutz unter einem Felsvorsprung. Es beginnt zu schneien. Die Panzer aus dem Tal schießen nicht mehr.

Spät am Abend erst bringt uns »Schmetterling« vorsichtig wieder zurück ins Luginsland. Das Haus steht noch immer wie eine Eins auf dem Präsentierteller. Nichts ist kaputt. Die Panzergranate schlug in der Tenne ein – ein Blindgänger! Nur die Freifrau und Ärztin hatte das Haus nicht verlassen. Mit ihrem Jungen war sie im Eckzimmer geblieben, hatte es von innen abgeschlossen. Auch »Schmetterling« hatte die junge Frau nicht dazu bewegen können, das Haus zu verlassen. Jetzt heißt ihn die Bäuerin das Zimmer öffnen – mit einem Nachschlüssel. Weil sich drin nichts rührt.

Durch die geöffnete Tür begegnen wir alle jäh dem Tod! Zwei Menschen, Mutter und Kind, liegen auf ihrem Bett, so als ob sie friedlich schliefen. Aber zwei Menschenleben sind ausgelöscht! Die Ärztin hatte sich und ihrem Kind Morphium gespritzt. Aus Angst vor dem »Feind«? Mutter und Kind wachten nie mehr auf.

In diesem Frühjahr 1945, als der Krieg tatsächlich zu Ende ist, bin ich noch einmal den steilen Weg zu unserer unfreiwilligen Wahlheimat im Luginsland hinaufgeklettert. Nicht auf dem Karrenweg, sondern über die grünen Wiesen der Schindelberger Bauernfamilie Steurer. Ich habe dort wunderschöne goldgelbe Schlüsselblumen gepflückt. Und bin damit eine Stunde lang hinübergewandert nach Oberstaufen, zum Friedhof unter dem spitzen Kirchturm. Zum Grab der jungen Freifrau und ihres kleinen Sohnes. Ein Metzgersgang. Denn es gab gar kein Grab. Nicht einmal eine winzige Namenstafel. Selbstmörder wurden seinerzeit dort in Oberstaufen nicht begraben. Sie wurden verscharrt. Einfach so.

Ich habe die Schlüsselblumen auf die Friedhofsmauer gelegt. Einfach so. Den »Schmetterling« habe ich nie mehr gesehen. Über Nacht war er fort.

Sonntag, 29. April – Der Musiker

Die in Oberitalien kämpfende deutsche Heeresgruppe C unter dem Oberbefehl von General Heinrich Gottfried von Vietinghoff kapituliert in der italienischen Stadt Caserta vor den alliierten Streitkräften. • Im Einvernehmen mit Reichskommissar Seyss-Inquart und dem Befehlshaber der Festung Holland, Generaloberst Blaskowitz, beginnt die britische Luftwaffe mit der Versorgung der holländischen Bevölkerung in Amsterdam, Den Haag und anderen Städten, die sich noch im deutschen Machtbereich befinden. • Amerikanische Panzerspitzen erreichen den Raum nördlich Landshut und Freising.

»Am 1. Mai kamen die sehnsüchtig erwarteten Amerikaner in meinen Geburts- und Heimatort Haidmühle im Bayerischen Wald«, schreibt Alois Zellner aus Regensburg. Zuvor aber wäre es um ein Haar noch zum Einsatz des Fünfzehnjährigen als Flakhelfer gekommen. Zellner räumt auch mit der Legende auf, die Deutschen hätten »von nichts gewusst«.

Seit September 1944 war ich Schüler in Wallern (Volary) im damaligen Sudetenland. Im Februar '45 wurden wir dann in Winterberg (Vimperk) als Flakhelfer ausgebildet. Am 20. April 1945 (dem Geburtstag des GRÖFAZ) saßen wir im Keller des Hotels, in dem wir einquartiert waren. Fliegeralarm! Die Amerikaner kamen immer näher. Unser Ausbilder, ein Feldwebel, beschloss, eine Musikgruppe zusammenzustellen. Auf die Frage, wer ein Instrument habe und es auch spielen könne, meldete ich mich und u. a. auch mein Freund, der Kloiber Peppi. Ich war und bin völlig unmusikalisch, und mein Volksschullehrer sagte einmal: »Zellner, du bis ein musikalisches Schwein!« Der Feldwebel wusste, dass es mit dem Krieg zu Ende ging. Er wollte uns, davon waren wir fest überzeugt, eine Chance geben, der Gefangenschaft und möglicherweise dem »Heldentod« zu entgehen. »Also«, sagte er, »dann fahrt's heim, holt's die Instrumente und dann kommt's wieder.«

Wir wollten aber nicht mehr zurückkommen. Seit dem 22. April saßen wir zu Hause auf Kohlen, und die Amerikaner waren immer noch nicht da. Ein Nachbar meinte, dass es am besten wäre, mich oben am Dreisesselberg im Wald zu verstecken. Die Nazis machten ja kurzen Prozess mit Deserteuren, und unser unerlaubtes Fernbleiben von der Truppe hätte sicher für den Strick gereicht. Nach ca. einer Woche fassten wir den Entschluss, zur Einheit nach Winterberg zurückzukehren. Mama war absolut dagegen. Sie packte dann aber doch den Rucksack, und am nächsten Morgen sollte ich zum Bahnhof gehen. Über Nacht fiel unendlich viel Schnee, und der Zug konnte nicht fahren.

Und endlich am 1. Mai war es so weit. Die Amerikaner waren da! Wir atmeten auf und freuten uns, dass das unmenschliche Nazi-System endlich auf dem Müllhaufen der Geschichte gelandet war. Mein Vater (Weltkriegsteilnehmer) war seit Ende der 20er Jahre ein eingefleischter Nazi-Gegner. Er schimpfte oft sehr lautstark gegen die Nazi-Bagage und den Oberverbrecher Hitler. Wohlmeinende rieten ihm: »Lois, halt dich z'ruck, sonst kommst nach Dachau.« Ich als Zehnjähriger (geb. 25. 9. 1929) wusste – zwar nicht im Detail –, dass in Dachau und in allen KZ furchtbare Dinge geschahen. Mit Papa hörte ich bei einer Nachbarin oft »Feindsender« – Radio Beromünster und BBC London. Die war die Einzige, die in unserem Ortsteil Ludwigsreith ein Radio hatte. Mein Vater sagte mal zu mir: »Bua, solang du lebst, kannst nie ins Ausland fahr'n. Die hauen jeden Deitschn aussi; was wir alles angerichtet haben in ganz Europa.« Ich wusste auch, dass Leute verschwanden. Einmal hieß es: »Jetzt ham's den Doktor Koschminski (ein jüdischer Zahnarzt) aus Breitenberg auch fortgebracht.« Wer es wissen wollte, hat gewusst, dass Deutschland von einer Verbrecherbande regiert wird.

Die Amerikaner waren für uns im wahrsten Sinne des Wortes die Befreier. Mit vorgehaltenen Gewehren kamen die ersten drei die Straße hoch. Eine Menge Leute standen am Straßenrand. Einer der GIs ging auf einen Mann zu und nahm ihm die Eisenbahnermütze vom Kopf. Jetzt wird er ihn zusammenschlagen, dachte ich. Aber er nahm nur die Hakenkreuzkokarde ab und drückte ihm dann die Mütze wieder auf den Kopf.

Es gab keine Übergriffe, es wurde nicht geplündert, und wenn GIs zum Beispiel Milch oder Eier wollten, bezahlten sie mit Zigaretten, Schokolade oder Chewing Gum. Wir Jugendlichen kletterten oft, wenn die Amis gerade nicht aufpassten, hinten auf die Trucks und stahlen Konserven. Wenn sie uns erwischten, »goddamnten« sie und jagten uns fort. Alles in allem kann ich sagen: »Ich habe Glück gehabt. Ich musste nie auf einen Menschen schießen.«

MAI 1945

Dienstag, 1. Mai – Ein Bild der Schande

Adolf Hitler und Eva Braun begehen in der Reichskanzlei Selbstmord. • Joseph Goebbels vergiftet seine Familie und sich selbst. • Dönitz übernimmt die Leitung der Reichsregierung. • In München erscheint die letzte Ausgabe des »Völkischen Beobachters«. Sie gelangt jedoch nicht mehr zur Verteilung. • Die Amerikaner rücken weiter nach München ein und errichten in Hitlers Privatwohnung am Prinzregentenplatz ihren ersten Gefechtsstand. Im Panzerschrank finden sich noch zwölf Exemplare der Erstausgabe von »Mein Kampf« mit handschriftlicher Widmung des Autors.

Albert Heinrich aus Detmold erlebte seine Gefangennahme als persönliche Befreiung – trotz dreijähriger Gefangenschaft, die er als »Entgelt« für die Taten Deutscher versteht.

Das Kriegsende 1945, das ist für mich der 8. Mai 1945, der Tag des Waffenstillstandes und der bedingungslosen Kapitulation. Wir wurden in offenen Waggons, in denen sonst Zuckerrüben oder Kohle transportiert werden, mit je 80 Kriegsgefangenen in Richtung Le Mans befördert. Das heißt, wir standen so dicht gedrängt, dass keiner umfallen konnte. Die Franzosen jubelten auf den Straßen über die Befreiung vom Nazi-Joch. Ich hatte das Gefühl der Befreiung schon hinter mir. Davon später. Die Bahngleisarbeiter, an denen wir vorbeifuhren, machten ihrer Freude auf besondere Weise Luft. Sie bewarfen uns mit Steinen aus dem Gleisbett. Und wir mussten uns so klein wie möglich machen, um nicht getroffen zu werden. Von der Brücke, unter der wir durchfuhren, überschüttete man uns mit Kalkbrühe aus Kübeln, und dazu hat man noch auf unsere Köpfe gepinkelt. Mein Gefühl dabei? Stoisch! Bedingungslose Kapitulation! Aber auch: selber schuld!

Konkret befreit fühlte ich mich am 1. Mai 1945, als die Amerikaner in Krühn (Oberbayern) einrückten und uns gefangen nahmen. Mein Gewehr hatte ich bei einem Waldarbeiter gelassen. Die Hoffnung auf den Endsieg hatte ich schon lange verloren. Und nicht nur ich. Beweis: Mitte 1944 kursierte unter vertrauten Kameraden folgender Witz. Der Reichspropagandaminister Joseph Goebbels erhält den Auftrag, beim Orakel von Delphi nachzufragen, ob Deutschland siegen wird. Er bekommt die Antwort: »Ihr müsst dran glauben!« Dran glauben hieß hier: sterben!

Nun stand ich vor amerikanischen Soldaten. Hinter ihnen etwa ein Dutzend ehemaliger KZ-Häftlinge in ihren schäbigen, gestreiften Häftlingskleidern. Mir ist noch deutlich in Erinnerung, wie groß ihre Köpfe waren, oder anders gesehen, wie schmächtig ihre Körper. … Ein Bild des Jammers und der Schande. Neben mir stand ein Rechnungsführer der Wehrmacht mit einem Rucksack voller Wehrmachtsuhren und Dosen mit Schoka-Cola. Die Uhr, die er mir gab, habe ich später bei einem Wachmann gegen ein Stück Brot eingetauscht; die Schokolade und einen Beutel Reis, den mir ein indischer Soldat aus Hitlers Fremdenarmee gegeben hatte, sowie ein Streifen Schweinespeck, den mir eine Frau aus dem Dorf im Gefangenenzug zusteckte, waren meine Nahrung für die nächsten Tage. Denn wir landeten zu Tausenden auf einem Acker ohne jede Versorgung. Der Schneeregen hatte den Boden knöcheltief aufgeweicht. In der ärgsten Not suchten wir liegen gebliebene Kartoffeln aus dem Schlamm zum rohen Verzehr. Die nächste Station war die Eissporthalle in Garmisch-Partenkirchen. Dort mussten wir unsere Rucksäcke lassen. Mir blieben der Brotbeutel mit dem Rasierzeug, Nähzeug, Neues Testament und Mundharmonika sowie mein Kriegstagebuch.

Der Rest waren drei Jahre in französischer Kriegsgefangenschaft als Holzfäller und – nach einer Ruhrerkrankung – Hauptvertrauensmann für die Region Dijon mit 6500 Mitgefangenen. Das war mein Entgelt für die Befreiung.

Mittwoch, 2. Mai – Das Grammophon

In den frühen Morgenstunden sprengt ein SS-Kommando in Berlin die Tunneldecke des S-Bahn-Tunnels unter dem Landwehrkanal; weite Teile des Tunnelnetzes von U- und S-Bahn, in das sich Tausende von Menschen geflüchtet haben, werden überflutet. • Der deutsche Kampfkommandant von Berlin, General Weidling, unterzeichnet die Kapitulation der ihm unterstehenden Truppen; die Schlacht um Berlin ist damit beendet. • Mitglieder einer von Walter Ulbricht geführten kommunistischen Initiativgruppe sollen in Berlin die Sowjets unterstützen.

Kurt-Wolfgang Braun-Neumann war fünf Jahre alt, als »die Soldaten kamen«. Er verstand nur, dass sie ihm seine Marschmusik »stahlen«.

Es war ein wunderbarer Maitag, gerade war ich fünf Jahre alt geworden. Meine Mutter war tot. Mein Vater »Willi«, Hauptmann beim Hitler, kämpfte angeblich gegen den Iwan in Russland, damit dieser nicht alle unsere Frauen und Mädchen vergewaltigen und abschlachten könne.

Alle Kinder wurden vor dem Iwan gewarnt. Als nächstes waren da noch die »Neger«, also diese schwarzen Männer, die alle Kinder fressen.

Die Amis waren eine diffuse, nicht näher erklärbare Masse. Von den Tommys hörte ich erst später, obwohl ich sie vom Sehen her schon kannte. Plötzlich schrien und riefen alle Menschen: Der Krieg ist aus, der Krieg ist aus.

Für mich war dies dennoch ein Tag wie jeder andere. Ich legte mich auf unser Ehebett und hatte zuvor, wie immer, das Grammophon angestellt. Ich liebte die Platten mit Märschen und Soldatenliedern über alles.

Plötzlich schrien unten auf der Straße einige Frauen und Mädchen: »Kurtle, Kurtle, mach die Musik aus, die Soldaten kommen.« Ich sprang zum Fenster, da das Grammophon weiterhin laut brüllte, verstand ich nur »Bahnhof«. Ich sah, wie die vier Besatzersoldaten auf unsere Haustüre, Kronenstraße 44, Karlsruhe, zugingen, und urplötzlich wurde meine Zimmertür aufgestoßen, und vier bullige MPler rannten auf mich zu. Einer gab meinem Grammophon einen heftigen Tritt, und es herrschte Ruhe. Schützend stellten sich einige Frauen und auch meine große Schwester um mich. »Kurtle, Kurtle, wenn du ein Mann gewesen wärst, hätten sie dich sicher sofort erschossen.« Meine Schwester war total aus dem Häuschen. Die Besatzer rafften alle Platten zusammen und nahmen diese mit. Das Grammophon war unrettbar zerbrochen. Dies tat mir weher als Krieg und Frieden. Auch meine schönste Musik, »Bella«, haben sie mir gestohlen. Sie nannten dies Requirierung. Ich weinte mehrere Tage und schlief Tag und Nacht in der Hundehütte im Hof.

Donnerstag, 3. Mai – Wendige Nazis

Unter dem Codewort »Regenbogen« erhalten alle schwimmenden Einheiten der deutschen Kriegsmarine den Befehl, sich im Fall der Kapitulation selbst zu versenken; der Befehl wird tags drauf allerdings widerrufen. • Die deutschen Passagierdampfer »Kap Arcona« und »Thielbeck«, auf denen sich mehr als 7000 aus dem deutschen Konzentrationslager Neuengamme evakuierte Häftlinge befinden, werden von britischen Jagdbombern in der Neustädter Bucht vor

Schleswig-Holstein versenkt. • Einheiten der US-amerikanischen Marine-Infanterie landen auf der philippinischen Insel Mindanao.

Hans Jürgen Plaumann war von Bremen nach Osterholz-Scharmbeck evakuiert. Er erlebte als Zehnjähriger, wie schnell örtliche Nazis sich den neuen Verhältnissen anpassten.

Am 3. Mai räumte die deutsche Truppe die Stadt und beschränkte sich auf gelegentliche Stoßtruppunternehmen. Einen Tag später wird zu einer öffentlichen Drahtfunkübertragung mittags am Scharmbecker Kriegerdenkmal aufgerufen. Ein Sprecher des »Reichssenders Wilhelmshaven« verkündet Hoffnungsvolles über Friedensverhandlungen mit den Westalliierten und die Absicht, nach erfolgreichem Abschluss gemeinsam mit diesen und den verbliebenen deutschen Truppen gegen die Sowjetunion und den Bolschewismus vorzugehen.

Mein Schlüsselerlebnis hatte ich einen Tag vorher beim Holen von Milch für meine sechs Monate zuvor geborene Schwester. Hierzu musste ich durch die Bahnhofstraße zum Milchhändler Gloystein in der Hafenstraße, der die Milch von einheimischen Bauern verkaufte. Ich hatte bereits die tiefen Laufgräben an der Straßenseite des Stadtparks passiert, als mir in der Straßenbiegung mein einarmiger HJ-Führer Flócki P. entgegenkam. Milchtopf in die andere Hand, Haltung und »Heil Hitler, Flocki!«. – Aber Flocki schaute zur gegenüberliegenden Straßenseite und übersah mich. Auch trug er nicht länger die Volkssturmbinde am leeren Arm der Ziviljacke.

Vor mir sah ich die geschlossene Panzersperre aus unbehauenen Kiefernstämmen im Heidkampsweg. Noch einmal rechts, dann links, und ich war bei Gloystein, in dessen Hof sich schon eine kleine Käuferschlange gebildet hatte. Einige redeten miteinander. Plötzlich ein Rauschen in der Luft, und gut 180 Meter weiter spritzten Erde und Wasser in einer

Riesenflage aus den Moorwiesen. Ein Artillerieeinschlag. Instinktiv rückten die Menschen zusammen. Dann hinter mir: »Ach, diese arme, verdorbene Jugend heute. Eben auf dem Hinweg habe ich einen Jungen gesehen, der jetzt noch seinen HJ-Führer mit ›Heil Hitler‹ grüßt!«

Ich habe mich nicht umgedreht. Ich kannte die Stimme der NS-Frauenschaftsführerin.

Freitag, 4. Mai – Die eigene Schuld

Mitglieder des österreichischen Widerstands übernehmen den Sender Innsbruck. • Einheiten der US-Armee, die im Juli 1943 auf Sizilien und im Juni 1944 in der Normandie gelandet waren, treffen am Brenner in den Alpen zusammen. • Aus dem Raum östlich Magdeburgs kämpfen sich deutsche Verbände auf das von den Amerikanern besetzte Gebiet westlich der Elbe zurück. • Im Hauptquartier des britischen Feldmarschalls Montgomery unterzeichnet Generaladmiral von Friedeburg die Kapitulation aller deutschen Streitkräfte in Holland, in Nordwestdeutschland und in Dänemark.

Der Mann von Waltraud Balbarischky aus Tübingen war Unteroffizier in einer Nachrichteneinheit. Er konnte gelegentlich telefonieren, bis er zur Infanterie in die Tschechoslowakei verlegt werden sollte. »Er hatte damals schon die Absicht, sich abzusetzen, was er dann auch verwirklichen konnte«, schreibt sie. »So beschloss ich, statt der bisherigen Briefe dieses Tagebuch für ihn zu führen.«

4. Mai 45: Die Tragödie geht weiter und dazu die Komödie um den Mann, der in erster Linie dieses ganze Elend auf dem Gewissen hat. Man ließ ihn rechtzeitig (obgleich leider für

uns viel zu spät) einen Heldentod sterben, ob es wahr ist, oder ob er im Dunkeln weiterwühlt nach Werwolf-Manier ... Wer weiß es? Jedenfalls ist er von der Bühne deutscher Politik abgetreten in dem Moment, als sie hoffnungslos den Vorhang schließen muss vor dem Elend und Leid, die sie weltweit verbrochen hat. Sang- und klanglos ging dieser so sehr ersehnte Augenblick vorüber, da Hitler starb (einen anderen Tod hätte ich ihm weiß Gott gewünscht), und – ändert nichts! Ein genauso blödsinniger (meiner Meinung nach ziemlich borniert dummer) Militärknochen – Dönitz – übernimmt das verfahrene Schiff mit dem gleichen Kurs! Dieser Idiot! Was verspricht er sich von der so betonten Trennung: »Wir kämpfen gegen den Bolschewismus«? Bildet er sich ein, dass fünf oder zehn Tage mehr Kampf gegen die Russen die längst feststehenden Pläne der Alliierten beeinflussen oder die Grenzen ändern können?

Aber der Leidensweg muss zu Ende gegangen werden. Wir haben alles selbst verschuldet. Auch die beiden noch unzerstörten Gebiete Mecklenburg und Schleswig-Holstein wie ein Teil Österreichs müssen zerstört werden und täglich weiter Tausende ihr Leben lassen! Oh, wie in mir Wut und Hass kochen. Bloß raus aus Deutschland, wenn die erste Möglichkeit ist!

Was überhaupt unser Volk erwartet, bekam ich heute zu spüren. Wir holten Holz von zerstörten Häusern zum Heizen, also quasi Aufräumarbeiten, die Hunderte von Tübingern täglich tun. Meinst Du, dass, nachdem alles herumliegende Holz weg und riesige Mengen abgehauen, der Schutthaufen auch nur etwas kleiner oder aufgeräumter aussah? Und welch geringer Prozentsatz sind diese paar Zerstörungen zu denen im ganzen Land, zu denen in Frankreich und Russland? Ich glaube nicht, dass jemals überhaupt alles fortgeschafft werden kann, ja, dass nur zum notwendigsten Platzschaffen -zig Jahre, vielleicht ein Jahrhundert vergehen. Unser Volk kann eine Generation lang nur mit Derartigem beschäftigt werden, mit dieser grauenhaft unproduktiven Arbeit. Oh, es wäre eine bitterschwere Buße für seine Dummheit und alle Verbrechen während zwölf Jahren! Und es hängt noch dazu nur von der Gnade der Feinde ab, ob sie uns auch anderes machen lassen. Aber wie werden sie, da ihre eigenen Länder genauso aussehen?

Mir graut es unsäglich vor diesem Kommenden. Gelt, wir gehen irgendwo hin, wo es Derartiges nicht gibt. Raus aus Europa, aus diesem kranken Erdteil, der sich selber vernichtete …

Meine Sehnsucht steigt von Tag zu Tag. … Äußerlich bin ich vergnügt mit dem Kind und lache so viel wie sonst mit ihm, aber ich bin auch nachsichtiger und oft verrückt vor Zärtlichkeit zu ihm. Daneben verfolgen mich Bilder Deiner Gefangenschaft und peinigen mich trostlose Zukunftsblicke, weil es noch Monate dauern wird, bis Du bei mir bist.

10. 5.: Und zwei Tage später stand er vor der Tür – ganz, gesund, müde und nur mein! Alles ist nun gut, alles wird gut werden, und die sechs Jahre Krieg sollen Traum werden, der zu Ende geträumt ist und nicht mehr Macht hat über unser beginnendes Leben!

Sonntag, 6. Mai – Das Friedensbaby

Über Pilsen stoßen Verbände der US-Armee unter General Patton weiter in Richtung Prag vor und kommen bis Beraun, wo sie auf Befehl General Eisenhowers ihren Vormarsch einstellen müssen. • Der ehemalige Reichstagsabgeordnete Kurt Schumacher wirbt für die erste Neugründung eines Ortsvereins der SPD. • Großadmiral Dönitz entsendet Generaloberst Jodl in das Hauptquartier Eisenhowers nach Reims, um Verhandlungen über eine deutsche Gesamtkapitulation einzuleiten. • Nach dreimonatiger Belagerung kapituliert die Besatzung der Festung Breslau vor der 6. Sowjet-Armee.

Gerda Brinkmann brachte wenige Tage nach dem Einmarsch der US-Truppen ihr Kind zur Welt – nachdem sie gelernt hatte, was »Hebamme« auf Englisch heißt.

Anfang Februar 1945 flohen mein Mann und ich aus dem von Bomben verwüsteten Berlin. Ich war 22 Jahre alt und im sechsten Monat schwanger. Wir wussten nicht, wo wir landen würden, wir hatten nur einen Gedanken: raus aus Berlin!

Da wir noch keinen eigenen Haushalt hatten, war es kein Problem, unser Hab und Gut in Koffern und Kartons mitzunehmen. Wir landeten endlich in einem kleinen Dorf in der Nähe von Coburg. Dort wurden wir als »Flüchtlinge« aufgenommen, registriert und von unserer Gastfamilie mit den nötigsten Dingen des täglichen Lebens versorgt.

Am 3. oder 4. Mai besetzten die Amerikaner unser Dorf, was ohne Probleme geschah, da kein Widerstand geleistet wurde.

Am 6. Mai gegen Nachmittag setzten bei mir die Wehen ein, und es wurde Zeit, die Dorfhebamme zu holen, die zum Glück im gleichen Dorf wohnte. Es erwies sich aber nicht so einfach, denn die Amerikaner hatten sofort mit ihrem Kommen die so genannte »curfew« befohlen. Zu Deutsch heißt das »Abendglocke«, was also besagte, dass nach dem Läuten der Abendglocke absolute Ausgangssperre für alle Zivilisten befohlen wurde, das heißt von abends 18 Uhr bis zum nächsten Morgen acht Uhr.

Schnell wurde nun im Wörterbuch nachgeschlagen, was Hebamme auf Englisch heißt, denn man musste ja einem eventuell kontrollierenden Posten erklären, warum man zu so später Stunde unerlaubterweise unterwegs war, nämlich um die (oder das) »midwife« zu holen, da sie dringend benötigt würde.

Alles ging gut, und die Dorfhebamme rückte mit den notwendigen Utensilien an, bereit, ihres Amtes zu walten und einem neuen Erdenbürger ins Leben zu helfen. Die Geburt verlief völlig problemlos, auch ein Glück, denn wie wollte man in diesem Ausnahmezustand ärztliche Hilfe holen oder gar eine Fahrt ins Krankenhaus bewerkstelligen. Die Hebamme sagte nur, ich solle mich beeilen, damit es noch ein Sonntagskind würde. Ich tat mein Bestes, und kurz vor Mitternacht kam ein gesunder Junge zur Welt.

Als ich mein »Friedensbaby« im Arm hielt, war ich glücklich und dankbar. Zwar wusste zu diesem Zeitpunkt niemand in Deutschland, wie es weitergehen würde. Im Moment war nur wichtig: Dieser schreckliche Krieg war zu Ende! Heute ist mein »Friedensbaby« ein gestandenes Mannsbild von 60 Jahren!

Dienstag, 8. Mai – Der Tag der Befreiten

Deutschland kapituliert bedingungslos in Reims – der Zweite Weltkrieg ist beendet. • Die »Prawda« berichtet, sowjetische Truppen hätten Korrespondenzen zwischen der Leitung des Vernichtungslagers Auschwitz und Vertretern deutscher Unternehmen beschlagnahmt. • Bei einem Aufstand im algerischen Sétif setzen französische Truppen Panzer ein, zahlreiche Menschen kommen zu Tode. • Im sowjetischen Hauptquartier wird die Zeremonie der bedingungslosen Kapitulation der Deutschen wiederholt. • Die US-Besatzung setzt den Ex-Zentrumspolitiker Konrad Adenauer zum Oberbürgermeister von Köln ein.

Hilmar Hoffmann, 1925 in Bremen geboren, war zwei Jahrzehnte lang Kulturdezernent in Frankfurt am Main und anschließend bis 2002 Präsident der Goethe-Institute. Heute ist

Hoffmann Vorsitzender des Deutschen Filminstituts in Frankfurt am Main.

Als 17-jähriger Fallschirmjäger 1944 in der Normandie bei Cherbourg von GIs gefangen genommen, wurde ich mit einem Frachter der Libertyklasse über den Atlantik in die USA verfrachtet. Im Mega-Camp Greeley im Kordillerenstaat Colorado waren zehntausend so genannte Elitesoldaten eingesperrt: Afrikakorps, Fallschirmjäger, U-Boot-Fahrer, Piloten. Die Straßenschilder zwischen den Baracken hielten dementsprechend die Namen jener gewissenlosen Generalitäten präsent, die wie Göring, Rommel oder Dönitz den längst verlorenen Krieg verlängerten. Die Genfer Konvention verstand der deutsche Lagerführer bis zum Exzess auszuloten. Gemessen an russischer Gefangenschaft, konnte das Lagerleben am Fuße der Rocky Mountains geradezu idyllisch genannt werden, mit Kino und Kirche, Sportplatz und Entertainment mit Talenten im POW-Drillich [Prisoners of War; Kriegsgefangene].

Die zwiespältige Lebenssituation sollte sich gegen Ende des Krieges schlagartig verändern, als der deutsche Lagerchef im April 1945 die Parole ausgab, wir sollten an »Führers Geburtstag« im Gleichschritt und mit dem Horst-Wessel-Lied auf den Lippen durchs Lagertor zur Arbeit marschieren und mit Hitlergruß die »deutsche Fahne« ehren, die ein POW nächtens am amerikanischen Flaggenmast gehisst hatte.

Nachdem der zuständige amerikanische Dreisterne-General die unverzügliche Auflösung des Camps verfügt und die übermütigen Horst-Wessel-Lied-Sänger in alle Winde der Staaten verstreut hatte, landete ich im Fort Meade im Staate Washington. Gleich am ersten Tag erhielt ich einen Traumjob als Verkäufer in einem Sales Commissary, einer Art Supermarkt für Angehörige von GIs, die nach Übersee in eine ungewisse Zukunft verschifft worden waren: Nach dem Ausstieg aus dem ideologischen Anachronismus verschworener

Elitesoldaten hinter Stacheldraht, dem Geisterlager ideologischer Verblendung entkommen, war dies ein wichtiger, bewusstmachender Zwischenschritt hin zum Ende auch der Gefangenschaft in der NS-Ideologie. Im weißen Kittel über meiner POW-Identität jetzt unter freien Menschen, erlebte ich hier einen ersten Vorgeschmack lebendigen demokratischen Bewusstseins. Im Zuge der Re-Education bekamen wir im Camp jetzt Filme des US Information Service zu sehen. Ich werde nie vergessen, wie mich jene bittere Geschichtslektion der wie dantesk erscheinenden Dokumente über die gerade befreiten Konzentrationslager übermannte, diese Konfrontation mit dem Unfassbaren, der Perversion der industriellen Ermordung von Millionen unschuldiger Menschen. Was weltweit zur zentralen Chiffre für das absolut Böse wurde, der Holocaust, schlug uns unmittelbar auf die Seele und setzte unserer jugendlichen Unbefangenheit und naiven Heimatverherrlichung ein unwiderrufliches Ende.

Abgeschnitten von jeder aktuellen Information über den Kriegsverlauf, wurde ich über das offizielle Ende der Hitlerdiktatur und das Kriegsende als Erster des Prisoner-Camps Fort Meade unterrichtet: Als am 8. Mai die Angestellten des Sales Commissary dem gefangenen Deutschen ein Glas Sekt einschenkten, um mit ihm auf den Sieg der Alliierten über Hitler-Deutschland anzustoßen, da fühlte ich mich einen Augenblick lang als einer der Ihren. Aber welchen Eindruck würde es machen, wenn ich hier als ein reuiger Besiegter mit den Siegern fröhlich feiern würde? Da ich die neue Lage so spontan zu reflektieren gar nicht imstande war, habe ich mich auf meinen Instinkt verlassen und geschwiegen. Erst am Abend, bei Diskussionen in der Lagerbaracke, ist mir bewusst geworden, dass dieses Datum nicht nur das Ende des Krieges bedeutete, sondern mit der Läuterung vom Faschismus auch den Beginn einer neuen Zeitrechnung nach einem unsäglichen Leid, das Hitler über die Menschen brachte, einem Leid, von dem Hölderlin, dessen Gedichte viele Soldaten im Tornister trugen, gesagt hätte, dass es aus der Zeit falle, einem Leid, in dem sich Anfang und Ende »nicht mehr reimen lassen«.

Herbert Kroth, geboren am 13. Juli 1924, war als Soldat in Italien. Vom Kriegsende erfuhr er auf einem Schiff in Brindisi. Nach Krieg und Gefangenschaft war der gebürtige Bremer in Kronberg/Taunus in der Kommunalpolitik aktiv.

Am 27. April 1945 geriet ich als Soldat einer Heeresflakabteilung in britische Gefangenschaft. Die Italienfront befand sich seit Wochen in Auflösung.

Die folgenden Tag verliefen in einem Sammellager eintönig und hungrig. In Güterwagen geht es in ein Lager bei Forli. Je vier Mann bekommen ein Zelt auf kahlem Boden, und es pfeift ein eiskalter Wind, und man kann sich nachts kaum umdrehen. Wir schlichen wie die Wölfe um die Lagerküche, wühlten in Abfalltonnen nach Essbarem.

Am nächsten Tag flog ein britisches Jagdflugzeug über unserem Lager Kapriolen, wobei der Pilot im Sturzflug seine Maschine kurz über unseren Köpfen abfing.

7. Mai, endlich ziehen wir ab, ein Marsch von mehreren Kilometern führte uns zum Hafen von Ancona, wo uns ein 4000-Tonnen-Truppentransporter französischer Herkunft aufnahm. Wir dampften in südlicher Richtung die italienische Küste entlang. Wohin es ging, war nicht zu erfahren.

8. Mai 1945. Wir standen an der Reling, spuckten ins Wasser der blauen Adria. Die Küstenstädte Pescara und Orlando glänzten wie Perlmutt in der Morgensonne. – Schließlich liefen wir in den Hafen von Brindisi. Die dort liegenden Schiffe hatten vollen Flaggenschmuck, Schiffssirenen heulten und Kirchenglocken läuteten, es sprach sich schnell herum: Deutschland hatte bedingungslos kapituliert. Der mörderische Krieg war zu Ende.

Ich war 20 Jahre alt und empfand eine große innere Freude,

wenngleich ich noch anschließend einige Jahre als Kriegsgefangener in Ägypten und England verbringen musste. Aber das ist ein anderes Kapitel.

Christine Hauf aus Frankfurt am Main führte ein fast normales Kinderleben im heutigen Tschechien – bis es am Ende des Krieges zu dem Drama kam, das der damals Neunjährigen am stärksten in Erinnerung blieb.

Sechs Jahre zuvor hatte Hitler Polen überfallen, hatte den folgenschwersten, dramatischsten Krieg angezettelt, den Europa erlebt hat seit – wahrscheinlich dem Dreißigjährigen. Wenige Monate nachdem die Nazis, die SA, SS und Offiziere der Wehrmacht, in der Tschechoslowakei einmarschiert waren und das Protektorat Böhmen und Mähren ausgerufen hatten. Und – um der Wahrhaftigkeit willen – frenetisch begrüßt vom kleineren Teil der Bevölkerung, den Deutschen. Da war ich noch keine vier Jahre alt.

Die ersten Kriegsjahre verliefen undramatisch, eigentlich normal, ein Schwesterchen wurde geboren, ich wurde eingeschult, wir fuhren in die Ferien, lernten schwimmen und Fahrrad fahren, tobten im Park, verloren die Milchzähne und bekamen neue. Bomben fielen nur im Reich – also weit weg –, im Radio hörte ich »Raum Hannover/Braunschweig«, »Ruhrgebiet«, »Hamburg« oder »Berlin«.

Unser Vati war noch lange zu Hause, unabkömmlich, dann im Frühjahr 1944 einberufen zu den Soldaten, Schütze H., nicht sehr weit weg in Kralup an der Moldau, und wir konnten ihn noch besuchen. Ende August 1944 dann der erste und einzige Bombenangriff auf Mährisch-Ostrau, Schwerindustrie und irgend etwas Kriegswichtiges, vor und nach dem Krieg Ostrava. Damit begann die Zeit der wechselnden Wohnorte, von der Tschechei ins so genannte Sudetenland, wieder zurück nach Böhmen und Mähren und wieder ins Sudetenland.

Flucht aus Angst vor den Bomben, hoffnungsvolles Zurück in den gewohnten Lebensbereich, Zwangsevakuierung im Januar 1945 aus Angst vor der Roten Armee. Ein Lager aus Strohsäcken in einer Schule in Weberschaan nahe der Grenze zum Deutschen Reich, Tiefflieger, Lametta fiel vom Himmel – und eines Nachts der Feuerschein von der bombardierten Stadt Dresden, die nicht sehr weit weg war. Schneematsch, erste warme Sonnenstrahlen, Anemonen, Schlüsselblumen, Gänseblümchen. Frühling.

Dann der 8. Mai. Nach der bedingungslosen Kapitulation – sie war im Radio verkündet worden in dem kleinen Café, tschechisch natürlich, aber das sprach die Mutter perfekt – war der Krieg verloren. Das hatten zwar viele erwartet, auch gehofft, aber keiner hatte sich getraut, das zu sagen. Im Führerbunker hatte »der Untergang« stattgefunden, und wir waren wieder auf dem Weg zurück nach Osten, nach Ostrau, Ostrava, den Ort der Baby-, Kindergarten- und Grundschulzeit, des Stehen-, Gehen- und Sprechenlernens, der Vater-, Mutter-, Schwestern-, Freundes- und Freundinnenwelt.

Der kleine Leiterwagen, den die Mutter organisiert hatte, war längst zusammengebrochen, jeder trug, was er tragen konnte, einen Koffer, eine Tasche – die Kinder hatten Rucksäcke. Die Mutter, unsere schöne, strahlende, gepflegte Mutti, sie sieht sich nicht mehr ähnlich, trägt grobes Schuhwerk, ein Kopftuch tief ins jetzt ungeschminkte Gesicht gezogen. Wir sind auf dem Weg zurück an diesem warmen Frühsommertag Mitte Mai 1945, fast alle Brücken waren gesprengt. Die Worte Kapitulation, Besatzung, später Befreiung hatten in meinem kindlichen Wortschatz Platz gefunden. Wir laufen hügelauf- und hügelabwärts, über Schotter, Steine, Eisenbahnschwellen, grasbewachsene Bahndämme. Irgendwo sollen Züge fahren, die uns zurückbringen aus der Evakuierung nach Hause. Nach Hause, das ist noch weit. Wir laufen und laufen, sind todmüde, schleppen uns fast besinnungslos weiter. Es wird Abend – und wir müssen bis zum nächsten Morgen auf einen

Zug warten, lassen uns auf unsere Bündel und Koffer sinken, jemand bringt Wasser. Oder Tee? Und die kleine Schwester, sie ist dreieinhalb, ist nicht da, ist verschwunden, niemand hat sie gesehen. Sie ist unauffindbar, und wir rufen, laufen herum, suchen verzweifelt, die Mutter weint, ist außer sich, ruft und sucht die ganze Nacht. Und ich fühle mich schuldig – ich hätte besser aufpassen müssen. Ich war schließlich schon neun. Und es dämmert und ein Zug kommt und wir müssen einsteigen, dürfen nicht zurückbleiben. Es gibt ein bisschen Brot und wir können nichts essen, ein dicker Kloß im Hals und in den Augen Wasser. Tränen? Und dieser wahnsinnige Herzschmerz. Und wir fahren, müssen wieder aussteigen, ein Stück gehen, in einen anderen Zug einsteigen, die ganze Nacht. Die zweite schreckliche Nacht – und das Herz tut doch so weh.

Am Morgen – ganz früh –, es ist noch dämmrig und sehr kühl an diesen sonst warmen Maitagen, wieder ein Bahnsteig, wieder sehr viele Menschen, evakuierte Deutsche, verschleppte Fremdarbeiter, die jetzt frei waren und zurück in ihre Heimat wollten, vielleicht auch Soldaten auf dem Weg in die Gefangenschaft. Ich weiß es nicht mehr. Und da steht ein kleines Mädchen mit sehr hellen Haaren, ein Zöpfchen offen, das andere noch geflochten, an der Hand einer fremden Frau, einer Frau, die vielleicht in diesem Land gearbeitet hatte und die jetzt nach Hause wollte, nach Hause – vielleicht zu ihrem kleinen Mädchen mit blonden, braunen oder roten Zöpfen?

In ihrem blauen Kleidchen, das die Omama genäht hatte, stand sie da und rief: »Mutti, Muuuttiiii!« Ach, meine Schwester, meine kleine Schwester – wir hatten sie wieder.

Inge Hosse erlebte, dass die Amerikaner nicht die Monster waren, als die man sie ihr beschrieben hatte. Der erste, dem sie begegnete, sah aus »wie Vater und Onkel Heiner, nur ein bisschen dicker«.

Es ist der 8. Mai 1945. Am 2. Mai bin ich zehn Jahre alt geworden. Es ist ein sonniger Tag, ich darf Kniestrümpfe anziehen und Sandalen, die Vater aus alten Autoreifen gemacht hat. Meine Füße sind zu lang geworden für die festen Schuhe, sie drücken.

Ich sitze mit Dieter auf der Treppe. Wir essen Schokolade aus einer kleinen, runden Metallschachtel. Dieters großer Bruder hat sie geschickt, er ist bei der Luftwaffe. Wir essen die Schachtel leer, es schmeckt wunderbar, ganz köstlich. Aber dann wird uns übel, furchtbar übel, der Magen mag keine Schokolade.

Auf einmal hören wir ein rasselndes, dumpfes Geräusch. Der Lärm wird stärker, es hört sich an, als ob eine Lokomotive von den Gleisen gesprungen ist und nun auf der Straße weiterfährt. Die Erde zittert. »Die Amerikaner sind im Dorf«, schreit jemand. Wir rennen die Dorfstraße hinunter zu einer Hauptstraße, die von Hannover nach Berlin durch unser Dorf führt. Wir haben vergessen, dass wir uns eigentlich todkrank fühlen. Wir wollen die Amerikaner sehen, die uns immer als Monster mit riesigen Köpfen und großen Ohren beschrieben wurden, unsere Todfeinde, die noch vor wenigen Tagen mit Tieffliegern und Bordwaffen die Zuckerraffinerie in Brand geschossen haben, in der unsere Väter arbeiten.

Und da sind sie, die Panzer mit ihren Kettenrädern und dem großen Kanonenrohr, die langsam im Konvoi durch unser Dorf rasseln. Die Erde zittert, und die Scheiben klirren in den Häusern. Die Leute stehen an den Straßenrändern, stumm. Jemand hängt eine weiße Fahne aus dem Fenster.

Der Konvoi hält. Eine Luke öffnet sich, und ein Amerikaner steigt aus. Er kommt vom Panzer herunter. Er hat keinen großen Kopf und auch keine Riesenohren. Er sieht aus wie Vater und Onkel Heiner, nur ein bisschen dicker. Er hat einen Tarnanzug an, sandfarben mit Braun und Grün und trägt einen Stahlhelm. Der Amerikaner kommt auf mich zu und sagt zu mir: »Willst du meine Freundin sein?« Ich nicke nur.

Seine Stimme klingt, als würde er gurgeln. Er greift in die Tasche seines Tarnanzuges. Ich presse meine Handkanten gegeneinander und mache aus meinen Händen eine kleine Höhle. Der Amerikaner füllt sie mit Bonbons und Kaugummi.

Johanna Schneider erlebte das Kriegsende als Achtzehnjährige in Wernigerode. In ihrer Erzählung mischt sich die Zeitenwende mit den kleinen »Katastrophen« des Alltags.

Als am 8. Mai 1945 die Kapitulation gemeldet wurde, war für meine Heimatstadt Wernigerode der Krieg schon seit dem Einmarsch der Amerikaner am 11. April zu Ende. Und ich selbst beging an jenem Tag meinen 18. Geburtstag! Früh am Morgen stand ich in der Küche und versuchte, aus Kartoffeln, Mehl und irgendwelchem »Ersatz« so etwas wie einen Geburtstagskuchen zu zaubern. Da erschien ganz allein meine sechsjährige Cousine, war unnütz, quasselte viel und ließ sich häuslich nieder. Gegen Mittag fragte ich sie, ob sie nicht nach Hause gehen müsse, weil doch von 13 bis 15 Uhr Ausgangssperre sei! »Nö«, meinte sie. »Ich soll ja nur sagen, dass wir das Haus räumen müssen. Die Amis haben die ganze Straße beschlagnahmt!«

Himmel! Stunden vertrödelt, weil das Biest nichts gesagt hat! Nur eine Stunde, um die Großeltern zu holen, meine Tante mit ihrem Säugling, dazu die nötigsten Sachen und den Familienschatz, Wurst- und Fleischkonserven vom erst kürzlich geschlachteten Schwein! Mit zwei großen Handwagen bollerten wir im Laufschritt drei Kilometer über das Kopfsteinpflaster. Mutter, meine Schwester und ich, die Haushälterin und die vierköpfige Berliner Familie, die das Kriegsende bei uns verbracht hatte! Zwei Doppelfuhren transportierten wir. Es war geschafft.

Zwölf Personen waren wir jetzt in unseren fünf Zimmern –

auf den Schreck brauchten wir erst mal einen »Kaffee« (Muckefuck)! Als wir einschenken wollten, fing das Baby an zu schreien. Schnell ein Fläschchen. Aber wo war der Nuckel? Wo? Oh, nein, der war vergessen worden! Von der Ausgangssperre abgesehen: Einen Nuckel gab es in jenen Tagen nirgendwo zu kaufen! Und das hungrige Baby brüllte …

Klammheimlich schlich ich mit meiner Tante durch enge Gässchen, an der Stadtmauer entlang auf die gesperrte Straße zu. Am Eingang stand ein Panzer quer: Stopp! Ich sprach zwar sehr gut Englisch, aber einem »Nuckel« war ich weder bei Charles Dickens noch bei Shakespeare begegnet! Nach etlichen Missverständnissen und viel Gelächter ließen uns die Amis ins Haus, um das Gewünschte zu holen. Für den Heimweg war die Ausgangssperre vorbei.

Als das Baby satt und zufrieden eingeschlafen war, konnten wir »Kaffee« kochen. Um 18 Uhr saßen wir am Tisch. An Gesprächsstoff mangelte es nicht!

Mittwoch, 9. Mai – Die Parade von Limbach

Die Regierung Dönitz bleibt vorerst im Amt; das deutsche Oberkommando lobt die Wehrmacht für ihre »einmaligen Leistungen« während des Zweiten Weltkriegs. • Aus Moskau entsandte Offiziere beginnen damit, Physiker und Atomwissenschaftler in Deutschland für die heimische Produktion zu rekrutieren.

George Arnstein gehörte zur 76. Infanteriedivision der US-Armee, die bei Chemnitz am weitesten in die spätere Sowjetzone vorgedrungen war. Seine Einheit zog sich von dort als letzte über Saalfeld Richtung Hof zurück. Arnsteins Notizen entstanden 1966, er hat sie leicht überarbeitet. In seinem Brief zitiert er aus einem Buch über seine Division: »In der Mitte des Hauptplatzes von Limbach stand der große weiße Mast, an dem wenige Monate zuvor die Naziflagge geweht hatte ... Heute, am 9. Mai 1945, gab es keine Nazis – sie waren auf wundersame Weise mit ihrer Flagge verschwunden. Nur ›gute‹ Deutsche, nur ›Opfer der Nazi-Herrschaft‹ waren übrig geblieben, um der Parade beizuwohnen, die bald stattfinden sollte.« Arnstein lebt heute in Washington D. C.

Die Kapitulation Deutschlands kam nicht gerade überraschend, und obwohl einige zähe Typen vorausschauend eine Flasche von diesem oder jenem aufgehoben hatten, sorgte das Ereignis nicht für viel Aufregung. Bob Geberth aus dem Staat New York, Wilbur Zielke (Chicago), Jim Green und Bill Engert (aus Shaker Heights) und George Arnstein (aus San Francisco) besetzten die luxuriösen Räumlichkeiten von Frau Schulze in Limbach (Anna-Esche-Straße 12, wenn ich mich Jahrzehnte später richtig erinnere). Sie konnten nicht bis zur offiziellen Einstellung der Feindseligkeiten warten. Vor der Dämmerung am 8. Mai hatten sie ihre Gläser gegen die Wand geschleudert, die Reste zusammengekehrt und waren spazieren gegangen, um ein wenig dringend benötigte frische Luft zu schnappen.

Andere Mitglieder der Einheit schrieben Briefe oder wärmten Kriegsereignisse auf, und vor allem fragten sie sich, was als Nächstes passieren würde.

Der 9. Mai war ein herrlich sonniger Tag. Die Blasinstrumente der Band schienen etwas vom Stolz der Männer zu reflektieren, die auf den Hauptplatz von Limbach zumarschierten. Nach einer kurzen Ansprache von Generalmajor William R. Schmidt, der die »Sechsundsiebzigste« kommandierte, präsentierten die Männer ihre Waffen, und die Flagge stieg auf zu den Klängen des »Star Spangled Banner«, gefolgt von den Nationalhymnen unserer britischen und russischen Verbündeten. Dann marschierte die Truppe zurück zum Kommandoposten, und wir senkten unsere eigene Flagge auf halbmast zu

Ehren des früheren Oberkommandierenden, Präsident Roosevelts. Die ganze Zeremonie war kurz und beeindruckend.

Sehr deutlich erinnere ich mich an die Menschenmengen, die darauf warteten, die Grenze zu überqueren, also die Demarkationslinie zwischen der sowjetischen und der US-Armee in Siegmar, westlich von Chemnitz. Ein Teil, zumeist Deutsche und Deutschstämmige, wollten nach Westen. Sie wollten der Sowjetarmee entkommen, über die es ängstliche Gerüchte gab – nicht unbegründet, wenn man bedenkt, was die Deutschen den Polen und Russen angetan hatten. Eine andere Gruppe bestand aus Zwangsarbeitern, »Displaced Persons«, die Richtung Osten gingen, um nach Hause zurückzukehren. Beiden Gruppen war gemeinsam, dass sie für den Transport einfache Gefährte benutzten, gelegentlich gezogen von einem Pferd oder einem Ochsen, oder auch Fahrräder. Überall herrschte Durcheinander und Orientierungslosigkeit. Es gab Autos, aber kein Benzin.